LES COMMENCEMENTS D'UNE CONQUÊTE.

L'ALGÉRIE

DE 1830 A 1840

L'auteur et les éditeurs déclarent réserver leurs droits de traduction et de reproduction à l'étranger.

Ce volume a été déposé au ministère de l'intérieur (section de la librairie) en mai 1887.

DU MÊME AUTEUR :

La Conquête d'Alger. 2e *édition.* Un volume in-18. . . . 4 fr.

PARIS. TYP. DE E. PLON, NOURRIT ET Cie, RUE GARANCIÈRE, 8.

LES COMMENCEMENTS D'UNE CONQUÊTE

L'ALGÉRIE
DE 1830 A 1840

PAR

CAMILLE ROUSSET

DE L'ACADÉMIE FRANÇAISE

TOME PREMIER

PARIS

LIBRAIRIE PLON

E. PLON, NOURRIT ET Cie, IMPRIMEURS-ÉDITEURS

RUE GARANCIÈRE, 10

1887

Tous droits réservés

LES COMMENCEMENTS
D'UNE CONQUÊTE

CHAPITRE PREMIER

LE GÉNÉRAL CLAUZEL

I. Enquête sur le prétendu pillage de la Kasba. — Création des zouaves. — Premiers essais d'administration. — La Ferme modèle. — II. La Métidja. — Arabes et Kabyles. — Expédition de Médéa. — Jusuf. — Occupation de Blida. — Combat de Mouzaïa. — III. Médéa. — Défense de Blida. — Défense de Médéa. — Expédition du général Boyer. — IV. Négociations du général Clauzel avec le bey de Tunis. — Évacuation de Médéa. — Le général Clauzel désavoué. — Les volontaires parisiens. — Départ du général Clauzel.

I

Le vendredi 9 juillet 1830, le canon des Invalides avait annoncé aux Parisiens la prise d'Alger, et les Parisiens avaient illuminé; mais, tout en applaudissant à ce glorieux succès de l'expédition d'Afrique, ils confondaient dans une même défiance le gouvernement qui l'avait ordonnée, le général qui l'avait conduite, et les soldats qui l'avaient faite. L'armée d'Afrique était suspecte et impopulaire. Trois semaines plus tard, la révolution était triomphante; loin d'apaiser ses soupçons et ses haines, le triomphe ne fit que les exaspérer. Les imputations les plus ridicules, les accusations les plus odieuses, propagées par les journaux, étaient acceptées sans contrôle et, traversant la Méditerranée, venaient atteindre les conquérants d'Alger au sein même de leur conquête. Si les gens de cœur avaient pu mépriser d'abord ces calomnies lointaines, il ne leur fut plus permis de s'en tenir au dédain quand ils se virent en face de juges prévenus. Le 2 septembre, Alger eut en raccourci, mais au rebours, le spectacle étrange qui avait surpris les Parisiens au mois d'avril 1814 : ce fut le débarquement du général Clauzel et de son état-major, tous anciens officiers de l'Empire, bariolés de rubans tricolores et, selon la fine remarque d'un témoin oculaire, aussi fiers de leur inaction de quinze ans que les émigrés de leurs vingt-cinq ans d'absence. Il y en eut même un, le colonel Marion, qui, nommé au commandement du 20ᵉ de ligne, ne voulut jamais prendre l'uniforme du corps et parut devant ses hommes stupéfaits, avec l'habit glorieux, mais démodé, qu'il portait à Waterloo.

Cette première entrevue de l'armée d'Afrique avec ses nouveaux chefs fut médiocre et froide. L'impression générale, qui n'était point bonne, devint tout à fait mauvaise, lorsqu'on connut les deux ordres du jour publiés successivement par le général en chef. Le premier notifiait aux troupes la révolution qui venait de s'accomplir en France ; pas un mot, pas une allusion n'avait trait à la conquête d'Alger. Le second réparait, il est vrai, cette omission étrange, mais d'une façon si injurieuse que le silence eût encore mieux valu. Ce qui n'eût été qu'ingratitude se changeait en insulte. « La France, disait ce second ordre, a été fière du succès de son armée d'Afrique, mais, il faut le dire avec la même vérité, elle a été indignée de bruits fortement accrédités de soustractions coupables. Justice doit être faite à tous et de tous : à l'armée, si ces bruits sont faux et malveillants; des spoliateurs, si malheureusement il en existait, de la fortune publique et de la fortune des particuliers. »

Une commission d'enquête, venue de Paris à la suite de l'état-major, était constituée pour rechercher les auteurs et les complices de ce qu'on était convenu d'appeler le pillage de la Kasba. Elle entra immédiatement en fonction, appela une centaine de témoins, siégea pendant vingt jours et, après avoir essayé d'inspirer la crainte, finit platement dans le ridicule. « Une chose qui va assez plaisamment, écrivait, le 12 septembre, un officier d'état-major, c'est la commission d'enquête. Elle est présidée par le général Delort, qui en a bien vite senti l'inutilité, et qui n'y va presque jamais. Les membres sont : M. Fougeroux, inspecteur général des finances; M. Cadet de Vaux, qu'on veut nommer maire d'Alger; M. Flandin, ancien commissaire des guerres; M. Debit-Pillaut, ancien procureur, soi-disant magistrat. On y a adjoint un M. Descalonne, ancien homme de police, qui est le grand faiseur de questions. Malheureusement pour la commission, elle a trouvé parmi ceux qu'elle interroge plus de disposition à se moquer d'elle qu'à lui fournir les renseignements qu'elle cherchait, et cela parce qu'elle est arrivée avec toutes les idées des journaux de Paris, avec toutes les histoires qui courent les cafés, et que ses membres ont débuté par des questions absurdes à nos yeux. Elle cherche des centaines de millions où il n'y a eu que quelques milliers de francs, des spoliations où il n'y a eu que du gaspillage. Elle s'est mal annoncée; toutes les bouches se sont fermées; elle a voulu voir ce qui n'était pas, elle ne verra même pas ce qui est. Ce qui a achevé de tuer la

commission, c'est que, le général en chef ayant couché la première nuit chez le général Tholozé, sa suite a bu le vin, emporté des matelas, des rideaux, des fusils, enfin pillé plus que nous ne l'avions vue faire dans aucune maison habitée. »
L'enquête fut close le 24 septembre ; la commission désappointée mit plus de temps qu'il n'aurait convenu à conclure ; enfin, pressée par le général en chef, elle fut réduite à constater qu'à part l'enlèvement de quelques armes et de quelques bijoux abandonnés par le dey et les officiers de sa maison, il n'avait rien été soustrait du trésor de la Kasba. Le 21 octobre, un ordre du jour porta cette déclaration à la connaissance du public. L'armée avait pu être sensible à la calomnie, mais elle se sentait au-dessus de cette prétendue réhabilitation : elle la laissa tomber avec une indifférence dédaigneuse.

Les conquérants d'Alger et leur nouveau chef n'avaient d'ailleurs pas attendu, pour se juger réciproquement et s'apprécier à leur vraie valeur, la conclusion de la commission d'enquête ; peu de temps avait suffi pour dissiper la fâcheuse impression des premiers jours. Le général Clauzel arrivait avec une belle réputation militaire ; quinze ans de retraite ne lui avaient rien enlevé de son activité ni de sa vigueur : « Beau profil, notait un observateur qui le voyait pour la première fois; il n'a rien de vieux, de cassé; les cheveux seulement gris, les yeux vifs, le mouvement prompt. » Il avait cinquante ans, mais il paraissait jeune à côté de gens qui n'avaient ni plus ni même autant d'âge : le général Delort, « cheveux blancs, tête carrée »; le général Boyer, exactement son contemporain, « gros homme, vieux, figure dure »; le général Cassan ou *Cassé*, comme disaient les soldats, « un exhumé de la retraite ». Tels étaient les trois principaux compagnons que le général Clauzel avait amenés de France pour seconder et partager sa fortune. Le général Delort fut chef d'état-major général; le général Boyer remplaça le duc des Cars à la tête de la troisième division; quant au général Cassan, qui n'était que maréchal de camp, le bon vouloir du général en chef tenta, pour l'aider à gagner sa troisième étoile, une innovation qui ne fut heureuse ni pour lui ni pour le service. Une décision du 14 septembre constitua sous son commandement une quatrième division, faite d'emprunts à la deuxième et à la troisième[1].

---

[1] Voir pour la composition de l'armée d'Afrique en 1830, l'état annexé à notre récit de la *Conquête d'Alger*.

Le pauvre homme était dans un tel état d'affaissement physique et moral qu'il lui fut impossible de s'acquitter de son emploi ; moins de deux mois après, la quatrième division fut dissoute.

Dans l'ignorance où l'on était à Paris du véritable état des choses en Afrique, le général Clauzel avait reçu des pouvoirs très-étendus, entre autres celui de pourvoir aux vacances produites par une cause quelconque dans tous les corps, jusqu'au grade de chef de bataillon inclusivement ; ce fut un de ses premiers soins. Ainsi purent être reconnus, au moins dans la partie la plus nombreuse de l'armée, des services et des mérites qui, à tous les degrés de la hiérarchie, attendaient depuis la prise d'Alger leur légitime récompense. Il y avait d'ailleurs urgence à reconstituer les cadres, au profit du bon ordre et de la discipline.

La création d'une quatrième division avait été d'autant plus étrange que le général Clauzel était arrivé avec l'ordre de renvoyer en France une partie de l'armée. Le mouvement commença, le 23 septembre, par l'embarquement du 1er régiment de marche ; le 2e suivit bientôt, puis le 3e de ligne, le 48e, le 49e. Le général Berthezène s'embarqua le 22 octobre ; il ne fut pas remplacé dans le commandement de la 1re division. Soit pour combler en partie ces vides, soit pour s'éclairer dans un pays inconnu, le général Clauzel entreprit de former un corps de troupes indigènes. C'était un projet que le maréchal de Bourmont avait conçu, mais que le temps et les événements ne lui avaient pas permis de mener à fin. Déjà, par ses ordres et par les soins de l'agha, quelques centaines de volontaires s'étaient présentés à la fin du mois d'août, gens de toute origine et de toute condition, coulouglis, nègres, Arabes, Biskris, Kabyles; entre ceux-ci, les plus considérés étaient des Zouaoua, qui passaient pour les meilleurs fantassins de la régence; ils eurent l'honneur de donner leur nom au corps improvisé par le général Clauzel. Ranger, plier à la discipline française des hommes habitués à l'indépendance, totalement étrangers à nos usages et à notre langue, la tâche était rude, mais faite pour exciter les ambitions généreuses. Les candidats ne manquèrent pas; il en vint de toutes les armes. L'avantage fait aux élus n'était pas sans importance; ils obtenaient immédiatement le grade supérieur à celui qu'ils avaient au moment de leur nomination, avec la promesse de le conserver si, après deux ans de service aux zouaves, ils demandaient à rentrer dans leurs anciens corps. Cette clause ne passa pas sans difficulté ; elle ameuta les compétitions, irrita les jalousies, souleva des discussions orageuses. Le calme était loin d'être rétabli lorsque parut, à la date du 1er octobre, l'arrêté du général en chef portant création du corps des zouaves. Un premier bataillon, à la tête duquel était appelé le capitaine d'état-major Maumet, devait être constitué à huit compagnies ; mais il n'y en avait que trois de formées ; une quatrième était en formation. Formation sur le papier, répétaient les esprits chagrins ; nulle solidité, nul avenir ; bien fous les aventureux qui, pour s'y fourvoyer, ont quitté leurs corps : ils apprendront bientôt, à leurs dépens, ce que c'est que de lâcher la proie pour l'ombre. De fait, quand on voyait à l'exercice ces recrues étranges, aux vêtements sordides, aux haillons disparates, et la peine que se donnaient les instructeurs pour leur apprendre le maniement d'armes, toutes les apparences semblaient autoriser les critiques ; et cependant tout d'un coup les critiques tombèrent ; un petit événement survint qui leur donna tort.

Le lendemain même du jour où avait paru l'arrêté qui était en quelque sorte l'acte de naissance des zouaves, le 2 octobre, des bruits inquiétants se répandirent dans Alger ; on annonçait l'approche du bey de Titteri avec des forces considérables ; déjà, disait-on, il campait au milieu de la Métidja ; le lendemain, on verrait ses drapeaux sur l'Harrach. Aussitôt, le général en chef donna l'ordre de pousser, dans la direction indiquée, des reconnaissances en force. Deux colonnes furent constituées, chacune de deux régiments d'infanterie, d'un escadron de chasseurs et d'une section d'artillerie ; la première sous le général Boyer, la seconde sous le général Hurel ; c'était avec celle-ci que devaient marcher les zouaves. Le 4 octobre, une heure avant le jour, les deux généraux commencèrent leur mouvement, Boyer, droit vers l'Harrach, Hurel, à travers les collines, par le chemin de Blida ; après avoir débouché chacune de son côté dans la plaine, les deux colonnes devaient marcher l'une vers l'autre, de manière à prendre l'ennemi entre deux feux. Arrivés sur l'Oued-Kerma, les zouaves, qui étaient en pointe en avant de la brigade Hurel, couronnèrent les collines au delà du pont ; quand la tête de la colonne fut à bonne distance, on leur donna l'ordre de joindre une vingtaine de cavaliers arabes qu'on apercevait en avant d'eux ; ils se lancèrent à travers les broussailles avec une ardeur qui étonna le général et son état-major ; on n'avait de peine qu'à les contenir. La fusillade petillait; les Arabes se repliaient sur un groupe d'une centaine de chevaux, soutenus eux-mêmes par un gros de trois ou quatre cents cavaliers rassemblés auprès d'une maison connue sous le nom de Ferme du bey d'Oran. Deux obus bien dirigés suffirent à mettre tout ce monde en retraite. Quand les derniers burnous eurent disparu à l'horizon, on fit halte; puis on vint à la rencontre du général Boyer, qui n'avait pas vu apparence d'ennemis. Ceux qui s'étaient montrés devant le général Hurel étaient bien les coureurs du bey de Titteri; de sa personne, il était à Blida; quand il sut que les Français étaient en mesure de lui tenir tête, il renonça prudemment à leur faire visite et rentra dans ses montagnes.

A dater de cette petite expédition, l'opinion, d'abord injuste et dédaigneuse, tourna tout d'un coup à l'enthousiasme pour les zouaves; il y eut, suivant le mot d'un observateur, un accès général de « zouavomanie ». Ce n'était plus un bataillon qu'il s'agissait de compléter; c'étaient des bataillons qui allaient sortir de terre. S'ils en étaient sortis, d'un coup de baguette, tout habillés, tout équipés, tout armés, comme en rêvaient les imaginations ardentes, rien n'eût été ni mieux ni plus simple. Malheureusement, la réalité donnait un démenti à ce rêve. On avait bien dessiné pour cette troupe indigène un costume pittoresque, d'une fantaisie tout orientale, celui des soldats, tel à peu près que nous le connaissons, celui des officiers, tel que l'a décrit et porté quelque temps La Moricière, turban tricolore avec aigrette, veste bleue à la turque, culotte rouge à la mamelouk, ceinture garnie de pistolets, sabre courbe; ces beaux dessins restaient en portefeuille. En attendant, les zouaves n'étaient ni vêtus, ni chaussés, ni payés même, au moins de tout ce qu'on leur avait promis. Ils n'en faisaient pas moins le service aux avant-postes, et ils le faisaient bien jusqu'au jour où il leur prenait fantaisie d'aller chez eux voir leurs femmes; alors ils partaient le soir; quelques-uns revenaient le lendemain ou deux jours après, d'autres beaucoup plus tard; il y en avait qui, rebutés par les exigences de la discipline, ne revenaient pas du tout. Les premiers qui n'avaient fait que s'absenter et qui étaient punis au retour, ne comprenaient pas comment ils pouvaient l'être pour une chose si simple; à la première occasion, ils désertaient tout de bon, le plus souvent avec leurs armes. On usa de la dernière rigueur : au milieu du bataillon formé en carré, un conseil de guerre spécial au corps jugeait les coupables, et l'arrêt sans appel était exécuté sur l'heure. La désertion ne cessa pas. On continuait à recruter néanmoins, mais péniblement. C'était à travers le premier bataillon comme un courant qui renouvelait et entretenait l'effectif, tantôt au-dessus, tantôt au-dessous du niveau moyen. Il y en avait un second dont le cadre exceptionnellement remarquable comptait le capitaine du génie Duvivier pour commandant et, parmi les capitaines, le lieutenant du génie de La Moricière; le malheur était que ce cadre demeurait à peu près vide; et cependant ces officiers d'élite ne négligeaient aucun soin, aucun effort pour se mettre en état d'être compris de leurs hommes et de les comprendre; ils étudiaient leur langue, leurs coutumes, leur tour d'esprit, leur caractère. Ces difficultés qui retardaient l'organisation des zouaves, on les retrouvait contrariant aussi l'essai d'une cavalerie indigène, auquel s'était dévoué corps et âme le capitaine d'artillerie Marey, commandant l'escadron bien chétif des chasseurs algériens. Admirateur passionné des choses de l'Orient, ce n'est pas lui qui, avec l'irrévérence de La Moricière, aurait traité de costume de mardi gras sa tenue fastueusement ridicule.

Il était tout naturel que l'armée eût attiré les premiers regards du général Clauzel, mais elle ne les avait ni absorbés ni trop longtemps arrêtés même. Tandis qu'en France, à commencer par les gouvernants, les triomphateurs de juillet, fort peu soucieux d'Alger, n'acceptaient que sous bénéfice d'inventaire, et comme une charge embarrassante, cet héritage de la Restauration, le général Clauzel était arrivé en Afrique très-décidé, non-seulement à garder la conquête, mais encore à l'étendre, d'une façon plus ou moins directe, jusqu'aux dernières limites de ce qu'il appelait le royaume d'Alger. La première besogne urgente avait été d'établir quelque chose qui ressemblât à une administration régulière dans la capitale. De là une foule d'arrêtés toujours incohérents, parfois contradictoires, souvent inexécutables, mais qui témoignaient au moins d'une grande activité et d'un grand zèle. C'est dans ce chaos qu'il faut démêler, trier, classer un petit nombre de mesures plus importantes que les autres. Après avoir, pendant six semaines, essayé de tout régler et de tout décider lui-même, le général en chef prit le parti, le 16 octobre, d'instituer, sous la présidence de l'intendant en chef de l'armée, M. Volland, un comité de gouvernement composé de l'ancien consul de France, M. Deval, de l'inspecteur général des finances, M. Fougeroux, et de M. Cadet de Vaux, commissaire du Roi près la municipalité d'Alger. Le premier était chargé de la justice, le second des finances, le troisième de l'intérieur. Celui-ci, qui était en réalité le maire de la ville, avait fort à faire, car les mesures de police d'un côté, de l'autre les démolitions ordonnées par l'autorité militaire, exigeaient à chaque instant son intervention. Dans les voies les moins étroites, celles qui aboutissaient à Bab-el-Oued et à Bab-Azoun, à peine pouvait-on circuler; il fallut les élargir; les autres n'étaient que des ruelles; il fallut multiplier les communications, se donner de l'air, du jour et de la place; on fit de nombreuses trouées, surtout dans la partie basse de la ville. On assigna des noms aux rues, des numéros aux maisons; le premier de ces soins fut confié à l'érudition historique du commandant Filhon, des ingénieurs-géographes, et du capitaine Sol, de l'état-major; Didon, Syphax, Jugurtha, Juba, d'autres célébrités anciennes et modernes reçurent ainsi les honneurs du parrainage.

C'était bien de démolir; mais il n'eût été qu'honnête de désintéresser les propriétaires. Le général Clauzel, dans un esprit d'équité, avait rendu, le

26 octobre, un arrêté qui affectait à leurs créances, à titre d'indemnité ou de gage, des maisons ou des terrains appartenant au beylik, c'est-à-dire au domaine de l'État; mais à Paris, l'arrêté fut déclaré illégal. Puisqu'on voulait soumettre à toute force les habitants d'Alger aux règles de la législation française, puisqu'on leur imposait le principe de l'expropriation pour cause d'utilité publique, encore fallait-il le faire suivre de son corollaire immédiat, l'indemnité juste et préalable; c'est ce qu'on négligea de faire; on crut s'acquitter pour le moment avec des promesses dont les malheureux expropriés durent se contenter en guise de payement et qui, à peu d'exceptions près, ne furent jamais tenues. Il y eut là, pour la population mauresque, un grief légitime et une cause permanente de ressentiment contre les Français. Il y en avait bien d'autres, à commencer par un des premiers arrêtés du général Clauzel, daté du 8 septembre, qui, contrairement à la capitulation du 4 juillet, déclarait réunies au domaine les propriétés du dey, des beys et des Turcs déportés. Cette confiscation sommaire fut suivie, le 7 décembre, d'un acte qui attribuait au domaine la gestion des biens considérables, provenant des fondations pieuses ou charitables faites en faveur des villes saintes de

la Mecque et de Médine, des mosquées, des fontaines publiques et des pauvres. L'État sans doute ne faisait ici que se substituer aux administrateurs musulmans, car il devait pourvoir en leur lieu et place aux dépenses que les revenus de ces biens devaient couvrir; mais les agents du domaine comptaient sur un excédent de recettes dont bénéficierait le trésor. Il en fut tout autrement, au moins pour les fontaines, qui naguère, sous l'administration de l'*amin-el-aïoun*, étaient admirablement entretenues à peu de frais, tandis qu'entre les mains des agents français, elles coûtèrent beaucoup plus, tout en donnant moins d'eau à la ville.

L'administration de la justice fut réglée par un arrêté du 22 octobre qui dénotait chez son auteur plus de bon vouloir que de connaissances juridiques. Les musulmans et les Juifs conservaient leurs juges naturels, ceux-là le cadi maure, ceux-ci le tribunal des rabbins. Pour les Français, il était institué une cour de justice et un tribunal de police correctionnelle; en matière criminelle, l'action de la cour était limitée à l'instruction des affaires; les prévenus devaient être renvoyés en France pour y être jugés. Le législateur ne prévoyait pas que les cours d'assises des Bouches-du-Rhône et du Var allaient se refuser à connaître de faits commis hors du territoire affecté à leur compétence. La juridiction des consuls des diverses puissances à l'égard de leurs nationaux et celle des conseils de guerre sur les indigènes prévenus de délits ou de crimes contre les personnes et les propriétés des Français étaient maintenues. Avec tous ses défauts, l'arrêté du 22 octobre répondait à un si grand et si pressant besoin, qu'il fut accueilli avec satisfaction et que les décisions judiciaires furent acceptées sans trop de plaintes, chose encore plus étonnante quand on voit par quels hommes elles étaient en ce temps-là rendues. La cour se composait d'un président qui était M. Deval, l'ancien consul de France, d'un vice-président, l'ancien vice-consul, et de deux juges, l'un, ancien contrôleur au théâtre de la Porte Saint-Martin, l'autre interprète attaché à l'armée. Quant au tribunal de police correctionnelle, M. Roland de Bussy, commissaire général de police, président, avait pour assesseurs un ancien agent du service des douanes et un jeune négociant qui, ayant fait à Paris de mauvaises affaires, était venu chercher fortune en Afrique; des trois, c'était le seul que l'opinion tînt pour capable.

Après tout, les juges étaient proportionnés aux justiciables. Il est certain que le personnel d'aventure qui avait suivi l'armée en Afrique n'était pas fait pour donner aux indigènes une grande idée de la nation française; il appartenait en général à la catégorie peu estimable qui, dans ce jargon des ports de la Méditerranée qu'on appelle la langue franque, était désignée par le mot de *mercanti*. Les cantiniers, les cabaretiers, les brocanteurs y tenaient la plus grande place. Vingt jours après la prise d'Alger, dans la rue Bab-el-Oued on pouvait trouver un restaurateur, un hôtel de Malte dans la rue de la Marine; dans la rue des Consuls, un hôtel des Ambassadeurs; sur des toiles flottantes, on lisait, ici l'enseigne d'un débit de vin, là celle d'une boutique de charcutier, plus loin l'annonce d'un dépôt des excellentes conserves d'Appert, etc. Ces prémices de la civilisation n'étaient pas précisément celles que le général Clauzel s'était flatté d'apporter aux Algériens; la seule vraie colonisation, la colonisation agricole était son rêve. A son instigation, le commissaire du Roi, maire d'Alger, M. Cadet de Vaux, travaillait à la formation d'une société qui aurait à exploiter, sous le nom de ferme expérimentale d'Afrique ou de ferme modèle, un domaine de mille hectares à prendre sur les bords de l'Harrach.

Le 26 septembre, à la pointe du jour, une

petite expédition se mit à la recherche de cette terre promise. L'agha Hamdan daigna s'y joindre. Ce riche négociant maure, très-mal choisi pour imposer le respect aux Arabes, — car il était d'une race et d'une profession qu'ils tenaient en petite estime, — n'en était pas moins, aux yeux des Européens, un curieux personnage. Très-bel homme et bon cavalier, il montait un cheval superbe, harnaché comme son maître était vêtu, avec la dernière magnificence. Le velours de la selle turque, le drap des fontes disparaissaient sous l'éclat des broderies d'or; les étriers, longs et larges, étaient dorés; le fourreau du yatagan était en or; les crosses des pistolets, garnies en argent, étaient incrustées de pierres précieuses en cabochon. Cinq cavaliers marchaient devant lui, portant ses drapeaux; six autres le suivaient, le long fusil en bandoulière; cinq serviteurs l'entouraient, chargés du soin de sa pipe, de son eau, de sa cuisine, de ses tapis de voyage. Précédée d'une avant-garde de cavalerie, la colonne des explorateurs arriva, par la route de Constantine, au pont de pierre de l'Harrach. Au delà se trouvait une grande construction rectangulaire en assez mauvais état, qu'on appelait vulgairement la Maison-Carrée. C'était là qu'on avait l'intention d'établir la ferme expérimentale; mais le sol des environs, sec, sablonneux, n'ayant pas convenu aux agriculteurs, on fut d'avis de continuer d'un autre côté les recherches. Elles furent reprises quelque temps après en remontant le cours de l'Harrach; enfin, sur la rive gauche, au-dessous du confluent de l'Oued-Kerma, la ferme dite du dey, Haouch-Hassan-Pacha, parut réunir les conditions requises pour une bonne exploitation. La construction principale mesurait cent mètres de long, quatre-vingts de large; un bâtiment secondaire avait vingt-cinq mètres de côté. Entre des berges hautes, sans végétation, le fleuve écoulait lentement ses eaux. On fit des essais de labour; le terrain était couvert d'asphodèles, en certains endroits, de joncs; néanmoins l'expérience fut jugée satisfaisante. Enfin, le 30 octobre, fut publié un arrêté qui reconnaissait et investissait la Société de la Ferme modèle; mille hectares lui étaient concédés en location, au prix annuel d'un franc par hectare, pour une durée de neuf, dix-huit ou vingt-sept ans, avec faculté de résiliation pour les preneurs, non pour l'État. La société émit cinq cents actions de cinq cents francs, qui obtinrent d'abord une certaine faveur; cependant, il s'en fallait de beaucoup qu'elles fussent toutes placées; à l'engouement des premiers jours succéda bientôt une période de découragement qui n'eut pas de réaction. On s'aperçut que la position était insalubre, qu'elle était exposée aux attaques des Arabes, bref, que l'affaire était mauvaise. Les premiers souscripteurs perdirent leur argent, et la Ferme modèle ne fut plus qu'un poste avancé utile pour surveiller le débouché du chemin d'Alger à Blida dans la plaine.

Il n'était pas prudent de s'aventurer hors des murailles d'Alger sans escorte ; des soldats isolés, des officiers, avaient été assaillis en deçà même des lignes françaises. Il n'avait pas été malaisé de désarmer les Maures citadins ; mais les assassins venaient évidemment du dehors. La seule précaution qu'on pût raisonnablement prendre fut d'exiger des gens de la campagne qui voulaient entrer en ville, qu'ils déposassent leurs armes dans des postes expressément désignés ; tout indigène armé encourait la peine de mort s'il était pris dans l'intérieur des lignes.

II

Pour rendre au pays l'ordre et aux Européens la sécurité, il y avait mieux à faire que de promulguer des arrêtés qu'éludaient, en se moquant, les indigènes; c'était dans son repaire qu'il fallait aller chercher et atteindre l'instigateur des meurtriers, le fauteur de la sourde hostilité et des folles espérances que ne cessait pas de nourrir la population algérienne; c'était à Médéa qu'il fallait châtier l'insolent bey de Titteri, Moustafa-bou-Mezrag. Mais, d'abord, avait-on une idée suffisamment exacte du pays qu'on allait avoir à traverser, des populations qu'on aurait sans doute à combattre? Ce n'était pas la malheureuse excursion du maréchal de Bourmont à Blida qui avait pu fournir à l'état-major, sur cet important sujet, des informations concluantes. On interrogeait les gens du pays, on comparait, on essayait de faire concorder leurs réponses qui étaient souvent contradictoires; là-dessus, on traçait un itinéraire probable, on rédigeait des notes où la statistique du pays était établie avec une approximation très-large. Essayons de résumer ce qu'on pouvait connaître à peu près à cette époque.

Le matin, au lever du soleil, et le soir, après son coucher, un brouillard bas, épais, couvrait habituellement le vaste espace de la Métidja. C'est ce brouillard qui, le 29 juin 1830, avait un moment égaré l'armée française dans la dernière étape de sa marche sur le fort l'Empereur. Aujourd'hui que la plaine est cultivée et assainie, le phénomène est beaucoup moins fréquent et moins intense. Quand il se produit, le massif au flanc duquel s'appuie Alger émerge au-dessus comme une île montueuse; cette île apparente est le Sahel, dont l'étendue et le contour sont ainsi bien délimités. La moitié orientale du massif, le tiers tout au moins, portait le nom d'El-Fhas; c'était proprement la banlieue d'Alger, un pays qui avait été le plus riant du monde, qui devait un jour retrouver tout son charme, mais dont les combats et l'occupation militaire avaient pour un temps fait une solitude ruinée. Le reste du Sahel appartenait à l'un des *outhane,* ou divisions administratives, dont nous aurons à dire un mot.

En confiant à des beys le gouvernement de la plus grande partie du territoire algérien, à l'ouest, à l'est et au midi de la régence, les deys s'étaient réservé l'administration directe de la Métidja, en y comprenant le versant septentrional des montagnes qui lui servent de limites au sud. Partout ailleurs, dans les trois beyliks d'Oran, de Titteri et de Constantine, la population était séparée en deux grandes fractions, très-distinctes par l'origine, par les habitudes de la vie, par les mœurs : les Arabes pasteurs et nomades, les Kabyles agriculteurs et sédentaires. Dans l'intérieur de la Métidja, la différence entre les races était beaucoup moins tranchée ; confondues par les Français sous le nom de Bédouins, elles avaient en quelque sorte influé l'une sur l'autre, et, sans qu'on puisse dire qu'elles se fussent pénétrées mutuellement, il n'en est pas moins vrai qu'elles s'étaient singulièrement rapprochées. Par exemple, les Arabes n'y étaient plus en majorité nomades; s'il y en avait qui vivaient encore sous la tente, c'était l'exception ; le plus grand nombre avaient des demeures fixes, non pas sans doute des maisons solidement bâties, mais, par une sorte de compromis entre la vie sédentaire et la vie errante, des habitations aussi faciles à construire qu'à détruire : des branchages, des joncs, des roseaux, quelquefois enduits de boue, une couverture de chaume en faisaient les frais. Ces huttes, ces gourbis, comme on les nommait, on les retrouvait dans la montagne voisine comme dans la plaine. En vrai pays kabyle, il y avait de vraies maisons, groupées en vrais villages, de même qu'en vrai pays arabe il n'y avait que des tentes réunies en douars. Chez ces Kabyles et ces Arabes de la Métidja, sinon dégénérés, au moins transformés par un contact de tous les jours, les habitudes, comme les habitations, se ressemblaient. Çà et là, dans la plaine marécageuse, inculte, dénudée, des gourbis étaient groupés autour de quelqu'un des bâtiments rectangulaires, du nom générique de *haouch*, construits sur un plan plus ou moins étendu, mais toujours, comme on l'a vu par la Maison-Carrée, par la Ferme modèle, d'après un type identique. Ces haouchs ou fermes appartenant, soit aux deys, soit aux chefs de la milice turque, soit aux plus riches des Maures d'Alger, soit aux grands des tribus, étaient spécialement destinés à recueillir les nombreux troupeaux qui paissaient l'herbe de la plaine, ou à recevoir le produit des morceaux de terre ensemencés par endroits au milieu de la jachère; quelques bouquets d'arbres, quelques têtes de palmiers les signalaient au loin. Des caravanes de bêtes de somme, ânes, mulets, chameaux, conduites par des cavaliers armés, en assez grand nombre pour se défendre contre les maraudeurs, se croisaient, allant vers Alger ou s'en retournant. Agriculteurs, pasteurs, marchands de la ville, se rencontraient et commerçaient en des endroits désignés par le jour de la semaine assigné à tel ou tel marché; tous s'y rendaient en armes, et souvent il y éclatait des rixes qui se seraient généralement terminées par un échange de coups de fusil, sans la présence et l'intervention des chefs chargés de la police et du maintien de l'ordre.

Toute l'étendue de la Métidja était divisée en *outhane*, sorte de districts administratifs où la prudence des deys avait réuni les deux races, arabe et kabyle. Chaque *outhane* était administré par un kaïd turc qui avait sous ses ordres les cheikhs des tribus, avec une sorte de force publique dont le nom collectif, *marzen* ou *maghzen*, s'appliquait à tous les cavaliers, dits *mrazni*, qui étaient employés, pour la rentrée des impôts par exemple, au service du gouvernement. La partie occidentale du Sahel non comprise dans le Fhas appartenait à l'outhane de Beni-Khelil, qui se prolongeait du nord au sud, entre l'Harrach et la Chiffa, en remontant jusqu'aux Beni-Sala, dans la montagne; à l'est, on trouvait l'outhane de

Beni-Mouça, le moins étendu, mais le plus riche de tous, avec une centaine de haouchs; puis l'outhane de Khachna, jusqu'au Boudouaou, limite orientale de la Métidja. A l'ouest de la Chiffa, il n'y avait que le vaste outhane d'Es-Sebt, qui comptait les tribus les plus nombreuses comme les plus guerrières : dans la plaine, les Hadjoutes; dans la montagne, les Mouzaïa, voisins des Beni-Sala, les Soumata, les Beni-Menad. C'était de ceux-ci, rudes fantassins, que le bey de Titteri attendait l'effort qui devait rejeter les Français sous le yatagan de ceux-là, cavaliers incomparables.

Le 15 novembre, le général Clauzel prononça solennellement la déchéance de Moustafa-bou-Mezrag; il lui donna pour successeur un parent de l'agha, comme lui négociant et Maure, Moustafa-ben-Omar. On ne savait pas encore à quel point de tels choix devaient irriter et humilier la fière aristocratie arabe, et ce n'étaient assurément pas les Maures, à la fois ennemis des Français et flattés de l'honneur insigne fait par eux successivement à deux des leurs, qui auraient eu intérêt à éclairer le général Clauzel sur l'effet assuré de ces erreurs fatales. Le 12, un ordre avait arrêté la composition du corps expéditionnaire. Chacun des régiments d'infanterie de l'armée devait fournir un bataillon de cinq cent vingt hommes : les 14ᵉ, 20ᵉ, 28ᵉ, 37ᵉ, à la première brigade, sous le général Achard; les 6ᵉ, 15ᵉ, 23ᵉ, 29ᵉ, à la deuxième, sous le général d'Uzer; les 17ᵉ, 30ᵉ, 34ᵉ, 35ᵉ, à la troisième, sous le général Hurel; l'artillerie faisait marcher une batterie de campagne et une batterie de montagne; le génie détachait deux compagnies de sapeurs. Toutes ces troupes formaient une division sous les ordres du général Boyer. Il y avait en outre une réserve composée d'un bataillon du 21ᵉ, de quatre compagnies du 1ᵉʳ bataillon de zouaves et de deux escadrons de chasseurs; cette réserve devait être sous la main et à la disposition constante du général en chef, qui emmenait avec lui ses aides de camp, le chef et les officiers de l'état-major général, le chef et les ingénieurs de la brigade topographique, l'état-major de l'artillerie et du génie, l'agha, le nouveau bey de Titteri et leur suite. Deux sous-intendants, assistés de trente-trois officiers d'administration, dirigeaient le service administratif, subsistances, ambulances et campement. Le train des équipages conduisait vingt et une prolonges et trois cents mulets de bât. Un détachement de soixante-dix gendarmes, sous les ordres du grand prévôt, constituait la force publique. L'effectif réel de cette petite armée était de huit mille hommes environ. Les troupes avaient l'ordre d'emporter des vivres pour quatre jours. Le fourrage, excepté pour les deux premiers jours, devait être fourni par les soins de l'agha. Les bataillons qui n'étaient point appelés à marcher étaient placés sous le commandement du général de Loverdo.

Le 16, avant la nuit, l'artillerie et les prolonges du train s'établirent en avant de Bab-Azoun; le 17, au point du jour, toutes les troupes quittèrent leurs cantonnements et s'engagèrent sur la route de Blida par Birmandraïs et Birkhadem, à l'exception de la brigade Achard, qui, partie des environs du fort l'Empereur, marcha par Dely-Ibrahim et Douéra. Vers midi, la colonne principale déboucha des collines dans la plaine; ceux qui, comme le général Hurel, avaient accompagné, quatre mois auparavant, M. de Bourmont, avaient peine à se reconnaître. Ils n'avaient sous les yeux qu'un vaste marécage, une sorte de jungle envahie par le débordement de l'Harrach. Les soldats marchaient dans l'eau; le sol détrempé cédait sous le poids des voitures. Enfin, à deux heures, on atteignit la Ferme du bey d'Oran, lieu désigné pour la grande halte. Ce fut là qu'on vit arriver le général en chef.

Dans sa nombreuse et brillante escorte, un jeune musulman attirait tous les regards : beaux traits, œil vif, physionomie ouverte, intelligente. Le costume bleu de ciel, brodé d'argent et de perles, les armes damasquinées, l'admirable cheval blanc harnaché de velours et d'or, tout pouvait soutenir la comparaison avec la magnificence de l'agha. Ce jeune homme, destiné à jouer un rôle brillant dans la guerre d'Afrique, s'appelait Jusuf. Son histoire, telle du moins qu'il se plaisait à la raconter, était un roman, un épisode des *Mille et une Nuits*. Il se croyait né en 1808, à Livourne, d'un père français, employé supérieur de la police dans cette ville, et qui aurait suivi, en 1814, Napoléon à l'île d'Elbe. L'enfant, resté seul, aurait été, cette année-là même, enlevé par des Tunisiens et vendu à leur bey. Élevé au Bardo, favori de son maître, il aurait noué avec une de ses filles une intrigue dont un Grec aurait surpris et vendu le secret. Avant de chercher asile au consulat de France, il aurait commencé par arracher au traître les yeux et la langue, et il aurait déposé ce sanglant hommage aux pieds de sa maîtresse, en lui disant : « Voilà les yeux qui nous ont vus, et la langue qui nous a trahis. » A dater de ce moment, nous passons du romanesque au réel. Il est certain qu'embarqué à Tunis au mois de juin 1830, il prit terre à Sidi-Ferruch en même temps que l'armée française, et que M. d'Aubignosc, qui l'avait amené, l'employa dès lors comme interprète. Son patron ayant été remplacé à la suite de la révolution de Juillet, il fut dénoncé au général Clauzel et arrêté comme entretenant avec Tunis une correspondance interlope qui se trouva être, au contraire, toute dans l'intérêt de la politique française. A ce propos, le général en chef eut l'occasion de le voir; il le prit en gré et l'attacha comme mamelouk à sa personne.

Tandis que la colonne se remettait en marche, on apercevait sur la droite la brigade Achard descendant de la montagne; retardée par la difficulté des chemins, elle ne put joindre qu'au bivouac de Bou-Farik. Avant d'y arriver, le corps expéditionnaire avait eu à traverser, sur une suite de petits ponts en briques, un marais formé par l'expansion d'un ruisseau sans profondeur et presque sans courant; c'est ce passage qu'on a nommé le défilé des *Dix-Ponts*. Bou-Farik était, à cette époque, un lieu inhabité, désert au moins six jours par semaine; le lundi seulement, il s'y tenait un marché d'une assez grande importance. Ce fut sur l'emplacement de cette réunion hebdomadaire, un peu au-dessus du niveau des terres humides, que le bivouac fut installé, chaque brigade occupant une face d'un carré dont le quatrième côté était fermé par la cavalerie ; le quartier général, l'artillerie et les bagages au centre. Il plut toute la nuit ; le silence ne fut troublé que par le glapissement des chacals.

Le lendemain, 18, les feux de cuisine eurent de la peine à s'allumer sous la pluie ; les hommes ne purent manger la soupe que très-tard, de sorte qu'il était déjà midi quand la marche fut reprise dans l'ordre suivant : la cavalerie en tête, un bataillon de la brigade Achard, une section d'artillerie, les trois autres bataillons de la brigade, une compagnie de sapeurs. Après cette avant-garde venaient le reste de l'artillerie, la brigade d'Uzer, la seconde compagnie de sapeurs, les bagages, escortés par la gendarmerie, la brigade Hurel, le bataillon du 21ᵉ en arrière-garde. Les zouaves marchaient en éclaireurs sur les flancs de la colonne. De distance en distance, on rencontrait des troupeaux et des groupes d'Arabes qui regardaient passer les troupes ou qui s'approchaient même pour leur vendre de la volaille, des œufs, du lait, du beurre. L'attitude de ces gens-là était absolument pacifique. Déjà on apercevait, au pied de l'Atlas, au-dessus de la forêt d'orangers qui sert de ceinture à Blida, les minarets de ses mosquées, lorsque, sur l'autre bord d'un ravin, à trois kilomètres environ de la ville, la route apparut barrée par une ligne de cavaliers et de fantassins irrégulièrement distribués sur un front de plus de deux mille mètres depuis la montagne où s'appuyait leur droite jusqu'au grand mur blanc qui marquait l'emplacement projeté de la Nouvelle-Blida. Il était deux heures; l'avant-garde fit halte; le général en chef fut prévenu. Aussitôt on vit Jusuf, le mamelouk, partir de toute la vitesse de son cheval, seul, parlementer avec les Arabes, en ramener quelques-uns. Quand ceux-ci eurent rapporté aux autres que le général des Français voulait entrer à Blida, il y eut une grande clameur. Jusuf, qui n'avait pas voulu quitter les parlementaires, fut injurié, traité de renégat, couché en joue; avec un sang-froid imperturbable, il obtint que deux des grands chefs vinssent conférer encore avec le général. On ne put pas s'entendre davantage; l'un des deux Arabes, droit sur les étriers, brandissant au-dessus de sa tête son long fusil, s'écria que les vrais croyants ne se soumettraient jamais aux infidèles, et que l'heure était venue de faire parler la poudre. A peine se furent-ils éloignés que, du côté des Arabes, deux coups de fusil retentirent.

Précédés par une ligne de tirailleurs, les quatre bataillons de la brigade Achard, ployés en colonne serrée, l'artillerie en batterie, la cavalerie sur les flancs, occupaient la crête du ravin; la fusillade s'engagea. Bientôt la brigade d'Uzer vint se former à leur gauche; le ravin fut franchi, l'ennemi culbuté, poussé, poursuivi à travers les broussailles jusqu'au milieu des vergers clos de murs et de haies qui entouraient la ville. Là, sur un terrain favorable à la défense, la résistance fut vive; mais tandis que le 28°, soutenu par la brigade d'Uzer, pénétrait dans le cimetière en avant de la porte d'Alger, le général Achard, avec ses autres bataillons, contournait la ville et s'attaquait à la porte de Médéa. Impatient du retard, le lieutenant d'Hugues, du 37°, escalada le mur; quelques voltigeurs de sa compagnie sautèrent après lui, la porte fut ouverte, et les défenseurs de la ville s'enfuirent dans la montagne. A la chute du jour, le général Clauzel rappela les troupes, à l'exception des postes laissés à la garde des portes, et les fit bivouaquer, la brigade Achard en avant de Blida, les deux autres en arrière. De sa personne, il s'établit dans la grande maison près du cimetière, qui avait été occupée naguère par

M. de Bourmont. La nuit fut pluvieuse. Le lendemain 19, dès l'aube, des groupes d'Arabes et de Kabyles, embusqués à petite distance sur les pentes boisées de l'Atlas, commencèrent à tirailler ; leur feu rendait particulièrement dangereux l'accès d'une fontaine qui était, de ce côté, la seule où les chevaux pussent s'abreuver. En même temps, Blida était mise au pillage ; malgré la défense du général, des maraudeurs s'y étaient glissés dans l'ombre ; soldats, zouaves, Kabyles, Juifs, confondus, défonçant les portes, éventrant les boutiques, s'injuriant, se menaçant, se disputant le butin, tous ces pillards poussaient de telles clameurs qu'au quartier général on crut d'abord que l'ennemi était rentré dans la ville. Le grand prévôt et ses gendarmes, l'agha et ses chaouchs eurent beau intervenir : le désordre ne cessa pas de tout le jour.

Au dehors, le général Clauzel avait donné l'ordre de balayer les environs de la place. Dans la plaine, à droite de la route de Médéa, une charge des chasseurs, soutenus par le 14°, dispersa les Arabes ; dans la montagne, le 20°, le 37° et deux compagnies du 28° s'engagèrent par petites colonnes sur le territoire des Beni-Sala, brûlant tout, détruisant tout : c'était l'ordre. Tous les hommes armés saisis, soit dans la ville, soit aux alentours, étaient amenés au grand prévôt et fusillés sans merci. Le soir venu, tandis que, sur une étendue de trois kilomètres, les flammes éclairaient en rouge les grands bois et les jardins, les chênes verts et les oliviers, les orangers et les myrtes, tandis que tambours et clairons rappelaient au bivouac les colonnes qui avaient allumé l'incendie, on vit des groupes de fugitifs, précédés d'un drapeau blanc, sortir des gorges, les enfants en tête, et demander grâce. Bientôt le meufti et les notables de Blida se présentèrent au quartier général, faisant leur soumission, maudissant les Kabyles qui les avaient contraints à se battre. Le général Clauzel leur permit de rentrer dans leurs maisons dévastées. Comme il ne voulait pas laisser derrière lui sans garde une ville qui venait d'inaugurer avec une telle audace la résistance aux Français, il y établit le colonel Rullière avec le 34e, le 35e et deux pièces d'artillerie.

Le 20 novembre, à six heures du matin, l'armée, diminuée de la garnison de Blida, se remit en marche. Elle s'avançait au sud-ouest, côtoyant l'Atlas, dans un pays inculte, obstrué de broussailles, de buissons d'épines, de genêts, de palmiers nains; vers onze heures, elle s'arrêta sur la crête orientale d'une large et profonde coupure aux berges escarpées, ancien lit d'un puissant fleuve qui roulait, entre des rives distantes de 400 mètres, ses eaux maintenant abaissées, réduites, comme perdues dans ce vaste espace, cédant aux envahissements des lentisques et des lauriers-roses les neuf dixièmes de leur antique domaine, presque toujours et presque partout guéables, célébrées cependant encore comme une des plus importantes rivières de l'Algérie : c'était la Chiffa. Les fantassins n'eurent pas même les genoux mouillés. A deux heures, l'avant-garde atteignit une grande ferme nommée Haouch-Mouzaïa, ou encore Haouch de l'agha d'Oran. C'était là que le sentier suivi depuis Blida tournait brusquement et se dirigeait droit sur la montagne. On fit halte; toutes les troupes reçurent une distribution de vivres et de vin. L'état-major délibérait. Quelle était la nature du terrain et quels étaient les obstacles qu'on allait avoir à franchir? Les renseignements fournis par les indigènes étaient contradictoires; néanmoins, comme les plus vraisemblables étaient ceux qui donnaient le plus à réfléchir, le général Clauzel décida qu'on n'irait pas plus loin ce jour-là, sauf la brigade Achard, qui alla prendre son bivouac à trois ou quatre kilomètres en avant, dans un bois d'oliviers, sur le versant de l'Atlas. Des cheikhs de Mouzaïa et de Soumata vinrent annoncer que le bey de Titteri se préparait à défendre le Ténia ou col qu'il fallait traverser pour descendre à Médéa, mais que, pour eux, ils se tiendraient paisibles si on leur donnait des burnous; on leur donna des burnous. Comme les voitures de l'artillerie et du train ne pouvaient pas aller plus avant, faute de route, elles furent parquées dans la grande cour de la ferme; l'agha profita de cette disposition pour s'y arrêter pareillement et dresser ses tentes sous la protection du 24ᵉ, chargé de garder l'artillerie et les bagages. Les pièces de montagne, les munitions de guerre et de bouche, portées par des mulets de bât, allaient suivre la colonne combattante.

Le 24 novembre, après la diane, l'ordre du jour qui suit fut lu à toutes les troupes : « Soldats, nous allons franchir la première chaîne de l'Atlas, planter le drapeau tricolore dans l'intérieur de l'Afrique, et frayer un passage à la civilisation, au commerce et à l'industrie. Vous êtes dignes, soldats, d'une si noble entreprise; le monde civilisé vous accompagnera de ses vœux. Conservez le même bon ordre qui existe dans l'armée; ayez le respect le plus grand et le plus soutenu pour les populations partout où elles seront paisibles et soumises; c'est ce que je vous recommande. Ici, j'emprunte la pensée et les expressions d'un grand homme, et je vous dirai aussi que quarante siècles vous contemplent. »

On se mit en mouvement; quand on eut rejoint la brigade Achard, elle prit la direction de la marche, le 14ᵉ en tête. Derrière elle venait la batterie de montagne, puis la brigade d'Uzer, la cavalerie, les mulets, enfin la moitié de la brigade Hurel, l'autre moitié ayant été laissée avec le colonel Rullière à Blida. Du haut des mamelons dont l'armée côtoyait la base, des groupes de Kabyles, sans armes apparentes, regardaient passer la colonne qui s'allongeait et s'amincissait à mesure que le sentier devenait plus étroit et plus roide. Après deux heures de marche, l'avant-garde déboucha tout à coup sur un large plateau d'où le regard émerveillé embrassait la vaste étendue de la Métidja et découvrait à l'horizon le bleu profond de la mer. En avant des bataillons massés face au nord, le général Clauzel fit saluer la France d'une salve de vingt-cinq coups de canon. Pendant que l'avant-garde se reformait, les généraux prenaient ensemble le repas du matin; depuis ce jour-là, ce ressaut de l'Atlas a gardé le nom de plateau du Déjeuner.

L'ascension continuait, de plus en plus rude; à droite, la colonne longeait un ravin étroit, profond, un abîme d'où montait le fracas d'un torrent; à gauche se dressait une montagne dont les flancs mamelonnés, rongés par les eaux, semblaient refuser place au sentier qui les contournait. A midi, la marche fut arrêtée par une coupure au-dessus de laquelle une passerelle était jetée la veille encore; on en voyait les débris fraîchement abattus. Dès que les sapeurs du génie eurent à peu près rétabli le passage, une compagnie du 14ᵉ se porta en avant. Un coup de feu retentit; c'était le premier. A ce signal, tous les Kabyles paisibles qui semblaient venus comme pour un spectacle, se dressent le fusil en main; ces Soumata, ces Mouzaïa, dont les cheikhs s'étaient si bien fait donner des burnous, commencent à tirailler, sur les flancs et sur les derrières. En même temps, les gens du bey se massent contre l'avant-garde. Contenir l'ennemi de front, débusquer l'ennemi de gauche en s'élevant résolûment sur les mamelons qu'il occupe, c'est l'unique manœuvre que permette la nature du terrain. Gardant ce qu'il faut bien nommer par convention la route avec le 37ᵉ, le général Achard donne au 20ᵉ, au 28ᵉ, au 14ᵉ, sous les ordres du colonel Marion, les mamelons pour objectif. Le ravin de droite, plus voisin de son origine, est à cet endroit-là moins inaccessible; avec des peines infinies, une compagnie du 37ᵉ, conduite par le capitaine Lafare, descend au fond de l'abîme, escalade l'autre berge, et surgit devant les Soumata, qui, ayant un tel fossé devant eux, se croyaient à l'abri de toute attaque; cependant, quand ils ont compté le petit nombre de braves qui viennent à eux, ils se rassurent et s'efforcent par un feu soutenu de les rejeter dans le précipice; le capitaine tombe glorieusement percé de plusieurs balles; le sous-lieutenant est grièvement blessé; mais un obus passe en sifflant au-dessus de sa tête; il éclate au milieu du gros des Kabyles; un second le suit avec une précision égale; c'est une section de la batterie de montagne qui tire de l'autre côté du ravin; la compagnie du 37ᵉ est dégagée, l'ennemi fait retraite, et désormais le flanc droit de la colonne a cessé d'être inquiété. De l'autre côté, les bataillons détachés par le général Achard ont eu grand'peine à s'élever jusqu'aux sommets dont les défenseurs font pleuvoir sur eux une grêle de balles. Pour animer ses hommes qui lentement gravissent les pentes, le colonel Marion fait battre la charge; à ce signal qui fait vibrer son cœur de vieux soldat, le général Achard s'imagine les voir sur les crêtes, et ne voulant pas rester en arrière, il donne au 37ᵉ l'ordre d'attaquer : « En moins d'une demi-heure, dit-il, je serai là-haut. » Pour arriver là-haut, au col où se tient, avec l'élite de ses troupes et deux pièces de canon, le bey de Titteri, il faut passer et repasser par les plis du sentier dont les lacets se multiplient à mesure que l'escarpement devient plus sauvage. Le bataillon s'est allégé de ses sacs; conduit par le général Achard et le commandant Ducros, il monte; des pierres, des quartiers de roc, des volées de balles font à chaque instant leur trouée dans les files, le bataillon monte toujours; le voilà au niveau du col, devant cette entaille, cette brèche qui s'entr'ouvre de deux mètres à peine à travers la montagne; la charge bat; les deux pièces ont à peine le temps de tirer une dernière salve; le bey, ses Turcs, ses Arabes, ses Kabyles sont abordés, refoulés, culbutés. Le premier Français qui est arrivé au col est un jeune officier d'état-major, aide de camp du général Achard, le lieutenant de Mac Mahon. Quelque temps après, les bataillons du colonel Marion apparaissent sur la gauche et saluent de leurs acclamations les braves du 37ᵉ. Désormais la route de Médéa est ouverte; le général en chef établit son bivouac sur le versant méridional de l'Atlas. C'était à quatre heures que le col avait été conquis; à minuit l'extrême arrière-garde y arrivait à peine.

Tel a été ce premier passage du Ténia, théâtre prédestiné pour des luttes sanglantes. Celle-ci coûtait au vainqueur deux cent vingt hommes hors de combat, dont vingt-sept morts et quatre-vingts blessés atteints grièvement; le 37ᵉ comptait soixante-dix des siens sur cette liste glorieuse. Le soir même, à dix heures, le général Clauzel fit lire à toutes les troupes la proclamation suivante : « Soldats! les feux de vos bivouacs qui, des cimes de l'Atlas, semblent dans ce moment se confondre avec la lumière des étoiles, annoncent à l'Afrique la victoire que vous achevez de remporter sur ses fanatiques et barbares défenseurs, et le sort qui les attend. Vous avez combattu comme des géants, et la victoire vous est restée. Vous êtes, soldats, de la race des braves et les véritables émules des armées de la Révolution et de l'Empire. Recevez le témoignage de la satisfaction, de l'estime et de l'affection de votre général en chef. »

Après cette rude journée, les troupes avaient

besoin de repos. Dans la matinée du 22, quelques compagnies seulement allèrent incendier les gourbis des gens de Soumata. A onze heures, la brigade Achard reçut l'ordre de se porter en avant; la brigade d'Uzer était laissée au col avec les blessés confiés à sa garde. La colonne ne se composait donc plus que de six bataillons, des zouaves, de la batterie de montagne et de la cavalerie. La descente se présentait presque aussi malaisée que la montée; le sentier toujours rocailleux était un peu moins étroit, de sorte qu'au lieu de défiler par deux ou trois, les hommes pouvaient marcher quatre ou cinq de front; les pitons étaient plus boisés; mais aussi l'ennemi pouvait s'embusquer plus sûrement derrière les arbres. Il essaya, en effet, d'inquiéter l'avant-garde, sans parvenir toutefois à ralentir sa marche. Il y eut cependant un incident douloureux sur la gauche, où le colonel Marion, fourvoyé dans une gorge latérale avec le 20°, eut quelque peine à se dégager; cinq blessés étaient tombés aux mains des Kabyles, qui suivirent longtemps la colonne en agitant leurs têtes sanglantes. Au pied de la montagne s'étend un plateau couvert d'oliviers sauvages; c'est un lieu que les indigènes nommaient Zeboudj-Azara. Ils y étaient en assez grand nombre, cavaliers et hommes de pied ; quelques obus les en délogèrent, puis les chasseurs les poursuivirent jusqu'au bord d'un ravin qui arrêta la charge. Ce fut le dernier engagement sérieux ; on ne vit plus dès lors que de petits groupes qui, dans les passages difficiles, essayèrent de se jeter sur les mulets du convoi. La chaleur était forte ; au delà de Zeboudj-Azara coulaient deux petits ruisseaux troublés par l'ennemi. La route, plus large, contournait une suite de hauteurs dominées par le Djebel-Dakla. Tout à coup, sur un rocher isolé, escarpé du côté de l'ouest, apparut Médéa. Le soleil, déjà bas, éclairait d'une lumière dorée le mur d'enceinte, les minarets et les lignes brisées du haut aqueduc qui amène les eaux du nord-est à la ville. L'avant-garde en était encore à deux kilomètres lorsqu'on entendit soudain le bruit d'une fusillade nourrie, mêlée de quelques coups de canon : c'étaient les gens de Médéa qui, pour faire accueil aux Français, tiraient sur les bandes vaincues de leur maître. Peu d'instants après, trois cavaliers de bonne mine se présentèrent devant le général en chef ; ils apportaient la soumission de leurs concitoyens. Des hommes et des enfants groupés en avant de l'aqueduc regardaient en silence, mais sans crainte, le défilé des premiers pelotons. L'état-major seul entra dans la ville; les troupes établirent leurs bivouacs, la brigade Hurel en deçà, sur la route même, la brigade Achard un peu au delà.

III

L'aspect de Médéa était tout autre que celui d'Alger; sauf les minarets des mosquées, il n'avait presque rien d'oriental; on eût dit plutôt une petite ville du midi de la France; au lieu de cubes de maçonnerie d'une blancheur éclatante, des maisons aux murs bruns; au lieu de terrasses, des toits inclinés couverts en tuiles creuses; des rues plus larges, surtout moins tortueuses, toutes bordées d'un petit trottoir. De même au dehors. On est ici à plus de 900 mètres au-dessus de la mer; plus d'agaves, plus de cactus, ni d'orangers, ni de grenadiers, ni même d'oliviers; des haies d'épine autour des jardins; de grands enclos plantés de vignes; une végétation tout européenne. La ville avait cinq portes; les deux principales, l'une près de l'aqueduc, l'autre à l'extrémité opposée de la grande rue, étaient surmontées chacune d'une batterie de longues coulevrines à l'écusson d'Espagne. A l'intérieur, outre les mosquées, il y avait une caserne de janissaires, une Kasba qui ne paraissait être qu'un grand magasin, et le palais du bey où fut installé le quartier général. C'était une grande construction carrée, d'un assez beau style moresque, doublée d'une autre moins élégante et plus petite; toutes deux avaient été démeublées; mais dans plusieurs pièces il était resté de vieux tapis, des peaux de mouton, de gros écheveaux de laine, et surtout d'énormes tas d'orge et de blé, avec des sacs de couscoussou et de grandes jarres remplies de viande de mouton conservée dans la graisse. La population de Médéa ne dépassait pas six ou sept mille âmes, dont un millier de Turcs et de coulouglis; les autres étaient Maures, les Juifs peu nombreux. Ces gens-là paraissaient braves et charmés d'être débarrassés de la domination turque. Dans la matinée du 23 novembre, une centaine de cavaliers se montrèrent à deux kilomètres environ au sud-est, avec le dessein évident de s'établir dans un grand haouch qui était la maison de campagne du bey; aussitôt les hommes de la ville sortirent en armes et allèrent s'embusquer dans les jardins pour tenir les maraudeurs à distance. Peu après, les voltigeurs du 14°, soutenus par le 37°, se portèrent sur l'haouch au pas de course et eurent bientôt fait d'en déloger l'ennemi ; celui-ci, toutefois, avait eu le temps de tout piller ; mais il restait beaucoup d'orge et surtout une grande quantité de paille, trouvaille précieuse, car dans ce pays il y avait disette de fourrage. Les positions des troupes furent rectifiées ; la brigade Hurel se rapprocha de la ville, et le général Achard établit son quartier dans le Versailles du bey ; de fait, c'était plus qu'un haouch ; il y avait d'assez belles chambres, de belles cours entourées d'arcades, partout de l'eau en abondance ; dans les jardins, quelques oliviers, les seuls qui existassent alors aux environs de Médéa.

Le général Clauzel avait l'imagination vive, ardente, non pas rêveuse, mais toujours en rêve ; il était optimiste comme la jeunesse, et comme la jeunesse aussi, quand elle n'est pas timide, car c'est tout l'un ou tout l'autre, confiant à l'excès en lui-même. Un événement non prévu vint comme à point pour justifier sa confiance. On ne savait trop où était Moustafa-bou-Mezrag, lorsque, désespérant de sa fortune en vrai fataliste, et redoutant les Kabyles en vrai Turc, il vint se mettre volontairement à la merci d'un vainqueur qu'il supposait plus généreux que ses anciens sujets ; il ne se trompait pas :

le vainqueur lui fit bon accueil. Dans la même journée, les cent cinquante janissaires qui tenaient garnison dans Médéa se rendirent à la discrétion de l'autorité française. Tout était pour le mieux ; le plan du général Clauzel s'agrandissait avec une facilité merveilleuse. Voilà le nouveau bey, Moustafa-ben-Omar, bien et dûment installé dans son beylik de Titteri ; on lui laissait provisoirement l'assistance du colonel Marion avec les bataillons du 20ᵉ et du 28ᵉ, les zouaves et une section d'obusiers de montagne ; le général d'Uzer, qui était au col de Mouzaïa, n'avait qu'à se porter de quelques lieues au sud-ouest pour occuper la vallée du Chélif et s'établir à Miliana : rien de plus simple ; pour ce qui est d'Oran et de Constantine, le général en chef avait des projets dont nous aurons bientôt la confidence. En attendant, voici ce qu'écrivait à Paris un de ses officiers d'ordonnance : « La France sera contente, j'espère, de cette campagne de sept jours : le drapeau tricolore, planté sur les remparts de Médéa, signale d'une manière brillante notre ère de liberté. Il s'agit maintenant d'obtenir le même résultat à Constantine, et l'Afrique est soumise. Au reste, qu'on ne craigne pas que le poste de Médéa soit une imprudence ; il est soutenu par la position de l'Atlas, où l'affaire du 24 a eu lieu et que le général va faire occuper par deux blockhaus; la ferme où nous avons campé le 20 et que le général a fait fortifier sera ensuite un point intermédiaire jusqu'à Blida, où le général se propose de laisser le lieutenant général Boyer, qui sera commandant supérieur de la province. On ne peut, comme vous voyez, ajouter plus de prudence à une combinaison aussi hardie; l'avenir de l'Afrique est tout entier dans ce plan. »

Le singe de la fable n'avait oublié que d'allumer sa lanterne; le général Clauzel n'avait oublié que d'emporter en assez grande quantité trois petites choses : des munitions, de l'argent et des vivres. Pour former à Médéa une réserve de vingt mille cartouches, on fut obligé de vider les gibernes; chaque homme n'en garda pas plus de vingt, ce qui suffisait à peine aux incidents possibles du retour. D'autre part, vingt mille cartouches pour Médéa, c'était bien peu; il n'y avait qu'à en faire venir d'Alger deux cent mille; au gré du général en chef, rien n'était plus simple. Un détachement de cinquante canonniers conducteurs ou de soldats du train, de ceux qui étaient restés à la Ferme de l'agha, n'aurait qu'à partir, sous les ordres du capitaine Esnaut, en prenant pour objectif le sommet de la Bouzaréa; cinquante hommes d'infanterie lui serviraient d'escorte un peu plus loin que Blida. En vingt-quatre heures, avec un peu de diligence, il pourrait être à Alger. Le retour, plus lent, puisque les hommes auraient à ramener en main les chevaux chargés de cartouches, se ferait sous la protection du second bataillon du 20°, appelé à rejoindre le premier à Médéa. Quand le général Clauzel fit connaître ce dispositif au lieutenant-colonel Admirault, commandant l'artillerie de l'armée, celui-ci fut frappé du danger qu'allait inévitablement courir au milieu de la Métidja un détachement si faible : « Puisque vos artilleurs ne sont bons à rien, lui dit avec humeur le général, vous n'avez qu'à vous en aller avec eux. » Des observations furent faites par quelques officiers au général Delort, qui refusa de les transmettre à son chef. L'ordre fut dépêché tel quel au capitaine Esnaut. En fait d'argent, les officiers du corps expéditionnaire vidèrent leurs bourses comme les soldats avaient vidé leurs gibernes; mais cette espèce de cotisation ne suffisant pas aux dépenses probables de Médéa, on fut obligé d'emprunter à l'ex-bey Bou-Mezrag tout ce qu'il avait de boudjous pour une valeur de neuf à dix mille francs. Enfin, quant aux vivres, comme il ne s'était trouvé dans les magasins du beylik que du biscuit avarié et quelques sacs de couscoussou, on fit fabriquer tant bien que mal du pain d'orge, où la paille ne manquait pas; le seul produit abondant était un vin blanc très-agréable dont les soldats se régalaient au prix de neuf sous le litre.

Le 26 novembre, à la pointe du jour, la colonne, réduite à quatre bataillons, se mit en marche, le général Hurel d'abord, puis l'état-major à la suite duquel venaient Bou-Mezrag, ses enfants et ses janissaires, entourés de gendarmes, puis le convoi, puis le général Achard; la cavalerie à l'arrière-garde. Les hommes emportaient six rations de vivres, trois pour eux-mêmes, trois pour les camarades de la brigade d'Uzer, qui, laissés depuis cinq jours au Ténia, devaient mourir de faim; les rations se composaient de vieux biscuits, de gros pain d'orge et d'un peu de viande cuite. La colonne n'eut pas un seul coup de fusil à tirer; partout, sur son passage, les Kabyles avaient arboré de petits drapeaux blancs. A midi, on arriva au col : depuis deux jours, la brigade d'Uzer ne vivait guère que de glands doux cuits dans la cendre; on n'avait pu se procurer que quelques poules dont on avait fait du bouillon pour les blessés. Après deux heures de halte, la marche fut reprise. Inébranlable dans son optimisme, le général Clauzel prescrivit au général d'Uzer de garder la position, en se préparant à partir pour Miliana le lendemain matin. A la nuit tombante, la colonne atteignit la Ferme de l'agha. Les nouvelles qu'on y trouva étaient mauvaises : la garnison de Blida avait eu de rudes combats à soutenir, et le détachement de canonniers avait dû rencontrer beaucoup d'obstacles sur son chemin. Trois compagnies du 21ᵉ l'avaient escorté bien au delà de Blida ; comme on apercevait un grand nombre d'Arabes dans la plaine, le commandant de l'escorte avait engagé le capitaine Esnaut à se replier avec lui sur la ferme, mais l'officier d'artillerie s'y était absolument refusé. Tandis qu'il prenait le trot avec ses hommes, dont les uns n'avaient que leurs sabres, les autres des mousquetons, l'infanterie, qui venait de faire demi-tour, était assaillie par une avalanche de cavaliers ; il avait fallu former le carré plus d'une fois, et, en fin de compte, battre en retraite sur Blida en attendant la nuit pour regagner la ferme. Ces nouvelles tombèrent comme une douche d'eau froide sur le cerveau bouillant du général Clauzel ; à l'instant même, il dépêcha au général d'Uzer l'ordre d'évacuer le col et de rejoindre l'armée. Le 27, de grand matin, on prit le chemin de Blida. A deux kilomètres environ de la ville, on aperçut l'ennemi, la gauche couverte par le lit encaissé de l'Oued-el-Kebir, la droite, surtout formée de cavalerie, en partie dissimulée par les broussailles de la plaine. Le général Clauzel le fit attaquer aussitôt; mais la charge était commencée à peine que les cavaliers arabes avaient déjà tourné bride et que les fantassins avaient disparu, qui dans les fourrés, qui dans le ravin. En entrant dans Blida, le plus affreux spectacle glaça les survenants d'horreur : des flaques de sang coagulé remplissaient les ruisseaux; les rues étaient jonchées, les maisons remplies de cadavres; partout des marques d'une lutte impitoyable. Voici ce qui s'était passé.

Dès le 20 novembre, le colonel Rullière avait arrêté ses dispositions défensives; la porte d'Alger s'ouvrait sous une voûte qui supportait la grande salle d'une mosquée dont le colonel avait fait un hôpital; les deux compagnies de grenadiers du 34e et du 35e en avaient la garde; les autres portes et les minarets étaient gardés par des détachements. Le 21, la journée avait été assez calme; le 22, des Kabyles étaient venus attaquer en avant de la porte d'Alger une maison qu'occupait une compagnie du 35e. Le 23, le 24, le 25, il n'y avait rien eu d'extraordinaire, si ce n'est, le dernier jour, beaucoup de mouvement dans la ville. Des trouées faites dans le mur extérieur, construit en pisé, avaient livré passage à beaucoup de Kabyles qui se tenaient cachés dans les maisons. Le 26, dès la pointe du jour, on vit des bandes nombreuses descendre de l'Atlas et d'autres arriver par la plaine; celles-ci appartenaient aux contingents amenés par Ben-Zamoun des montagnes qui ferment à l'est la Métidja. La porte du côté des hauteurs fut la première attaquée; mais presque en même temps, le détachement qui la défendait se vit menacé par derrière; c'étaient les habitants eux-mêmes et les alliés cachés dans leurs logis qui venaient de sortir en armes dans les rues. Bientôt les postes répartis dans la ville furent obligés de se replier les uns sur les autres et de se porter vers la mosquée de la porte d'Alger, qui était le point de ralliement général et le réduit de la garnison. Sous la voûte, une pièce de huit était en batterie, la gueule tournée contre le débouché de la grande rue ; mais telle était la confusion que les canonniers, craignant de tirer sur les Français en même temps que sur l'ennemi, n'osaient pas mettre le feu à la charge; on se battait corps à corps. Il y eut un moment critique : deux Kabyles avaient sauté à cheval sur la volée même de la pièce, tandis qu'un troisième plantait son drapeau devant la bouche vis-à-vis du drapeau du 34ᵉ qu'un officier tenait près de la culasse; tout à coup, un adjudant d'artillerie s'élance, abat d'un coup de sabre les deux Kabyles et abaisse la mèche sur la lumière en criant : « En avant sur la mitraille! » Le coup dégagea la voûte; les cadavres abattus en obstruèrent l'entrée comme une barricade. Dans le même temps, le colonel Rullière venait d'ordonner aux deux compagnies de grenadiers de se porter rapidement de l'autre côté de la ville en longeant les jardins, de rentrer soit par la porte de Médéa, soit par les brèches ouvertes dans le mur d'enceinte, et de tomber à la baïonnette sur l'ennemi pris à revers. C'était en petit la manœuvre de Richepance à Hohenlinden. La fusillade continuait de part et d'autre; tout à coup, au milieu des détonations retentissantes, on commença d'entendre des clameurs lointaines, puis le rhythme de la charge battue à la française; alors, à travers les assaillants surpris, les voltigeurs du 35ᵉ débouchèrent de la voûte à la rencontre de leurs camarades; le combat dès lors changea de face; mais il fallut emporter d'assaut les maisons l'une après l'autre, poursuivre l'ennemi dans les cours, dans les ruelles, de terrasse en terrasse. C'est dans le tumulte de cette dernière crise que furent malheureusement enveloppés des vieillards, des femmes, des enfants. En voyant les corps de ces tristes victimes, le général Clauzel entra dans une indignation dont le colonel Rullière reçut les premières atteintes; cependant, si quelques-unes étaient tombées sous la baïonnette des soldats exaspérés par l'acharnement de cette lutte, le plus grand nombre avait péri par la main des Kabyles. On en eut la preuve dès le lendemain, lorsque le général en chef, encore une fois déçu dans ses rêves, eut décidé de retirer la garnison de Blida. On vit alors une foule de gens éperdus demander à suivre les Français, plutôt que de rester sous le coutelas de leurs féroces voisins.

Le 28 novembre, la retraite se fit en deux colonnes; l'une, formée de la brigade Achard, du 34e, du 35e, d'un escadron de cavalerie et de deux pièces de campagne, devait marcher, sous les ordres du général Clauzel, dans la direction de Koléa; l'autre, comprenant le reste des troupes, le convoi, les blessés, les prisonniers, les fugitifs, sous le commandement du général Boyer, avait ordre de gagner Alger directement. La première, arrêtée dans sa marche par des marais qu'elle ne put traverser, fut forcée de se rejeter à droite; le soir, elle vint prendre ses bivouacs à Sidi-Haïd, à côté de l'autre colonne. Celle-ci avait marché lentement, obligée de régler son allure sur le pas traînant des fugitifs de Blida. Ils étaient quelques centaines, Maures et Juifs, les riches avec des mulets de bât, les pauvres leur petit bagage sur l'épaule; des vieillards, des femmes, des enfants étaient entassés sur les caissons de l'artillerie, sur les prolonges du train; mais il n'y avait pas de place pour tous; des Mauresques, des Juives, jambes nues, pieds nus, déchirées par les ronces, un enfant dans les bras, d'autres accrochés à leur vêtement, se traînaient plus qu'elles ne marchaient, trébuchant, tombant, n'ayant plus la force de se relever; alors, émus de compassion, les officiers, les cavaliers mettaient pied à terre et hissaient sur leurs chevaux ces pauvres créatures. Seuls, impassibles comme le fatalisme, Bou-Mezrag et les prisonniers de Médéa, l'agha et ses chaouchs, passaient à côté de toutes ces misères, mornes et silencieux. Ce soir-là et le lendemain, dans les premières heures du jour, incertaine jusqu'à ce moment du sort des cinquante canonniers qui, sur l'ordre du général en chef, s'étaient aventurés dans la plaine, l'armée acquit la preuve de leur épouvantable fin. Au delà des ponts de Bou-Farik, avant d'arriver au marabout de Sidi-Haïd, on avait rencontré les premiers cadavres, nus, sans tête, sans pieds, sans mains, percés, hachés, à demi dévorés par les hyènes et par les chacals. On retrouva successivement, semés sur la route, tous les autres : le capitaine Esnaut fut relevé le dernier, un peu plus loin que Birtouta. Les massacreurs étaient des Arabes de Beni-Khelil; à Sidi-Haïd, ils avaient commis un crime encore plus atroce : aux branches d'un olivier était pendu par les pieds le corps d'une cantinière.

Le 29 novembre, au milieu du jour, les troupes rentraient dans leurs cantonnements. La population juive d'Alger s'était portée à leur rencontre, avec des acclamations pour les vainqueurs et des injures pour les vaincus; Bou-Mezrag, la tête haute, promenait sur les insulteurs un regard méprisant. Au contraire des Juifs, les Maures, à très-peu d'exceptions près, s'étaient renfermés dans leurs maisons; le triomphe des *roumi* était un deuil pour tout bon musulman. Depuis le départ du corps expéditionnaire jusqu'à son retour, les marchés d'Alger avaient été déserts; ceux des indigènes qui n'avaient pas pris les armes contre les infidèles auraient eu honte de trafiquer avec eux. Dès le lendemain, ils reparurent : les infidèles avaient montré qu'ils étaient les plus forts.

Que devenait cependant la garnison de Médéa, presque sans munitions, presque sans vivres? Plus inquiet d'elle qu'il ne lui convenait de paraître, le général en chef trouva un ingénieux moyen de lui faire passer des cartouches : on en fit des ballots qu'on chargea sur douze mulets, et, comme si c'eût été des marchandises expédiées par les commerçants d'Alger, on confia, selon la coutume, à des muletiers arabes le soin de les conduire, de sorte que le précieux convoi, grâce à l'ignorance de ceux qui le conduisaient et de ceux qui le voyaient passer, finit par arriver à bon port. Convoi bien précieux, en effet, car bien des coups de fusil avaient été tirés autour de Médéa pendant trois jours.

La ville occupée par le 20ᵉ, protégée par son mur d'enceinte et par les quelques pièces de canon qu'elle possédait, avait moins à craindre d'une attaque des Kabyles que la ferme du bey. Celle-ci, où s'étaient établis le bataillon du 28ᵉ et les zouaves, fut mise, par les sapeurs du génie qu'on leur avait adjoints, en état de défense; les murs furent crénelés, des tambours en pierre sèche élevés pour couvrir les portes et flanquer les points les plus faibles de l'enceinte. Dès le 26, peu d'heures après le départ du corps expéditionnaire, des cavaliers étaient venus reconnaître la position et les travaux des Français; le soir, des feux avaient paru dans la montagne. Le 27, dès le matin, des bandes nombreuses en descendirent; à onze heures commença l'attaque, d'abord un peu molle, puis de plus en plus sérieuse; l'intention évidente des Kabyles était de couper les communications entre la ville et la ferme; une sortie, vivement exécutée sur leur flanc par deux compagnies du 20°, que guidaient des habitants armés de Médéa, et secondée par un mouvement analogue du 28° et des zouaves, déjoua la tentative de l'ennemi et le refoula dans ses ravins. La nuit fut tranquille, mais le nombre des feux s'était notablement multiplié. Le 28, l'affaire s'annonça chaude, surtout autour de la ferme. Les avant-postes d'abord, puis deux compagnies de soutien durent se replier; aussitôt des tirailleurs kabyles se jetèrent dans les maisons qui venaient d'être évacuées et se servirent avec intelligence des créneaux qu'y avait pratiqués la défense. Un capitaine du 28°, qui voulut les reprendre, se fit inutilement tuer avec quelques hommes. Le commandant Delannoy tenait sa petite troupe embusquée, partie derrière les berges des chemins, partie derrière des épaulements élevés à la hâte; mais, de temps à autre, il en fallait sortir pour rouvrir la communication, trois fois coupée, entre la ferme et la place. Dans ces occasions, c'étaient les zouaves du commandant Maumet qui étaient assaillis avec le plus de fureur : leur conduite, leur courage, leur sang-froid furent au-dessus de tout éloge; ils eurent un de leurs capitaines tué, deux officiers blessés, soixante hommes hors de combat. Le 20e et le 28e en avaient soixante-six, dont trois officiers atteints grièvement. Dans la soirée, le colonel Marion fit faire le compte des cartouches; il n'en restait plus qu'une trentaine par homme; les gens de Médéa en réclamaient, il n'était pas possible de leur en donner. Le commandant Delannoy, abandonnant les dehors, se renferma dans les bâtiments de la ferme. Le 29, les meilleurs tireurs, placés aux créneaux et ne faisant feu qu'à coup sûr, suffirent à repousser et à tenir à distance les Kabyles, beaucoup moins nombreux que la veille et découragés évidemment par l'inutilité de leurs attaques. Une forte pluie qui survint acheva de leur conseiller la retraite. Ces hommes, qui ne reçoivent ni solde, ni munitions, ni vivres, capables, à un moment donné, d'un grand effort, sont hors d'état de tenir plus de quatre ou cinq jours la campagne. C'est une loi très-simple, très-naturelle, une loi générale, une loi constante que les guerres d'Afrique n'ont pas cessé de vérifier. Si parfois certaines agglomérations d'indigènes ont paru tenir plus longtemps, c'est que de nouveaux contingents étaient venus combler le vide qu'avait fait le départ des autres. Le 30 novembre, après une vaine démonstration des Kabyles du côté de l'aqueduc, ils s'éloignèrent; le lendemain, les derniers avaient disparu. Il était difficile d'apprécier leurs pertes qui avaient dû être grandes; celles de la garnison française étaient de vingt-sept tués, dont trois officiers, et de cent soixante-cinq blessés; les gens de la ville comptaient treize blessés et six morts.

Lorsque la nouvelle de ces graves événements fut arrivée au général Clauzel, il décida de renforcer la garnison de Médéa. Une division fut organisée sous le commandement du général Boyer, en deux brigades, sous les ordres des généraux Achard et d'Uzer; l'infanterie comptait neuf bataillons français et un demi-bataillon de zouaves, la cavalerie cent chasseurs, et l'artillerie une batterie de campagne. Chaque homme emportait quatre-vingts cartouches et trois jours de vivres dans le sac; six autres jours étaient chargés sur les prolonges du train; la cavalerie s'était approvisionnée de fourrage pour neuf jours; les caissons de l'artillerie contenaient une réserve de deux cent cinquante mille cartouches; les mulets de l'intendance étaient chargés de barils de vin et d'eau-de-vie; enfin le trésor envoyait un payeur avec une forte somme d'argent comptant. Le général Danlion, nommé gouverneur de Médéa, s'était joint à l'état-major. Depuis le 29 novembre, une pluie torrentielle, la pluie d'Afrique, n'avait pas cessé de tomber. Après avoir attendu vainement une embellie, la colonne expéditionnaire commença son mouvement le 7 décembre; elle vint bivouaquer à Bou-Farik; le 8, elle gagna directement la Ferme de l'Agha. Il lui avait été interdit de s'approcher de Blida, qui commençait à se repeupler sous l'autorité du marabout Ahmed-ben-Jusuf, décoré du titre de khalifa, c'est-à-dire de lieutenant du général en chef. Les voitures de l'artillerie et du train furent laissées à la Ferme, leurs charges ayant été réparties sur les mulets de bât. Le 9, la colonne traversa le Ténia sans autre cause de retard que l'âpreté du terrain, et, d'une seule traite, la brigade Achard atteignit l'aqueduc en avant de Médéa. Le jour tombait; les troupes arrivaient en désordre, confondues, pêle-mêle; pour rallier leur monde, les tambours battaient la marche de chaque régiment. Les hommes, exténués, se plaignaient de cette allure forcée « dans un satané pays, s'écriait l'un d'eux, où l'on ne trouve pas seulement un cabaret sur la route : il faut être possédé du diable pour y faire la guerre ». Le général Achard, qui était très-aimé du soldat, ranimait les courages, promettait monts et merveilles : « Allons, mes amis, vous n'avez plus que dix minutes à marcher ; vous allez loger dans des maisons où vous serez bien. — Oui, mon général, répondait un grenadier goguenard, nous trouverons la soupe faite, un bon feu allumé, des lits délicieux et un domestique pour tirer nos bottes. » Pour comble de malheur, la nuit était noire, le vent soufflait en tempête, et la pluie tombait à torrents, mêlée de grêle et de neige ; il n'y avait plus moyen de se reconnaître, et force fut à ceux qui avaient fait halte de bivouaquer sur place, dans la boue. La brigade d'Uzer et le convoi, plus malheureux encore, s'étaient égarés parmi les oliviers de Zeboudj-Azara et, çà et là, erraient en désespérés sur les pentes du Nador. Des mulets roulaient dans les ravins ; presque tous avaient perdu leur charge. Il faut rendre cette justice aux employés du trésor qu'ils ne songèrent à prendre du repos qu'après avoir retrouvé leurs précieuses caisses jusqu'à la dernière.

L'état-major, sauf les généraux d'Uzer et Danlion, avait pu entrer à Médéa; on était attablé chez le colonel Marion devant des perdrix de l'Atlas, des miches de pain d'orge et des cruches de vin blanc, quand l'ordonnance du colonel vint en hâte lui dire : « Il y a à la porte un homme qui vous demande. — Qu'il entre! » Et l'on vit entrer, ruisselant, crotté jusqu'à l'échine, le visage à moitié couvert par l'aile ramollie de son chapeau à plumes, le gouverneur, le général Danlion, furieux contre le colonel, dont il venait prendre la place : « J'ai failli me perdre, me casser le cou, disait-il tout en colère; je suis morfondu, et je n'ai pas trouvé à la porte un adjudant de place pour me conduire à mon logis! » On l'apaisa, on le fit manger et boire, et il reprit sa bonne humeur. Le général d'Uzer n'arriva que le lendemain matin, à la tête de sa brigade qu'il était parvenu à rallier. Pendant deux jours encore le temps fut horrible; enfin, le 12 au matin, la pluie parut cesser. Les vivres diminuaient; le général Boyer avait hâte de partir. Il laissait au général Danlion le 20ᵉ et le 28ᵉ, reconstitués chacun à deux bataillons, le bataillon de zouaves au complet, un personnel proportionné d'administration, un matériel d'hôpital, deux obusiers de montagne, quelques centaines de fusils pour armer les gens de Médéa, un gros approvisionnement de poudre et de cartouches.

La colonne se mit en marche, la brigade d'Uzer en tête, les bagages au milieu, la brigade Achard derrière. L'avant-garde, arrivée au col vers quatre heures, s'y arrêta pour passer la nuit; les autres s'établirent au-dessous. Tout à coup, la bourrasque éclate, vent furieux, pluie et grêle; le thermomètre tombe à 2 degrés; on entend les anciens, comme le général Achard, rappeler les souvenirs de Russie, de Moscou, de la retraite; les feux s'éteignent; les hommes, les chevaux ont sur le dos deux pouces de neige. Dès la pointe du jour, le 13, on s'empresse de quitter cet odieux bivouac; mais le sentier est plus que jamais glissant et scabreux; les chevaux, les ânes, les mulets n'ont plus le pied sûr. « Ces coquins de Bédouins, dit un officier, pourraient bien profiter de la circonstance pour nous faire beaucoup de mal. — Soyez tranquille, mon capitaine, répond un voltigeur; leurs fusils ne partiront pas mieux que les nôtres, et s'ils osent remuer, nous nous chargeons de les enfoncer à la baïonnette. » Les bagages mirent quatre heures à défiler; pendant ce long temps, la brigade Achard demeurait l'arme au bras, attendant son tour; elle ne put arriver à la Ferme de l'agha qu'à la nuit tombante. Le lendemain, on s'attendait à rencontrer dans la Chiffa un obstacle infranchissable; à peine l'eau y était-elle un peu plus haute que naguère, au 20 novembre. Le dernier incident du retour fut le plus douloureux : au bivouac de Sidi-Haïd, on trouva les tombes des malheureux canonniers fouillées, bouleversées par les fauves; il fallut enterrer plus profondément ces tristes restes, lamentable témoignage de la férocité des Arabes et de la voracité des chacals.

IV

Les illusions du général Clauzel allaient recevoir une nouvelle atteinte. En Europe, la révolution de septembre à Bruxelles, succédant à la révolution de juillet à Paris, menaçait d'entraîner à sa suite la guerre générale. Pour faire tête à l'orage, le gouvernement français avait besoin de toutes ses forces; le rappel de l'armée d'Afrique, sauf une dizaine de mille hommes, était décidé. Instruit de cette grande résolution, le général essaya de suppléer à la réduction imminente des troupes régulières par l'institution d'une force locale. Les zouaves avaient prouvé qu'ils étaient capables d'un bon service; mais le recrutement, lent et difficile, avait peine à maintenir le niveau du premier bataillon; le second n'avait toujours qu'une existence nominale. Malgré le zèle et les belles promesses de Jusuf, nommé par le général en chef capitaine aux chasseurs algériens, l'escadron du commandant Marey, qui avait atteint un moment le chiffre de quatre-vingts cavaliers, était misérablement retombé à trente. Cependant, le général Clauzel ne désespérait pas; son idée favorite était d'organiser en garde nationale algérienne tous les hommes valides, Français, étrangers, musulmans, Juifs même. A l'exécution, l'entreprise ne dura guère; un essai de scrutin pour l'élection des officiers la fit tourner en ridicule; il n'en fut plus parlé qu'en moquerie, et, morte avant d'être née, elle s'abîma dans une fin piteuse.

Quels qu'aient été les rêves du général Clauzel, ses mécomptes et ses fautes, c'étaient, — il n'est que juste de lui en faire un titre, — les rêves d'un patriote convaincu que l'honneur commandait à la France de garder Alger et d'étendre sa souveraineté sur toute la régence. Longtemps avant d'avoir reçu les ordres qui, réduisant des deux tiers ses moyens d'action, le mettaient hors d'état de faire des conquêtes, il croyait avoir trouvé dans son imagination un moyen sûr et facile de résoudre le problème. Il savait qu'à un certain moment, le gouvernement de Charles X n'avait pas été loin de confier le soin de sa vengeance au pacha d'Égypte, Méhémet-Ali, qui se serait volontiers chargé de conquérir l'Algérie et de la gouverner, comme son pachalik, à titre de vassal et de tributaire du sultan. A Méhémet-Ali le général Clauzel entendait substituer le bey de Tunis, dont l'autorité se serait étendue sur les parties du territoire algérien que n'auraient pas occupées effectivement les Français, à la condition d'être le vassal et le tributaire, non pas de la Porte, mais de la France. De bonne heure, le général avait envoyé à Tunis, comme en reconnaissance, un de ses aides de camp, le capitaine du génie Guy, lequel avait trouvé, dans le consul général de France, M. de Lesseps, un auxiliaire ardent et empressé. A l'insu du département des affaires étrangères comme du département de la guerre, une correspondance active s'établit entre le consul général et l'armée d'Afrique. Il fut convenu que trois Tunisiens de distinction, sous couleur d'apporter au général les compliments du bey, viendraient négocier avec lui des affaires plus sérieuses. Un brick de la marine royale les amena le 29 octobre dans le port d'Alger; on leur fit voir les troupes, les établissements militaires, tout ce qui pouvait exalter à leurs yeux la grandeur de la France. Le plus autorisé des trois, Sidi-Hassouna, se mit d'accord avec le général Clauzel, qui chargea M. de Lesseps de donner à l'entente la forme diplomatique. Après être retourné à Tunis avec ses collègues, le plénipotentiaire du bey revint seul à Alger le 9 décembre. Le 15, un arrêté du général en chef prononçait la déchéance de Hadji-Ahmed, bey de la province de Constantine; le 16, un second arrêté nommait à sa place Sidi-Moustafa, prince de Tunis, frère du bey; le 18, le général signait avec l'envoyé tunisien une convention par laquelle Sidi-Moustafa s'engageait, sous la garantie de son frère, à payer à la France, comme bey de Constantine, une redevance annuelle d'un million, exceptionnellement réduite à huit cent mille francs pour l'année 1831. On eût dit qu'il suffisait d'un trait de plume pour déposséder Ahmed.

Après Constantine, Oran. De ce côté, la difficulté n'était pas aussi grande; dès le temps de M. de Bourmont, le bey Hassan avait reconnu la souveraineté de la France; mais il était vieux, faible et riche; tout ce qu'il souhaitait, c'était d'aller jouir de sa fortune et d'achever ses jours en Asie; tout ce qu'il demandait, c'était d'avoir un successeur, et, en attendant, un protecteur; car ses sujets turbulents n'avaient plus aucun respect pour son autorité. Le 12 décembre, un détachement composé du 21ᵉ de ligne, de cinquante chasseurs à cheval, d'une batterie de campagne et d'une section de montagne, de cinquante sapeurs du génie et de vingt-cinq gendarmes, s'embarqua pour Mers-el-Kébir; il y arriva le lendemain, prit possession du port et, quelques jours après, du fort Saint-Grégoire. La mission du général de Damrémont, qui le commandait, n'allait pas au delà jusqu'à nouvel ordre; attentif et prudent, il n'avait qu'à surveiller les événements et à renseigner le général en chef. On savait que des agents marocains intriguaient dans le beylik en faveur de leur maître, avec un tel succès déjà que les habitants de Tlemcen avaient député à Fez pour faire acte de soumission au sultan de Maroc, et que cinq cents hommes de ses troupes, sous les ordres de Mouley-Ali, son beau-frère, étaient venus occuper cette ville importante. Au reçu de ces nouvelles, le général Clauzel avait dépêché, de son propre mouvement, à Tanger, le lieutenant-colonel d'état-major Auvray, avec ordre de pénétrer jusqu'au sultan et de lui faire des représentations sérieuses; c'était pour appuyer sa mission que le général de Damrémont était en même temps envoyé à Mers-el-Kébir. Le lieutenant-colonel Auvray, retenu à Tanger par le pacha gouverneur, ne put ni se rendre à Fez ni même faire parvenir une lettre au sultan; il fut obligé de se rembarquer. Ce fut pour le général Clauzel un échec d'un nouveau genre et qui devait avoir des suites.

Le rappel précipité d'une grande partie de l'armée en France avait jeté la panique dans Alger; closes les boutiques des brocanteurs, clos même les cabarets; on ne voyait que *mercanti* faisant leur paquet à la hâte et courant au port chercher passage sur quelque navire en partance; les Juifs tremblaient de peur; les Maures relevaient la tête. La terreur des uns, l'arrogance des autres n'eurent plus de limites, lorsqu'ils apprirent l'évacuation prochaine, l'abandon de Médéa, mesure fatale dans tous les sens du mot; mais qu'y faire? Ce n'était pas lorsque les troupes françaises allaient être réduites à moins de dix mille hommes, qu'on en pouvait laisser deux mille cinq cents si loin, au delà de ces rudes montagnes, avec l'obligation de les ravitailler sans cesse. Et ces deux mille cinq cents, à quelles extrémités devaient-ils être déjà réduits, après un seul mois de séjour, puisque le général Danlion, inquiet pour sa retraite, demandait qu'on vînt à sa rencontre, au moins jusqu'au Ténia! Était-ce la guerre qui les avait décimés? Non, car l'action du général au dehors s'était bornée au saccagement au moins fâcheux d'une tribu peu fautive, mais qui avait payé pour une autre, parce que celle-ci, très-coupable, avait eu la précaution de se mettre hors d'atteinte. A l'égard des Arabes et des Kabyles, le principe de la responsabilité collective peut être utile et même considéré comme juste : encore faut-il qu'il soit équitablement appliqué; c'est de quoi ne s'était pas inquiété le général Danlion. En fait, la garnison de Médéa succombait à la misère; mal abritée contre la pluie et le froid, n'ayant ni le vivre ni le coucher, ni pain ni paille, elle était en proie à la dyssenterie.

Le 29 décembre, une brigade de quatre bataillons partit d'Alger, sous les ordres du général Achard; elle arriva le 31 au Ténia. Tout était nouveau pour les Européens sous ce climat bizarre; il pleuvait et il neigeait dans la montagne, et en même temps un vent du sud, sec et chaud, la traversait par bouffées violentes. Le

1ᵉʳ janvier 1831, dans l'après-midi, on vit arriver le général Danlion et ses troupes; transportés sur des mulets, sur des brancards, sur des couvertures tenues aux quatre coins par les camarades, les malades étaient nombreux. Les gens de Médéa qu'on abandonnait à eux-mêmes s'étaient bien conduits jusqu'au bout; le génie avait réparé leurs brèches, l'artillerie mis leurs canons en état; ils promettaient de se bien défendre. Au fond, ils n'étaient pas trop fâchés de voir partir une garnison qui les affamait et les gênait, mais ils n'avaient pas voulu permettre que leur bey partît avec elle.

Le 4 janvier, tout ce qu'il y avait de troupes françaises en Afrique, à l'exception de ce que le général de Damrémont avait à Mers-el-Kébir, était concentré autour d'Alger, dans des limites presque aussi étroites qu'au jour où, quatre mois auparavant, le général Clauzel était venu se mettre à leur tête. Chacun parlait de sa succession comme si elle était ouverte, et l'on ne disputait que sur le nom du successeur : serait-ce Damrémont? serait-ce Boyer? serait-ce Delort? Lui, cependant, ne paraissait pas prêt à quitter la place; il ne cessait pas, il ne négligeait aucune occasion de faire acte de commandant en chef et de gouvernant. Du fond d'Alger, au lendemain de l'abandon de

Médéa, il affichait la prétention de régenter les Arabes. L'agha Hamdan était allé faire une tournée dans l'ouest de la Métidja; habile à flatter les illusions du général en chef, il lui avait dit merveille de ce qu'il venait de voir; tout était paisible, soumis, docile à l'autorité française. Malheureusement pour lui, il y avait autour du général des gens qui lui étaient peu favorables; l'intendant Volland remarquait que 18,000 francs donnés à cet inutile personnage, c'était beaucoup d'argent; le jeune Jusuf convoitait la place; bref, il se trouva contre lui des témoins qui déposèrent de ses exactions pendant cette même tournée qu'il faisait valoir à son avantage; traduit devant le comité de gouvernement, il répondit qu'il n'avait fait qu'exercer les droits de sa charge. Il est vrai que ces droits, comme ceux de tous les chefs indigènes, étaient singulièrement abusifs; mais, dans l'état des choses, sa défense pouvait être admise; elle l'eût été peut-être si l'occasion n'avait pas paru favorable de se débarrasser de lui. Un arrêté du 7 janvier déclara supprimée la fonction d'agha. Hamdan, dont l'influence sur les Maures d'Alger était grande, reçut du général en chef le conseil d'aller rejoindre à Paris l'ex-bey de Titteri Bou-Mezrag.

Peu de temps après, on vit arriver l'ex-bey d'Oran; celui-ci du moins ne regrettait pas sa déchéance, car elle était toute volontaire. Sur ses instances, le général de Damrémont avait obtenu d'Alger l'autorisation de faire entrer dans sa capitale les troupes françaises; l'occupation avait eu lieu le 4 janvier. Aussitôt son palais démeublé, ses magasins vidés et ses coffres remplis, il avait eu hâte de partir avec son harem, une partie de ses janissaires et ses esclaves, laissant la ville désertée par les musulmans, abandonnée aux Juifs, et menacée du dehors par les longs fusils arabes. Huit jours après lui, débarquaient dans le port d'Alger deux cent cinquante hommes de bonne mine, amenés de Tunis par un bâtiment de l'État; c'était la garde de son futur successeur. Enivrés par leur premier succès dans l'affaire du beylik de Constantine, le général Clauzel et M. de Lesseps avaient entrepris immédiatement de faire au beylik d'Oran la même application de leur principe; mais ils avaient trouvé les négociateurs tunisiens moins favorables. De Tunis à Constantine, on communiquait aisément; de Tunis à Oran, c'était une affaire; on allait de plus se heurter au Maroc. Dans son impatience, le général Clauzel pressait, poussait, insistait; il savait que la première convention, enfin rendue publique, avait déplu fortement à Paris, et il aurait voulu, en donnant à la seconde l'autorité du fait accompli, les consolider l'une par l'autre. Enfin, les Tunisiens se rendirent. Le 4 février, un arrêté du général en chef nomma bey d'Oran, Ahmed, prince de la maison de Tunis. Le 6, l'intendant Volland et Khérédine-Agha, khalifa du nouveau bey, signèrent une convention stipulant, comme la précédente, le payement annuel d'une redevance d'un million, réduite pour l'année 1831 à 800,000 francs ; la seule exception était que la France, qui ne prétendait rien dans le beylik de Constantine, se réservait dans le beylik d'Oran la possession pleine et entière de Mers-el-Kébir. Le 8 février, le bâtiment à vapeur *Sphinx*, battant pavillon de Tunis au mât de misaine, et pavillon français à la corne d'artimon, emportait à Oran le khalifa Khérédine et la garde du nouveau bey.

Quelques précautions qu'eût prises le général Clauzel et quoi qu'il pût dire, ses conventions furent condamnées à Paris : elles devaient l'être. Si grands que fussent les pouvoirs qu'il avait reçus à son départ, il ne lui était permis de se substituer ni au ministre des affaires étrangères, ni au ministre de la guerre, ni de négocier à leur insu, ni de conclure sans leur aveu une affaire de cette importance. Dans une dépêche du premier de ces ministres au second, en date du 31 janvier, le général Sébastiani, laissant à l'arrière-plan les questions de prérogative et de forme, insistait sur une considération capitale : l'acte du général Clauzel préjugeait une question sur laquelle le gouvernement du Roi ne s'était pas prononcé encore, à savoir si la France garderait indéfiniment, et dans quelle mesure, le royaume d'Alger. Par une argumentation subtile, mais qui n'était rien moins que satisfaisante, le général Clauzel essayait de se défendre d'avoir empiété, à Tunis comme à Tanger, sur le terrain diplomatique; il soutenait que le remplacement de deux beys par deux autres n'était qu'un acte de l'autorité militaire. Il fut désavoué, les conventions furent déclarées nulles, et pour avoir prêté son concours à cette négociation interlope, M. de Lesseps fut sévèrement et justement blâmé par son ministre.

Tandis que le sort d'Alger demeurait incertain et que le rappel d'une grande partie de l'armée le rendait plus douteux encore, les optimistes, comme le général Clauzel, s'attachaient, pour remonter les courages, aux moindres indices, quand ils n'étaient pas trop défavorables. Le 9 février, les curieux qui venaient chaque jour assister aux embarquements et aux débarquements, furent tout ébahis en voyant descendre à terre, avec les troisièmes bataillons des régiments qui devaient rester en Afrique, environ trois cents individus familièrement désignés sous le nom de *Parisiens* ou d'*industriels*, et décorés des costumes les plus étranges ; c'était une vraie mascarade. Pour habiller cette cohue où tous les âges étaient représentés depuis seize ans jusqu'à soixante et plus, il semblait qu'on eût vidé tous les vieux fonds de magasin de la guerre depuis quarante ans et récolté toute la friperie militaire du Temple ; garde nationale de 1789, garde impériale, garde royale, gardes d'honneur, gardes du corps, garde suisse, infanterie, cavalerie, artillerie de toutes les époques, tous les uniformes qui avaient brillé dans l'épopée militaire et politique de la France étaient là, sur le quai, dans une mêlée grotesque ; puis tous ces figurants qui auraient fait merveille dans un cirque, drapeau en tête, tambour battant, chantant la *Parisienne*, entrèrent par la porte de la Marine, défilèrent dans Bab-Azoun et s'en allèrent peupler les masures de Moustafa-Pacha.

Qu'était-ce que cette avant-garde ? Car on annonçait de pareils et prochains arrivages. C'étaient, en grande partie, des combattants de juillet qu'un aventurier belge nommé Lacroix, qui s'était attribué le titre de baron de Boëgard et le grade de lieutenant général, avait réunis d'abord sous le nom de Volontaires de la Charte. Quand l'ordre eut commencé à se rétablir, le premier soin du gouvernement fut de licencier ce rassemblement dangereux et coûteux. Alors le soi-disant général Lacroix fit annoncer à sa bande qu'elle trouverait à Orléans et à Montargis des bureaux d'enrôlement destinés à recruter des colons pour l'Afrique. Indépendamment des héros de barricade, une foule d'ouvriers sans travail et de vagabonds qui n'en cherchaient pas affluèrent. On les dirigeait par détachements, avec des officiers de leur choix, sur Toulon; là, ils signaient un acte d'engagement collectif, et on les embarquait pour Alger. Quelle était la valeur de cet acte? Beaucoup étaient venus pour être colons, comme on leur avait dit, non pour être soldats; beaucoup, par leur âge ou par leurs infirmités, étaient impropres au service militaire. Ce qu'il y avait de pire dans le nombre, c'étaient les officiers. « On fera quelque chose d'une partie des soldats, écrivait un sagace observateur de l'état-major; le reste n'est bon à rien; les officiers, pour la plupart, sont au-dessous de rien. Le plus curieux est un tailleur, qui s'est fait chef d'escadrons en vertu des services rendus dans la grande semaine, services dont il apporte des certificats signés des marchands de vin de son quartier. On a mis les meilleurs dans les diverses compagnies; le surplus est ici, courant les cafés, sans liaison avec l'armée qui ne les aime pas. » Un ordre du 12 février mit les premiers arrivés à la suite des bataillons de zouaves; quinze jours après on avait déjà formé neuf compagnies. Au sujet précisément des zouaves, une fâcheuse nouvelle était arrivée en même temps que les Parisiens; c'était que les nominations faites dans ce corps et aussi dans l'état-major par le général en chef n'avaient pas été approuvées au ministère de la guerre, de sorte que les promus devaient redescendre à leur ancien grade; la seule grâce qu'on leur faisait était de laisser entre leurs mains, à titre de gratification, la solde indûment perçue. Ferme et décidé, au milieu de la consternation générale, le général Clauzel n'abandonna ni son droit, qui était cette fois indéniable, ni les intérêts de ses subordonnés; il réussit à maintenir l'un et à faire donner satisfaction aux autres; il fit, chose rare, plier les bureaux du ministère. C'était La Morcière qui disait : « Je crains les bureaux; les employés, pour moi, sont pires que les Kabyles. »

Tout le monde savait que le général Clauzel allait être remplacé; les Arabes du dehors ne l'ignoraient pas plus que les Maures de la ville : aussi le prestige qu'il s'était flatté d'exercer sur les uns et sur les autres pâlissait-il un peu plus tous les jours. Le khalifa qu'il avait donné aux gens de Blida fut chassé par eux; il est vrai qu'ils envoyèrent au général en chef une députation pour justifier leur conduite. Leurs griefs sont curieux à connaître : « Nous vous informons que notre gouverneur est cause de la révolution de Blida. Il a pris un mouton aux Beni-Sala sans le payer, et il a voulu faire tondre ce mouton pour rien; il s'est disputé pour cela avec le cheikh de Beni-Sala. Il a donné une fête où il ne recevait que ceux qui lui donnaient de l'argent; tous ceux qui n'étaient pas en état de lui en donner passaient la fête en prison. Il poussait le libertinage jusqu'à envoyer chercher les femmes par force, et, à cet effet, il employait six hommes dévoués. Il envoyait prendre tout ce dont il avait besoin sans payer. Nous avons entendu dire que vous aimez la tranquillité et la justice, et que vous voulez que tout le monde soit heureux; c'est pourquoi nous vous prions de nous renvoyer un homme juste, car celui-ci a causé la révolution. » Le général Clauzel n'envoya personne à des gens qui refusaient non-seulement de se laisser tondre, mais même de laisser tondre gratuitement un mouton volé : il abandonna ce problème délicat aux méditations de son successeur; mais, pour faire acte d'autorité jusqu'à la dernière heure, il rétablit la fonction d'agha, non pas d'ailleurs au profit d'un Arabe ni d'un Maure, mais en faveur d'un chef d'escadrons de gendarmerie, le commandant Mendiri, grand prévôt de l'armée. Cette nomination *in extremis* ne fut pas très-heureuse, et les indigènes, au lieu d'en être terrifiés, s'en moquèrent.

Enfin, le 20 février, les troupes reçurent communication de l'ordre suivant : « Demain, 21 février 1831, à midi, l'armée d'Afrique n'existera plus sous cette dénomination ; l'état-major général sera dissous, et les troupes restant dans le royaume d'Alger prendront le nom de *Division d'occupation,* dénomination qui leur a été donnée par décision ministérielle. » Ce même jour, la corvette *Perle* amena le commandant de la division d'occupation, le général Berthezène. Le général Clauzel s'embarqua le lendemain sur la frégate *Armide*. Les généraux Delort et Boyer, tous les officiers qu'il avait amenés et qu'il appelait lui-même la « fournée d'août », rentrèrent en France quelques jours après lui.

La popularité qui l'avait accueilli au début et qu'il devait retrouver plus tard, semblait alors l'avoir abandonné avec la fortune. Des bruits injurieux, calomnieux, couraient sur son compte ; on l'accusait d'avoir tiré au moins 500,000 francs du bey de Tunis et du bey d'Oran, des Arabes, des Juifs et des Maures. On l'accusait de s'être adjugé gratuitement ou d'avoir acquis à vil prix d'immenses propriétés, même des terres du beylik, et cela au mépris de son propre arrêté du 8 novembre, qui interdisait l'aliénation des biens du domaine et n'en permettait la location que pour trois ans. Sur ce second grief, la vérité est qu'en décembre, il avait acheté des héritiers d'Yaya-Agha la Maison-Carrée, mais que le domaine revendiquait cet haouch comme ayant fait partie du beylik ; c'était une question à débattre devant la justice civile. Dix jours avant de partir, enfin la veille et le jour même de son départ, pour bien marquer sa confiance dans l'avenir de la conquête, il avait acheté à des propriétaires maures, Haouch Baba Ali, près de la Ferme modèle, et dans le faubourg Bab-Azoun, le palais mauresque avec le Fondouk de l'Agha.

Le plus triste pour lui, c'était le démenti que les événements d'Europe infligeaient à ses grandes espérances. Ce n'était pas en Afrique que se réglaient les destinées de l'Algérie : de même que la révolution de Juillet avait renversé le maréchal de Bourmont, la révolution belge venait de déposséder le général Clauzel.

CHAPITRE II

LE GÉNÉRAL BERTHEZÈNE

I. Composition de la division d'occupation. — Reconnaissance dans la Métidja. — II. Spéculations sur les maisons et sur les terres. — Travaux publics. — III. Expédition de Médéa. — Retraite désastreuse. — Duvivier. — La Moricière. — IV. Insurrection générale. — Attaque de la Ferme modèle et du blockhaus de l'Oued-Kerma. — L'agha Mahiddine. — V. Affaires de Bone. — Le commandant Huder et le capitaine Bigot. — Évacuation de Bone. — VI. Affaires d'Oran. — Les Tunisiens. — Le général Boyer.

I

Le général Berthezène était un vétéran des guerres de la République et de l'Empire; quoiqu'il eût repris du service sous la Restauration, quoiqu'il eût reçu de M. de Bourmont le commandement d'une division dans l'armée d'Afrique, les journaux de l'opposition n'avaient pas laissé de lui tenir compte de son origine; à les entendre, c'était à lui et à sa division qu'était dû tout le succès de la campagne; c'était lui le vainqueur de Staouëli et le vrai conquérant d'Alger. A force de voir ces choses-là écrites, il avait fini par y croire, et quand il était rentré en France au mois d'octobre 1830, il n'aurait pas été surpris de trouver sur sa table le bâton de maréchal. Il revenait donc en Afrique, porté aux nues par la presse. Il avait des qualités incontestables, la bravoure, la connaissance parfaite du métier, tous les mérites d'un bon divisionnaire : avait-il du talent, de la décision, de l'initiative? En un mot, était-ce un général en chef? Si l'armée avait eu voix au chapitre, elle eût assurément donné sur lui la préférence à d'autres, au général de Damrémont, par exemple, ou au général Boyer. Dans l'incertitude où l'on avait flotté d'abord entre les différents commandants possibles, les mouvements de l'opinion, notés au jour le jour par un officier distingué du corps d'état-major, ne laissent pas d'être intéressants à connaître : « On dit que le général Boyer restera commandant en chef. Je servirais volontiers auprès de ce vieillard actif, entreprenant, aimable dans son intérieur, rude dans le service, qui montre des vues justes et peut-être étendues, avec une ardeur infatigable. » Un peu plus tard : « On avait voulu laisser le commandement au général de Damrémont; c'était un excellent choix; sans être un homme supérieur, il est plein de bon sens, de droiture et surtout de désir du bien. On s'est arrêté au général Boyer. » Enfin, quand le choix du gouvernement est connu : « Nous avons appris que le général Berthezène était nommé pour commander ici. Il est plus militaire que le général Boyer, moins désagréable peut-être pour les troupes, parce qu'il est moins tracassier, mais fort grossier et fort bourru pour ses entours, défauts que n'a point l'autre, qui a du reste beaucoup plus d'esprit, mais peut-être est plus capable de faire du mal au pays, parce qu'il est despote et capricieux. Au total, le général Berthezène n'est nullement fait pour l'emploi qu'on lui donne. Je vais me trouver sous un nouveau chef, le colonel Leroy-Duverger, honnête et capable, droit, travailleur, sachant le métier, bon pour être chef d'état-major sous un homme qui ne serait pas lui-même capable de gouverner. Ce n'est pas le fait de M. le général Berthezène ; tout dépendra du plus ou moins de droiture et de capacité de ceux qui prendront influence sur lui ; or, je crois que le moyen d'y parvenir est une flatterie et une complaisance à toute épreuve. » Voilà un crayon quelque peu sévère ; voyons s'il va être démenti ou justifié par les faits.

La division d'occupation était composée ainsi :

le 15ᵉ, le 28ᵉ de ligne et le 1ᵉʳ bataillon de zouaves, embrigadés sous les ordres du maréchal de camp Danlion ; le 20ᵉ et le 30ᵉ sous le maréchal de camp de Feuchères ; deux escadrons de chasseurs français, un escadron de chasseurs algériens, sept batteries d'artillerie, une compagnie du train, une compagnie de sapeurs, un détachement d'une centaine de gendarmes. Les régiments de ligne, avec leurs troisièmes bataillons qu'ils avaient déjà reçus ou qu'ils attendaient, allaient compter deux mille cinq cents hommes à l'effectif; il est vrai que les non-valeurs, à commencer par les malades qui étaient nombreux, réduisaient de beaucoup le nombre des présents sous les armes. A la suite de la division, il convient d'ajouter le 21ᵉ, qui occupait Oran, et les volontaires parisiens, dont quelque nouveau détachement arrivait pour ainsi dire chaque jour.

Comme tous les corps de l'ancienne armée d'Afrique n'étaient pas encore embarqués, le général Berthezène voulut profiter de leur présence pour faire une tournée dans la Métidja. Le 1ᵉʳ mars, à la tête d'une colonne de trois mille cinq cents hommes, commandée sous lui par le général d'Uzer, dont la rentrée en France était prochaine, il alla bivouaquer en avant de l'Oued-

Kerma. Le lendemain, pour ne pas désobliger les notables de Blida, qui, venus au-devant de lui à Bou-Farik, protestaient à la fois de leur bon vouloir et du dérangement que leur causerait une visite des Français, il laissa honnêtement la ville à ses loisirs et vint prendre son bivouac sur la rive droite de la Chiffa. Malheureusement, il fut très-mal payé de sa discrétion; un voltigeur du 15° avait disparu pendant une halte; on sut plus tard que cet infortuné, endormi derrière un buisson, avait été surpris et massacré après le départ de la colonne. La journée du 3 fut très-fatigante; la marche ne fut qu'une suite d'à-coup; on allait, on s'arrêtait, on repartait, on passait la Chiffa, on la repassait, on changeait de direction; la cavalerie, non prévenue, séparée de l'infanterie par un bois, avait continué sa route et s'était trouvée toute seule aux environs de Koléa. Tous ces mouvements désordonnés, incohérents, étaient l'effet naturel de l'indécision du commandement en chef. Le 4, la colonne traversa le Mazafran et rallia la cavalerie. Les gens de Koléa, comme ceux de Blida, obtinrent du général qu'on n'entrerait pas chez eux; ils firent cependant une exception pour les officiers de la brigade topographique, auxquels ils permirent de lever le plan de la ville et des environs. Le 5, les troupes rentrèrent très-lasses dans leurs cantonnements; pas un coup de fusil n'avait été entendu pendant ces cinq jours. Il aurait été cependant d'une naïveté bien grande de croire à la parfaite soumission des indigènes.

Le 16 mars, commença la fête du Beïram : à peine sortis des rigueurs du Ramadan, Arabes et Maures semblaient donner tout au plaisir, mais il y en avait qui prenaient le leur au détriment des chrétiens. Des officiers étaient attaqués la nuit dans les rues d'Alger; au dehors, d'un poste à l'autre, les communications n'étaient pas sûres; un sergent-major du 20ᵉ, qui était allé passer la nuit dans une cantine près de Bab-el-Oued, était assassiné avec la cantinière. Des lettres saisies révélaient un appel adressé d'Alger à Tlemcen par des Maures influents au beau-frère du sultan de Maroc, Mouley-Ali. Le 24 mars, un arrêté, renouvelé du général Clauzel, interdit sous peine de mort le port d'armes à tous les indigènes des environs d'Alger; mais comment en assurer l'exécution? Ce n'est pas l'agha Mendiri, ni ses douze guides, ni ses gendarmes qui auraient pu y suffire. Vers la mi-avril, on apprit que des Kabyles, appartenant aux Beni-bou-Yacoub et aux Beni-Slimane, étaient venus troubler le marché de Beni-Mouça et défendre aux gens de la plaine d'approvisionner Alger. De leur côté, les Beni-Misra, les Beni-Sala, les Beni-Meçaoud recommençaient leur métier de coupeurs de route. Malheur aux musulmans qui servaient l'infidèle! C'est ainsi qu'au retour d'une visite à l'agha, le kaïd de Khachna était assassiné sur le territoire d'El Ouffia; c'est ainsi qu'était assassiné un des guides de l'agha, envoyé à Blida par le commandant en chef. Avant de se remettre en campagne pour essayer de châtier les coupables, le général Berthezène voulut laisser passer la fête du Roi.

Le 1ᵉʳ mai, après la revue des troupes, il y eut, dans une pauvre chapelle, une messe militaire. C'était, depuis le temps du maréchal de Bourmont, le premier acte religieux auquel les vaincus, étonnés d'une indifférence qui choquait leur esprit, eussent vu s'associer les vainqueurs. Eux, qui allaient à la mosquée, ne pouvaient pas comprendre que des chrétiens n'allassent pas à l'église. Le soir, il n'y eut guère que les Juifs et les nègres qui se mêlèrent aux Européens, les premiers à titre de clients de la France, les autres avec tout l'éclat de leur admiration enfantine, pour courir aux illuminations, aux orchestres, au feu d'artifice; les Maures passaient dédaigneusement, sans regarder rien, au milieu de la foule bruyante.

Le 5 mai, une division de reconnaissance fut organisée en deux brigades, commandées, l'une par le maréchal de camp Buchet, l'autre par le maréchal de camp de Feuchères. La cavalerie et les zouaves comptaient dans la première; l'artillerie emmenait une section de campagne et une section de montagne; cinquante sapeurs du génie marchaient avec la colonne, dont l'effectif était de quatre mille hommes. La reconnaissance, puisque c'était le terme adopté, commença le 7; poussée d'abord à l'est, elle atteignit de bonnne heure le territoire d'El Ouffia, dont les troupeaux furent saisis et séquestrés au profit de la famille du kaïd de Khachna, en attendant que l'assassin fût livré à l'autorité française. Après la grande halte, la marche tourna brusquement au sud, perpendiculairement aux montagnes; il fallut construire une chaussée en gazon à travers les fondrières d'un vaste marécage; le soir, un orage, qui se prolongea jusqu'à deux heures du matin, mit sous l'eau tout le bivouac. Le 8, la colonne reprit le chemin de la Maison-Carrée; on croyait rentrer dans les cantonnements un peu plus tôt sans doute, mais, avec le caractère connu du général Berthezène et les contradictions habituelles de son esprit, on ne s'en étonnait guère, lorsqu'on vit tout à coup l'avant-garde tourner, comme la veille, au sud, et remonter la rive gauche de l'Harrach; on reprenait donc le chemin des montagnes.

Le 9, on s'y engageait, au milieu des Beni-Misra. Ces pillards, ces coupeurs de routes, humbles et repentants, demandaient grâce; le général Berthezène, qui avait besoin de viande pour nourrir sa colonne, leur imposa une contribution qui n'était pas bien lourde : six bœufs; après deux heures d'attente, ils amenèrent six veaux, et, comme la plaisanterie était mal prise, après deux autres heures, ils reparurent avec trois bœufs maigres, alléguant que les trois autres s'étaient sauvés en chemin. Le général eut la bonté d'accepter ce mensonge et le tribut fut réduit de moitié; cependant il n'avait qu'un mot à dire pour réparer la perte des trois prétendus fuyards, car en ce moment même, par une rencontre qui avait l'air d'un défi, la colonne traversait des troupeaux entiers de bœufs magnifiques. Comme le commandant en chef était en veine de crédulité, peu s'en fallut qu'il ne désarmât sa colonne pour faire plaisir aux gens de Blida, qui étaient venus lui demander deux pièces de canon et cent fusils, sous prétexte qu'ils n'étaient pas suffisamment armés contre les Kabyles.

La marche avait amené la colonne sur la rive droite de l'Oued-Kébir, au-dessus de Blida, en face des Beni-Sala et des Beni-Meçaoud; c'étaient des hommes de ces tribus qui avaient tué le guide de l'agha. Les cheikhs venus au-devant du général furent avertis que si les assassins ne lui étaient pas livrés le lendemain avant midi, pour dernier délai, leur territoire serait mis à feu et à sac. Ils promirent tout ce qu'on voulut, mais une demi-heure après leur départ, on vit des groupes d'hommes et de femmes sortir à la hâte des gourbis les plus voisins, charger sur leur dos leur pauvre mobilier, et, poussant devant eux leurs bestiaux, gravir les pentes ou s'enfoncer dans les gorges. Le 10, de bon matin, les gens de Blida étaient venus en grand nombre, apportant du pain, de l'orge, de la paille, de la volaille, des fruits; quand, leur petit commerce achevé, ils voulurent repartir, on les retint; dans le nombre, il y en avait beaucoup assurément, si ce n'est tous, qui, après avoir reçu l'argent des Français, auraient eu un certain plaisir à leur envoyer des balles. A neuf heures, les dispositions furent faites; le général Buchet devait agir contre les Beni-Meçaoud, le général Berthezène contre les Beni-Sala; les bagages, les sacs des hommes qui allaient marcher étaient confiés à la réserve sous les ordres du général de Feuchères.

A midi, aucun des cheikhs n'avait reparu; le commandant en chef ne désespérait pas que l'entrée des colonnes sur leur territoire les fît reparaître; aussi était-il expressément défendu aux soldats de toucher à rien, hommes ni choses, à moins qu'un coup de canon ne donnât le signal du ravage. Les pelotons montaient sans trouver de résistance; au loin, devant eux, se retiraient les Kabyles; le pays était charmant; sur le bord des ruisseaux, orangers, grenadiers, figuiers, myrtes, ombrageaient des gourbis, parfois même des maisonnettes en pierre. Tout à coup, au fond d'un ravin, dans un marabout, des soldats aperçurent des morceaux de drap rouge, un sac, des jugulaires, un livret; c'étaient les dépouilles de ce malheureux voltigeur assassiné, le 2 mars, près de Blida. A ce moment, un brouillard épais envahit presque subitement la montagne; quelques détonations retentirent. Devançant avec une trentaine d'hommes la colonne dont il avait pris la tête et marchant à l'aventure, le général Berthezène s'était trouvé inopinément au col de Tiza, au-dessus d'une gorge où les Beni-Sala avaient caché leurs troupeaux et leurs familles; c'était là que des coups de feu venaient d'être échangés à travers la brume. On entendait les clameurs des femmes, les mugissements des bœufs, les appels des hommes; mais tout ce bruit allait s'éloignant, et la poursuite était impossible. Un obusier de montagne donna le signal attendu; alors les gourbis furent livrés aux flammes, les arbres abattus, les jardins ravagés, les récoltes détruites; sans la brume, le dommage eût été plus grand. Quand, à la tombée du jour, les colonnes rallièrent la réserve, les gens de Blida qu'on laissa partir, s'en retournèrent en louant Dieu, qui avait envoyé le brouillard pour protéger contre les infidèles l'existence de ses serviteurs. Ainsi cette seconde expédition ne produisit pas sur les populations indigènes l'effet moral qu'avait attendu le commandant en chef. Comme le col de Tiza est de 400 mètres plus élevé que le Ténia de Mouzaïa, le général Berthezène disait en rentrant dans Alger : « Nous avons franchi l'Atlas par un chemin bien plus difficile, et pourtant nous ne ferons pas de bulletin comme le général Clauzel. » Il n'y eut pas de bulletin, en effet; mais il y eut un ordre du jour : la différence n'était que dans les mots; pour le fond, c'était la même chose.

II

L'administration civile, sous l'autorité du général Berthezène, n'était pas beaucoup plus remarquable que la direction des opérations militaires. Il s'était laissé circonvenir par des Maures, dont le principal mérite à ses yeux était d'avoir été mal vus du général Clauzel; tels étaient Bouderba et Hamdan-ben-Khodja, des intrigants effrontés dont l'influence, on aura peine à le croire, s'étendait jusqu'à Paris, jusqu'au ministère de la guerre. Il n'est que juste néanmoins de porter au compte du général Berthezène, et peut-être même au leur, deux actes destinés à réparer, dans une certaine mesure, l'erreur de l'administration précédente; l'un est un arrêté du 24 mai qui accordait aux propriétaires dépossédés pour cause d'utilité publique une première indemnité équivalente à six mois de loyer; l'autre est un arrêté du 10 juin, qui convertissait en séquestre la confiscation sommaire de toutes les propriétés de l'ancien dey, des anciens beys et des anciens janissaires déportés.

La panique dont la réduction des troupes et le

remplacement du général Clauzel avaient donné le signal était déjà oubliée; il semblait au contraire que, sinon la régence, la Métidja du moins tout entière fût déjà conquise, soumise, exploitée, cultivée, mise en valeur. Malheureusement, les gens qui allaient si vite en besogne n'étaient ni de ceux qui font la conquête, ni de ceux qui, après les soldats, viennent labourer la terre. Alger était en proie à la spéculation et à l'agiotage; c'était une fièvre. Depuis quelques mois, pêle-mêle avec les volontaires, dont la confiance, il faut bien le dire, avait été trop souvent surprise, arrivaient très-volontairement des aventuriers sans ressource qui venaient chercher pâture dans un pays neuf. En allant au gagnage, plus d'un rencontrait inopinément la fortune. Quelle chance! il s'était couché vagabond, il se réveillait propriétaire. L'affaire était des plus simples.

Dans Alger, un certain nombre de maisons étaient vides, aux environs, presque toutes; les familles musulmanes qui les occupaient s'en étaient allées, chassées de celles-ci par la guerre et l'occupation militaire, sorties de celles-là, pour éviter le voisinage et le contact des infidèles. Les services publics, l'état-major, les principaux fonctionnaires s'étaient installés dans les maisons de ville, les troupes dans les maisons de campagne; dans les plus éloignées même, des Arabes étaient venus se blottir. Ces habitations, si élégantes naguère, faisaient pitié à voir. Le soldat est grand destructeur; à peine arrivé, le général Clauzel avait fait à son intérêt comme à sa raison un appel malheureusement inutile. « On dégrade les maisons, avait dit le général en chef, et les soldats ne réfléchissent pas qu'ils s'enlèvent des moyens de casernement pour l'hiver; on enlève les portes, les bois des fenêtres pour les brûler. Les chefs sont responsables de toutes les dégradations; la gendarmerie fera des patrouilles pour arrêter ceux qui les commettent. L'armée doit réfléchir qu'elle ne saurait donner une trop haute idée au pays d'Afrique de la noblesse de son caractère. » Rien n'avait fait, rien ne devait faire jusqu'au jour où, soit dans les casernes de la ville, soit dans les forts, soit dans les nouvelles casernes de Moustafa-Pacha, il devint possible de loger la division d'occupation. En attendant, toutes ces maisons de ville ou de campagne, plus ou moins dégradées ou saccagées, étaient des non-valeurs pour leurs propriétaires; aussi ne cherchaient-ils qu'à s'en défaire à très-bon compte.

L'usage du pays était de vendre à toujours les

propriétés ou de les aliéner pour un terme lointain, quatre-vingt-dix-neuf ans par exemple, rarement contre argent comptant, d'habitude, moyennant un contrat de rente. Dans les circonstances difficiles où se trouvaient les indigènes, ils n'étaient pas exigeants; le taux de la rente était calculé au plus bas, si bas que, dans la plupart des transactions, une moyenne de quelques centaines de francs était suffisante. Les plus grands domaines pouvaient être acquis à des conditions qui, en Europe, auraient justement paru dérisoires. C'était ainsi que le général Clauzel s'était rendu propriétaire de la Maison-Carrée pour une rente de 360 francs, du Fondouk de l'agha pour une rente pareille; le palais de l'agha et la ferme de Baba-Ali lui avaient coûté davantage, l'un 900, l'autre 1,080 francs de rente annuelle. Au pis aller, si l'armée française se retirait de la terre d'Afrique, la perte de l'acquéreur se réduirait à quelques annuités, tandis que le vendeur aurait le plaisir de rentrer dans son bien : c'est pourquoi l'on s'entendait si aisément de part et d'autre. Cette facilité d'acquisition attirait les chalands, ceux-ci flattés dans leur vanité, ceux-là séduits par une idée d'agiotage; on avait fait une bonne affaire; on revendait avec bénéfice. D'autres faisaient simplement du brocantage mêlé de brigandage; ils coupaient les arbres, démolissaient ce qui tenait encore, vendaient boiseries, marbres, colonnes, ferrures, et disparaissaient; les moins malhonnêtes se laissaient exproprier par les vendeurs, qui, de leur domaine bâti, ne retrouvaient plus que le sol ras.

On avait acheté d'abord aux émigrants; on acheta bientôt tout ce qui était offert à vendre, et l'on finit par acheter ce qui était déjà vendu ou ce qui, n'existant pas, ne pouvait pas l'être. Il faut reconnaître, en effet, qu'en matière de tromperie, entre Européens d'un côté, Juifs, Maures ou Arabes de l'autre, c'étaient les premiers qui étaient habituellement dupes. Ils achetaient, les yeux fermés, sans savoir précisément quoi, souvent sur de faux titres; et quand le vendeur s'était fait remettre, à titre d'avance, une somme quelconque à valoir sur les premiers arrérages, il disparaissait si bien qu'on ne le trouvait plus. On a calculé que si toutes les transactions avaient été sérieuses, il eût fallu décupler la superficie de la Métidja pour satisfaire à tous les contrats de vente. Enfin, voici ce qu'a pu écrire le capitaine Pellissier, l'auteur des *Annales algériennes*, un témoin, qui, soit dans les premiers temps, comme officier d'état-major, soit plus tard comme chef du bureau arabe, a vu les choses de très-près : « On sera sans doute surpris en apprenant qu'il s'est fait des ventes sans désignation des immeubles vendus; j'entends par absence de désignation une indication insignifiante et évidemment frauduleuse, conséquence de l'ignorance de l'acquéreur, qui a dû, en bien des cas, acheter ce qui, en réalité, n'existait point. Ainsi on voit à l'enregistrement des contrats de ventes consenties par des individus désignés sous le nom d'*oulid* ou de *ben*, relatives à des propriétés appelées *haouch* ou *trab*, situées dans des lieux appelés *outhans*. Or, tous ces noms sont génériques : *oulid* et *ben* signifient fils, *haouch* veut dire ferme; *trab*, terre; *outhan*, contrée. C'est exactement comme si, en France, on présentait un acte de vente ainsi résumé : « Le *fils* a vendu à M. un tel la propriété appelée *terre*, située à *département*. Il serait certainement fort difficile de dire où est cette propriété. »

Tout d'ailleurs, en cette matière, était obscur et confus. Le domaine ne savait même pas encore et ne devait pas savoir de longtemps ce qui lui appartenait comme ayant fait partie du beylik; de là, des contestations qui, comme le litige de la

Maison-Carrée, pouvaient être soutenues avec une pareille vraisemblance et une égale bonne foi de part et d'autre.

Sans s'inquiéter d'ailleurs de ce qui pouvait revenir à l'État, le génie militaire continuait ses percées à travers la ville ; la future place du Gouvernement s'ouvrait et s'élargissait en avant de la Djenina. Comme, de son côté, la marine réclamait l'agrandissement du port, et avant tout la consolidation de la jetée que la violence de la mer menaçait de détruire, les travaux entrepris par les ingénieurs des ponts et chaussées commençaient à lui donner satisfaction. Au faubourg Bab-Azoun, on construisait un abattoir, des moulins à vent au faubourg Bab-el-Oued ; à Moustafa-Pacha, on achevait la construction des casernes dont le plan, arrêté sous le général Clauzel, présentait la disposition parallèle des baraques d'un camp. Toutes ces constructions assuraient du travail à beaucoup de pauvres gens, indigènes ou autres. Elles avaient même déjà servi de cause ou de prétexte à l'organisation de trois compagnies d'ouvriers d'art, choisis parmi les volontaires.

En tout il en était arrivé plus de quatre mille, si étranges sous leurs haillons de fantaisie et si misérables que les Maures les appelaient les *Bédouins français*, et qu'entre eux le nom de *Parisien* était devenu comme une injure. De cette cohue, un tiers avait été réformé comme tout à fait impropre au service ; d'autres, qui avaient résolûment protesté contre l'illégalité de leur engagement, avaient été rayés des contrôles ; tout le reste formait, outre les trois compagnies d'ouvriers dont on vient de parler, trois bataillons dits bataillons auxiliaires d'Afrique. Pour leur donner un noyau d'officiers capables d'y suivre l'instruction et d'y maintenir la discipline, on leur avait attribué ceux du 2ᵉ bataillon de zouaves qui était supprimé. Enfin, une ordonnance royale prescrivit l'organisation d'un nouveau régiment de ligne, le 67ᵉ, par l'incorporation des trois bataillons auxiliaires ; les compagnies d'ouvriers demeurèrent à la disposition de l'état-major du génie.

III

Depuis quelques semaines, les nouvelles qui arrivaient de Médéa étaient de plus en plus mauvaises. L'autorité de Ben-Omar allait s'affaiblissant, tandis qu'en face de lui, l'influence d'un rival grandissait tous les jours. Oulid-bou-Mezrag, le fils aîné de l'ancien bey de Titteri, avait obtenu du général Clauzel l'autorisation de résider à Blida; puis même, comme il paraissait inoffensif, de retourner à Médéa. Là, sans bruit d'abord, il avait renoué avec les anciens amis de son père; peu à peu, le nombre de ses partisans s'était accru; enfin, un beau jour, levant le masque, il était sorti de la ville avec deux cent cinquante Turcs et coulouglis et avait planté ses tentes chez les Righa, la plus puissante des tribus qui refusaient d'obéir à Ben-Omar. Avec le concours de ces auxiliaires et d'autres encore, il s'était emparé de la Ferme du bey, d'où il empêchait les approvisionnements d'arriver à la ville. Ben-Omar, dans l'épouvante, écrivit au général Berthezène que si l'on ne venait pas à son aide, il était perdu. Le commandant en chef décida d'aller le secourir.

Un ordre du 23 juin constitua une division de deux brigades : la première, sous les ordres du maréchal de camp Buchet, comprenait deux bataillons du 28°, un bataillon d'élite, formé de dix compagnies de grenadiers et de voltigeurs empruntées au 15° et au 28°, un bataillon mixte formé, sous les ordres du commandant Duvivier, de quatre des compagnies déjà organisées du 67° et de deux cents zouaves, deux escadrons de chasseurs de France et cinquante chasseurs algériens; la seconde brigade, commandée par le maréchal de camp de Feuchères, était formée de quatre bataillons, deux du 20°, deux du 30°. L'artillerie emmenait quatre pièces de campagne et deux obusiers de montagne; le génie était représenté par une section de sapeurs. La force de la division était de quatre mille cinq cents hommes. Dans les sacs et sur les fourgons de l'intendance, il y avait pour huit jours de vivres; d'après l'expérience acquise, c'était peu; ce qui était plus insuffisant encore, c'étaient les munitions de guerre. Dans la première expédition de Médéa, le général Clauzel, avec cent cinquante cartouches par fusil, s'était trouvé à court : pour celle-ci, le soldat n'en avait que trente dans la giberne; quarante-cinq mille, soit dix par homme, étaient en réserve dans les caissons de l'artillerie.

La marche, commencée le 25 juin, se poursuivit sans incident pendant les deux premiers jours. Haouch-Mouzaïa, où la colonne bivouaqua le 26, avait été dévasté par les Kabyles; il ne restait debout que l'enceinte et quelques pans de murs à l'intérieur. Néanmoins, grâce à l'activité du génie, l'ambulance put s'installer à couvert, et la défense fut assurée par une banquette de tir appuyée à la muraille. Le commandant en chef y laissa, sous la garde d'un bataillon du 30ᵉ, tous les bagages, toutes les voitures d'artillerie, sauf les obusiers de montagne, et, ce qui était plus grave, la réserve de cartouches. Le colonel Marion prit le commandement de la deuxième brigade à la place du général de Feuchères, resté malade à la ferme. Le 28, le Ténia fut atteint et franchi sans difficulté; un bataillon du 20ᵉ eut ordre de s'y établir; ce bataillon, comme tous les autres d'ailleurs, n'avait plus de vivres que pour quatre jours. Le reste de la division alla bivouaquer au bas de la montagne, sous les oliviers de Zeboudj-Azara; ce fut là qu'elle entendit, pour la première fois, siffler les balles kabyles. Le lendemain 29, Ben-Omar, assez bien accompagné, sortit au-devant du commandant en chef, qui fit son entrée dans Médéa vers le milieu du jour. Pendant ce temps, les deux escadrons de chasseurs chargeaient un gros de cavaliers arabes entre la ville et la Ferme du bey : ce fut sur le terrain de ce petit combat que la division installa ses bivouacs; le seul bataillon d'élite suivit dans Médéa le quartier général. Toute la journée du 30 s'écoula sans prise d'armes.

Tandis que le général Berthezène, confiant dans

le seul effet de sa présence, abandonnait aux tribus soulevées le bénéfice du temps précieux qu'il perdait majestueusement à attendre, l'insurrection gagnait, s'étendait, prenait feu comme une traînée de poudre. Le soir venu, l'illusion n'était plus possible; le général ne voulant pas se laisser bloquer et affamer dans la place, il fallait combattre. Le 1er juillet, à trois heures du matin, la division, moins un bataillon du 28e laissé dans la ville, se forma sur trois colonnes : à droite, sous le colonel Mounier, un bataillon du 28e et le bataillon mixte du commandant Duvivier; au centre, sous la direction immédiate du général en chef et le commandement du général Buchet, le bataillon d'élite; à gauche, sous le colonel Marion, deux bataillons du 20e; un bataillon du 30e et les chasseurs de France formaient réserve; les chasseurs algériens marchaient à l'avant-garde; l'objectif donné aux têtes de colonne était une ruine romaine qui signalait au sud le plateau d'Aouara.

En traversant la plaine, des escouades détachées des colonnes mettaient le feu aux moissons, détruisaient les vergers, abattaient les arbres; cependant, de cette immense ligne de burnous blancs qu'on apercevait bordant la montagne, pas un homme ne venait demander grâce. Les pentes, boisées, ravinées, semées de pointes de rocs, excellemment favorables à la défense, étaient pour l'assaillant d'un accès difficile. Elles furent gravies, les colonnes se rejoignirent sur le plateau, mais la masse arabe et kabyle, rejetée sur l'autre versant, ne se dispersa pas. Selon la tactique traditionnelle de ces races guerrières, elle avait reculé lentement, sans lâcher pied devant l'adversaire, patiente, attentive à ses moindres mouvements; au premier signe de retraite, elle allait prendre l'offensive à son tour, se ruer sur lui, venger ses morts, prendre sa revanche des moissons détruites, des gourbis incendiés. Combien de fois les anciens n'avaient-ils pas enflammé la jeunesse par le récit de quelqu'une de ces poursuites ardentes, obstinées, acharnées, sous lesquelles bien souvent avaient succombé les Turcs !

Il était trois heures. La retraite commença, par échelons, les grenadiers et les voltigeurs du 28ᵉ à l'extrême arrière-garde. Ces compagnies d'élite, abordées par des hordes d'ennemis bondissant, refluant, tourbillonnant comme les flots autour d'un récif, ne purent ou ne surent pas maintenir la distance qui devait les séparer du gros de la colonne; elles évacuèrent trop tôt les positions qu'elles avaient ordre d'occuper; bientôt elles se trouvèrent confondues avec les troupes qu'elles étaient chargées de couvrir; heureusement la réserve, accourue à la rescousse, mit un terme à ce commencement de désordre. C'était une leçon, un avertissement sérieux; l'armée avait à faire l'apprentissage de la guerre de montagne; elle avait surtout à modifier sa tactique, excellente pour l'attaque, médiocre pour la défense, dangereuse pour la retraite. Aux approches de Médéa, les assaillants s'arrêtèrent; encore animés, bruyants, brandissant leurs armes, ils poussaient des cris de victoire. Tout le reste du jour on vit descendre, comme les cascades du flanc des montagnes, et déboucher comme un torrent du fond des ravins, les contingents des tribus lointaines que l'insurrection avait atteintes de proche en proche.

Le but de l'expédition était manqué; au lieu d'imposer la soumission, elle avait déchaîné la révolte. L'autorité de Ben-Omar était si évidemment anéantie que, pour grâce dernière, il obtint du commandant en chef la permission de se retirer; un grand nombre de Maures et de Juifs, par terreur des Kabyles, demandèrent à partir avec lui. Après avoir longtemps hésité sur le parti qu'il devait prendre, le général Berthezène avait donné des ordres pour l'évacuation de Médéa. Le 2 juillet, vers quatre heures du soir, les deux brigades se mirent en mouvement, les blessés et les fugitifs entre elles, l'arrière-garde formée de la cavalerie et de deux compagnies de voltigeurs. Dès le débouché de l'aqueduc, la colonne fut accueillie par un feu de tirailleurs qui ne cessa pas jusqu'au bivouac de Zeboudj-Azara. C'était là que le commandant en chef avait d'abord décidé qu'on passerait la nuit; les feux furent allumés, les escouades commencèrent à préparer la soupe; à onze heures, l'ordre arriva de renverser les marmites, mais de laisser les feux bien entretenus et de prendre la route du Ténia dans le plus grand silence. Le commandant Marey, des chasseurs algériens, avait été averti par ses Arabes que l'ennemi devait attaquer le bivouac au milieu de la nuit.

L'ordre de marche avait été changé; c'étaient les zouaves et les compagnies du 67ᵉ qui faisaient l'arrière-garde. Le ciel était sombre; le défilé des blessés allongeait la colonne, en retardant sa marche. Vers minuit, un cri prolongé, à la fois perçant et lugubre, fit tressaillir les plus braves; c'était un cri de femme, un signal; des hurlements y répondirent, puis des coups de feu éclatèrent. Trompé par le départ hâté de la colonne, l'ennemi dans la montagne n'était pas encore en nombre. Au jour naissant, l'avant-garde se faisait reconnaître par le bataillon du 20ᵉ, qui depuis le 28 juin était resté à la garde du col. Il avait épuisé ses vivres; lorsqu'il eut été ravitaillé par les camarades, il reçut l'ordre d'occuper les mamelons qui commandaient le passage et d'y tenir jusqu'à ce que les derniers traînards eussent défilé sous ses yeux. A cinq heures du matin, il y avait encore bien du monde en arrière, et cependant les crêtes environnantes se couronnaient d'hommes armés qui côtoyaient la colonne et dont le feu plongeant lui faisait déjà beaucoup de mal. Pour les déloger des hauteurs de droite, le commandant en chef fit monter contre eux quatre compagnies du 30ᵉ; mais, de l'autre côté du ravin profond que longeait le sentier, il n'était pas possible d'aller débusquer les tirailleurs de gauche. L'ennemi arrivait en foule; fort de la supériorité du montagnard, familier avec les moindres replis d'un terrain où tout était à son avantage, il essayait de couper en sanglants tronçons le long serpent blessé qui se traînait péniblement au-dessous de lui.

A l'arrière-garde, la même faute qui, l'avant-veille, après le combat d'Aouara, avait failli compromettre la division, fut commise de nouveau, avec des conséquences telles que la retraite allait tourner en déroute. Assailli de front, menacé de flanc par une foule d'adversaires dont le nombre augmentait de minute en minute, le bataillon du 20ᵉ se vit forcé d'abandonner les positions qui dominent au sud le débouché du col; mais, au lieu de se retirer lentement, par mouvements successifs, de manière à donner à chacun de ses pelotons alternativement le rôle de protecteur et celui de protégé, le commandant les rappela tous ensemble. Accumulée devant l'étroite brèche qui ne laisse passer que trois ou quatre hommes à la fois, massée sous le feu convergent des Kabyles, cette troupe, aussitôt le défilé franchi, ne songe ni à se reformer de l'autre côté, ni à laisser entre elle et la queue de la colonne l'intervalle nécessaire; du même élan, elle vient se jeter sur les dernières files que le choc rompt et désorganise. En même temps apparaissent les Kabyles hurlants et menaçants; la lutte s'engage corps à corps; le commandant est blessé, un capitaine est tué, un autre roule dans un ravin; il n'y a plus de direction. A la vue de cette masse confuse qui s'agite au-dessous d'eux, les flanqueurs du 30ᵉ, déjà engagés sur les pentes contre un ennemi supérieur en nombre, hésitent, reculent et viennent tomber par groupes au travers de la colonne qu'ils brisent. Alors c'est la panique; en un moment elle a gagné jusqu'à l'avant-garde; on se hâte, on se bouscule, on se précipite; des officiers ont perdu leur sang-froid; on en entend même un crier : « On nous sacrifie! La position n'est pas tenable! » Médiocre chef d'armée, le général Berthezène est un bon soldat; saisissant un drapeau, il vient le planter en face de l'ennemi; quelques braves se groupent alentour. Le sacrifice de leur vie va-t-il être inutile? Non. Sous la main ferme du commandant Duvivier, le bataillon mixte ne s'est point défait; à la voix de leur ancien chef, les zouaves se déploient en travers de la route, jusqu'aux crêtes; à la voix du capitaine de La Moricière, les *Parisiens* du 67e viennent se placer sur l'alignement des zouaves. Le mouvement d'abord, puis le feu calme et sûr de cette troupe bien commandée imposent aux assaillants; ils s'arrêtent; lorsqu'ils reprennent l'attaque, la crise est passée, la colonne sauvée, la retraite efficacement couverte. Abandonné à lui-même, mais militairement conduit, le bataillon mixte se retire sans hâte; au lieu de s'engager corps à corps, l'ennemi ne suit plus qu'à distance. Dans la déroute, un obusier de montagne est resté gisant, non point abandonné, car le commandant Camain, de l'artillerie, le garde seul, sabre en main ; Duvivier relève la pièce et la ramène avec le brave qui n'a pas voulu s'en séparer.

De Haouch-Mouzaïa, le commandant Cassaigne, du 30°, s'était porté au-devant de la colonne en désordre ; derrière sa ligne déployée, au rappel des tambours qui battent la marche des différents corps, les éléments confondus se démêlent ; compagnies, bataillons, régiments se reforment. On distribue des vivres, de l'eau-de-vie, des cartouches ; mais le soldat meurt de soif, et l'eau manque ; les Arabes ont détourné le ruisseau qui alimente la ferme. Il est midi ; la chaleur est étouffante. Aux Kabyles ont succédé des hordes d'Arabes qu'on voit accourir de tous les points de l'horizon ; tous les cavaliers de Beni-Khélil, de Khachna, de la plaine Hadjoute sont là, rôdant, guettant autour de la division, comme autour d'une proie qui ne peut leur échapper. Tout à coup, vers quatre heures, ils se rassemblent, mais au lieu de charger sur le bivouac, ils s'éloignent vers l'est ; c'est au ravin de la Chiffa, à l'endroit où les Français ont l'habitude de passer la rivière, qu'ils vont les attendre. Informé de leur dessein, le général Berthezène ne se hâte point. Avant de lever le bivouac, il fait lire aux troupes un ordre sévère : « C'est avec peine que le lieutenant général se trouve dans la nécessité de blâmer la conduite que quelques troupes ont tenue aujourd'hui, et le peu de vigueur que quelques officiers ont montré dans cette circonstance. Le lieutenant général espère que de pareils désordres ne se renouvelleront plus. »

A la chute du jour, la division se remet en marche; la direction est donnée au nord-est, vers le point où la route d'Oran traverse la Chiffa, deux lieues au-dessous du passage où la masse des Arabes attend la colonne. Le petit nombre de ceux qui sont restés autour de Haouch-Mouzaïa suivent en tiraillant l'arrière-garde; mal guidée, la tête de colonne s'égare; ce n'est qu'après dix heures du soir qu'on atteint enfin la rivière. Aussitôt, sans ordre, en dépit des officiers, les rangs sont rompus; cavaliers, fantassins, artilleurs, pêle-mêle, se précipitent dans l'eau; chaque bataillon, chaque compagnie arrive débandée, au pas de course; il n'y a plus une escouade qui se tienne ensemble, la confusion est plus grande encore qu'au Ténia. En vérité, si les Arabes ne s'étaient pas portés sur une fausse piste, la division courait le risque d'être anéantie. Ainsi s'acheva comme elle avait commencé, dans le désordre, cette malheureuse journée du 3 juillet. Après deux heures d'efforts, les officiers ayant à peu près réussi à ressaisir leurs hommes, la division arriva vers quatre heures du matin à Boufarik. Au défilé des Dix-Ponts, les Arabes embusqués dans les taillis de lauriers-roses essayèrent de disputer le passage; quelques obus lancés à propos les dispersèrent. Là furent tirés les derniers coups de fusil de cette triste campagne. Le 5 juillet, toutes les troupes étaient rentrées dans leurs cantonnements. Leurs pertes réelles, malheureusement plus graves que les pertes avouées, s'élevaient à cent vingt morts et à deux cent soixante-dix blessés; selon les rumeurs d'Alger, elles auraient été plus considérables encore.

Courroucé des mauvais bruits qui couraient de toute part sur son compte, le général Berthezène essaya d'en atteindre les auteurs par l'ordre foudroyant que voici : « Le lieutenant général est informé que des militaires et employés appartenant à l'armée se permettent de tenir publiquement des propos radicalement faux sur les événements qui ont eu lieu pendant la dernière expédition. Ces propos ayant un caractère de malveillance et d'insubordination qui doit être réprimé sur-le-champ, le général ordonne que tout officier ou employé convaincu d'avoir tenu des propos alarmants ou mensongers sera traduit devant un conseil de guerre ou renvoyé en France à la disposition du ministre, selon la gravité des cas. » Loin d'intimider l'opinion, la menace ne fit que l'exaspérer davantage. Le général Berthezène demeura, il est vrai, six mois encore en place ; mais, depuis Médéa, le peu d'autorité qui lui restait encore avait reçu le coup mortel.

Le 1ᵉʳ juillet, à l'heure même où le bataillon mixte faisait le coup de feu sur le plateau d'Aouara, une ordonnance royale avait donné au 67ᵉ de ligne l'existence légale, et rendu la vie au 2ᵉ bataillon de zouaves. Le commandant Duvivier était replacé à sa tête, et le capitaine de La Moricière y retrouvait une compagnie. Du col de Mouzaïa date la popularité naissante de ces deux héros de la retraite, en même temps que la déchéance morale du commandant en chef.

Duvivier n'était plus un jeune officier comme La Moricière, qui n'avait que vingt-cinq ans; il en avait trente-sept; c'était un homme. Depuis seize ans il cheminait lentement dans la carrière obstruée du génie, lorsque l'expédition d'Alger, et surtout la création des zouaves, vinrent ouvrir à son ambition des échappées inattendues. Ce n'est pas que, dans son arme, l'attention des chefs ne se fût pas portée sur lui : des travaux sérieux, autres que ceux du métier, un tour d'esprit singulier, original parfois jusqu'à la bizarrerie, l'avaient vivement attirée au contraire; ses notes d'inspection en sont la preuve. Au mois de janvier 1830, lorsque, attaché comme capitaine en second à la place de Verdun, il demandait à faire partie de l'armée d'Afrique, le colonel directeur appuyait la demande par cette apostille : « Partout où M. Duvivier sera employé, il servira avec distinction, avec dévouement; mais une sphère étroite ne convient ni à ses goûts ni à l'étendue de son instruction. Je sais qu'une excessive passion pour les études savantes lui fait passer la majeure partie des nuits à accroître ses connaissances. Sous tous les rapports, cet officier sort de la classe commune. Plein d'imagination et d'ardeur, porté par goût aux expéditions d'éclat, d'un tempérament à supporter tous les climats, fort instruit enfin dans les langues orientales, M. Duvivier est certainement du petit nombre de ces hommes courageux et entreprenants auxquels on peut confier avec toute confiance les missions les plus importantes. » Sa conduite, comme son esprit, comme son caractère, comme son ambition, était grave. Ambitieux, assurément il l'était, et il n'affectait point de ne pas l'être; mais il ne lui convenait pas de s'élever par l'intrigue; il avait conscience de sa valeur et il le faisait quelquefois trop sentir aux autres; il était roide, cassant, difficultueux même; mais il était loyal et sincère; il ne cherchait pas à gagner l'amitié des gens, mais, quelque ressentiment qu'ils pussent avoir contre lui, la dignité de son caractère forçait leur estime. En deux mots, c'était un homme d'honneur qui n'était pas aimable.

La Moricière était l'un et l'autre. Vif, ardent, impétueux, il avait été trop heureux, lui aussi, d'échapper aux habitudes formalistes et tant soit peu guindées du génie. Sa nature expansive faisait contraste avec la passion contenue, la froideur apparente de son chef; mais, en dépit de leurs dissemblances, ils avaient en commun les grandes qualités de l'âme, de l'intelligence et du cœur. Duvivier, toujours original, avait sa philosophie propre qu'il s'était faite; au besoin, il eût été chef de secte. La Moricière philosophait aussi de son côté, mais il n'était qu'un disciple. A cette époque, il faisait profession d'appartenir à l'école saint-simonienne. « Cette doctrine, dont on rit à Paris, écrivait un officier d'état-major, fait des prosélytes au dehors; elle en a ici de très-nombreux, surtout parmi les officiers du génie et de l'artillerie, surtout parmi les officiers de zouaves, tous en général pleins d'élan, d'ambition, persuadés en conséquence qu'ils doivent gagner beaucoup quand chaque capacité sera payée suivant ses œuvres. » Duvivier et La Moricière, en effet, pouvaient beaucoup prétendre. A peine rentrés de Médéa, voici qu'il leur fallut se remettre en campagne et reformer sous le feu leur bataillon ressuscité.

IV

Née devant Médéa, l'insurrection avait envahi l'Atlas et comme une avalanche s'était abattue dans la plaine ; et dans ce même moment, frappés d'insolation ou grelottant la fièvre, deux mille cinq cents Français gisaient aux hôpitaux; le 30⁰ n'avait pas cinq cents hommes valides. Prêchant la guerre sainte à travers la Métidja, un marabout d'Alger, Sidi Saadi, était allé chercher chez les Flissa, dans la montagne de l'est, le fameux Ben-Zamoun, tandis que dans l'ouest, de Blida à Koléa,

Oulid-bou-Mezrag ameutait les Arabes. Le 10 juillet, le capitaine Gaullier, du génie, était assassiné tout près de la Maison-Carrée; le 11, des colons qui conduisaient une voiture à la Ferme modèle étaient surpris, deux tués, trois blessés; le 13, les bœufs du comptable, fournisseur de la viande, étaient enlevés, les gardiens massacrés; des artilleurs au fourrage étaient assaillis; on trouvait à côté d'un poste le cadavre d'un soldat égorgé; des maraudeurs pillaient une maison dans l'intérieur même des lignes, à Hussein-Dey.

Le 15, Ben-Zamoun avait tendu son camp sur la rive droite de l'Harrach, autour du marabout de Sidi-Arzine, menaçant de là la Maison-Carrée et la Ferme; ce fut la Ferme qu'il attaqua le 17. Le commandant Cassaigne, du 30°, qui faisait une reconnaissance, n'eut que le temps de se replier. Le poste était mauvais; des collines de l'est, on plongeait dans l'intérieur; deux ou trois mille Kabyles les avaient occupées; un millier d'autres tenaient investi, au nord, un blockhaus défendu par un sergent et dix hommes. A Alger, dès la première nouvelle, le général Danlion, commandant la place, avait pris sur lui de faire fermer les boutiques; mais le général Berthezène s'était hâté de révoquer cet ordre malencontreux et d'envoyer le général de Feuchères au secours de la Ferme. A la seule vue de son avant-garde, l'ennemi n'attendit pas l'arrivée de la colonne ; il se replia de l'autre côté de l'Harrach.

Ce même jour, le prince de Joinville, qui, à l'âge de treize ans, commençait son noviciat à bord de la frégate *Artémise,* mouillait en rade ; le lendemain matin, il devait descendre à terre. Le 18, de très-bonne heure, il y avait donc foule à la Marine ; les troupes en grande tenue attendaient sous les armes, lorsqu'on entendit au loin gronder le canon. C'était encore fête ; ce n'était plus le même saint. Les bataillons firent demi-tour, reprirent la tenue de campagne et marchèrent au combat. Le jeune prince aurait bien voulu qu'on lui permît de débarquer et de les suivre ; mais le commandant Hernoux et les officiers qui avaient charge de sa personne s'y refusèrent. La colonne qui venait au secours du 30ᵉ réparti entre la Ferme, les blockhaus et la Maison-Carrée, se composait des zouaves, du 20ᵉ, de bataillons détachés des 15ᵉ, 28ᵉ et 67ᵉ, des chasseurs français et algériens, et d'une batterie de campagne ; l'ensemble, à cause des maladies, ne dépassait pas trois mille hommes.

Depuis l'aube, la Ferme était investie, depuis dix heures, l'attaque violente. Les Kabyles avaient mis le feu aux meules de foin et de céréales, les premières que des mains européennes eussent élevées librement sur la terre africaine. Il était deux heures quand la tête de la colonne fut aperçue vers le nord, au sommet des collines; aussitôt, le colonel d'Arlanges, du 30°, fit une sortie vigoureuse qui, de ce côté-là, rompit l'investissement. Menacés d'être pris entre deux feux, les Kabyles, sans cesser de tirailler, se rapprochèrent de l'Harrach. En les suivant de près, il eût été facile de les culbuter dans la rivière et d'arriver avec eux dans leur camp; mais il y avait un bataillon du 20° qui était de deux kilomètres en arrière. A ceux de ses officiers qui le pressaient d'agir le général Berthezène répondait : « Je veux réunir toutes mes forces, je ne veux pas faire une école. » S'apercevant qu'il n'était pas suivi, l'ennemi reprit l'offensive. On vit un vieux marabout, qui, au dire des indigènes, n'avait pas moins de cent dix ans, s'avancer, monté sur un âne, bénissant les fidèles, maudissant les *roumi;* un boulet vint qui décapita sa monture et brisa les jambes de l'Arabe qui le conduisait; ce coup funeste lui fit reconnaître et avouer que Dieu, pour ce jour-là, refusait la victoire à ses saints. Quand il plut enfin au commandant en chef de donner l'ordre de marcher en

avant, le moment favorable était passé. De l'autre
côté de l'Harrach, on voyait une grande agitation;
les tentes étaient repliées, les bagages chargés
sur les chameaux; les premières troupes arrivées
ne trouvèrent plus du campement que la place.
Après la halte, au moment du retour, le capitaine
Jusuf se fit fort d'amener au général en chef
quelques Arabes de condition. Il partit seul, revint
bientôt avec un cavalier de Beni-Mouça qui demandait un sauf-conduit pour les cheikhs, repartit
encore et reparut avec les grands de la tribu.
Ceux-ci, comme on devait s'y attendre, rejetèrent
tout le mal sur les Kabyles, qui les avaient forcés
de prendre les armes, et, de son côté, le général
Berthezène parut compatir à la violence qui leur
avait été faite. A six heures du soir, la colonne
reprit le chemin d'Alger.

Un bataillon laissé à la Ferme devait fournir
l'escorte des voitures et des mulets de bât qui
avaient apporté dans la journée des munitions et
des vivres aux combattants. La nuit venue, un
convoi d'artillerie conduit par le lieutenant-
colonel Admirault cheminait sous la protection de
deux compagnies du 30°, quand, aux environs de
Birkhadem, dans un passage difficile, encombré
de broussailles, il fut attaqué brusquement; l'es-

corte effrayée lâcha pied; un des officiers d'infanterie, perdant la tête, fit tourner bride aux dernières voitures et les ramena toujours courant à la Ferme. Heureusement les canonniers, vigoureusement enlevés par leur colonel, ne se laissèrent ni entamer ni arrêter; ils passèrent.

Le 19, tout paraissait fini; le prince de Joinville, accompagné du général Berthezène, put visiter Alger; le lendemain matin, il vit dans la plaine de Moustafa une partie des troupes, et dans la journée il reprit la mer. Rien n'était fini cependant, ou plutôt c'était, après la fin d'un acte, le commencement d'un autre. La surprise dont le convoi d'artillerie avait failli être victime ne s'était pas expliquée d'abord. Les contingents de Ben-Zamoun s'enfuyant en déroute à l'est, comment quelqu'un d'entre eux avait-il pu s'embusquer à l'ouest? Le fait est que Ben-Zamoun ni les siens n'étaient pour rien dans cette affaire, et que c'était aux gens d'Oulid-bou-Mezrag qu'il fallait s'en prendre. Au moment où le premier disparaissait dans la coulisse, le second faisait son entrée en scène; au camp de Sidi-Arzine succédait le bivouac de Bou-Farik; mais que l'attaque vînt de l'un ou de l'autre, le théâtre de l'action ne cessait pas d'être aux alentours de la Ferme.

Des deux blockhaus qui en dépendaient, celui du nord était dégagé ; celui du sud, au-dessus de l'Oued-Kerma, investi d'abord par les Kabyles, l'était maintenant par les Arabes. Vingt hommes s'y trouvaient enfermés, sous le commandement d'un officier, le lieutenant Rouillard, dont l'énergie, l'intelligence et le sang-froid méritèrent l'estime de ses chefs et la sympathie de l'armée. Isolé pendant trois jours et trois nuits, comme un îlot au milieu d'une mer démontée, il eut à soutenir des assauts furieux. Plusieurs fois la redoute qui environnait le blockhaus fut envahie ; à coups de yatagan les Arabes, admirables d'intrépidité, s'efforçaient d'en déchirer les planches ; heureusement l'idée ne leur vint pas d'y mettre le feu. La terre était jonchée de leurs cadavres ; ils revenaient toujours se briser contre ce mystérieux réduit d'où sortait la foudre. Il y avait un marabout boiteux qui les ramenait sans cesse à l'attaque ; c'était à leur manque de foi, disait-il, qu'il fallait uniquement attribuer leurs échecs ; et pour qu'ils eussent bien la preuve de son dire, il s'en alla devant eux frapper le blockhaus de sa béquille, et il s'en revint au milieu des coups de feu tirés sur lui, sans être atteint. Ce fut seulement dans la journée du 20 que le lieutenant Rouillard et sa petite garnison purent être dégagés. Proportion gardée, la Ferme avait été moins violemment assaillie. Pour en ramener les blessés aux hôpitaux d'Alger, un bataillon du 67ᵉ, fort de quatre cents hommes, était parti ce jour-là même du camp de Moustafa; il venait d'arriver à l'embranchement de la route de Blida, quand des hauteurs voisines, l'ennemi embusqué se précipita sur lui; surprise, effrayée, cette troupe neuve se débanda; la plupart des hommes, même des officiers s'enfuirent; heureusement le colonel d'Arlanges, qui était sorti de la Ferme à leur rencontre, les rallia et les sauva. Ce malheureux bataillon perdit dans cette échauffourée neuf hommes tués et vingt-trois blessés, dont deux officiers. A minuit, le 30ᵉ le reconduisit à Alger avec les voitures d'ambulance auxquelles il avait dû servir d'escorte.

Le 21, les tirailleurs ennemis osèrent s'avancer jusqu'à Birkhadem. Enfin, le 22, le général Berthezène voulut en finir avec le rassemblement de Bou-Farik, comme il avait fait, le 18, avec les contingents de Sidi-Arzine. La composition de la colonne était à peu près la même : les zouaves eurent les honneurs de la journée; soutenus par l'artillerie, qui les suivit partout, ils poussèrent jusqu'à Birtouta leurs adversaires en déroute; la cavalerie continua la chasse jusqu'aux ponts de Bou-Farik.

Ce fut le terme de la crise. Violente et rapide, elle avait commencé le 15 juillet et pris fin le 22; dans cette courte période, une quarantaine de tribus, les unes à Sidi-Arzine, les autres à Bou-Farik, s'étaient présentées successivement au combat. Il était donc bien démontré qu'avec leur bouillante ardeur, Arabes et Kabyles étaient hors d'état de tenir plus de quelques jours la campagne et incapables de combiner méthodiquement leurs efforts. Si Ben-Zamoun et Oulid-bou-Mezrag s'étaient entendus pour agir de concert, la lutte aurait pu avoir d'autres suites. Vaincus, non soumis, les insurgés n'en étaient pas moins redoutables. L'insurrection avait jeté dans Alger la terreur, et sa défaite n'avait pas effacé le souvenir du Ténia. En somme, l'armée n'avait fait que se défendre, et pour longtemps elle était réduite à la défensive. Enfermée dans ses lignes, plus que décimée par la fièvre qui faisait entrer cinquante hommes par jour aux hôpitaux, elle n'avait pas dans son chef la confiance qui rehausse les cœurs. Depuis Médéa, le commandement n'avait eu ni vigueur ni décision. Le soldat ne se sentait pas conduit, l'officier se négligeait; de là le désordre, l'indiscipline, le découragement, la défaillance.

Incertain, troublé, mécontent de tout le monde, défiant de lui-même, le général Berthezène fit avec les vaincus une capitulation, comme s'ils avaient été les vainqueurs. Très-bon commandant de gendarmerie, le chef d'escadron Mendiri était un pitoyable agha des Arabes; mais quand, de par le choix du général en chef, l'agha fut un Arabe de grande famille, un des marabouts vénérés de Koléa, Sidi Mbarek Mahiddine-el-Sghir, alors le titre flétri reprit son éclat, la fonction discréditée redevint une puissance, la fiction misérable une réalité d'or, car un traitement de 40,000 boudjous, quelque chose comme 72,000 francs, fut affecté au personnage. Qu'apportait-il au général en retour? La soumission des indigènes à l'autorité française? Non pas; la soumission à l'agha. Tout ce qui, en dehors d'Alger, touchait à leurs affaires, n'était et ne pouvait être traité que par lui; c'était lui qui, de sa résidence de Koléa, choisissait et nommait les kaïds, sauf à leur faire donner par le général en chef un semblant d'investiture. Au delà des avant-postes français, c'était lui seul qui commandait, lui seul qui gouvernait, lui seul qui était le maître. Sous sa garantie, la paix allait être établie sans doute? Non pas la paix, une trêve sans dignité; tel était le résultat dont se tenait content le général Berthezène.

V

S'il croyait avoir échappé aux embarras de son commandement, il se mécomptait; de nouvelles difficultés l'assaillaient de toute part. Au mois d'août 1830, Bone avait été occupé pendant trois semaines par une brigade française sous les ordres du général de Damrémont. Après le rappel de cette troupe, les habitants avaient eu fort à faire pour se défendre, d'abord contre les montagnards du voisinage qui ne leur pardonnaient pas d'avoir fait bon accueil aux Français, puis contre le bey de Constantine, Ahmed, dont l'ambition despotique ne s'accommodait pas de la quasi-indépendance de Bone. Depuis le mois de mai 1831 un corps de cinq à six cents réguliers, soutenus par un millier d'Arabes et de Kabyles, bloquait la place; quoique les communications par mer fussent demeurées libres, les vivres étaient rares. Dans leur détresse, les assiégés décidèrent de demander aide aux Français. Le 10 juillet 1831, le brick *Grenadier*, qui ramenait de Tunis le commandant Huder, aide de camp du général Guilleminot, ambassadeur à Constantinople, s'arrêta par aventure dans la rade, au mouillage ; aussitôt une députation de six notables se rendit à bord. L'orateur commença par déclarer que la détermination des gens de Bone était telle que jamais ils ne passeraient vivants sous la domination du bey de Constantine ; puis il demanda qu'on voulût bien les assister d'un envoi de vivres et d'un détachement de cette troupe musulmane dont on disait que les Français appréciaient le bon service à Alger, en ajoutant qu'ils souhaiteraient de voir à la tête du détachement un officier du génie. A son arrivée à Alger, le commandant Huder ne manqua pas de faire connaître au général Berthezène la triste situation de Bone et le vœu de ses habitants. C'était au moment de la grande insurrection de la Métidja ; il fallait attendre ; puis ce fut, autour du commandant en chef, le choc des opinions contradictoires, et, dans sa propre tête, le doute, l'embarras, l'indécision accoutumée. Un fait surtout lui donnait à réfléchir, c'est qu'au mois de mai il avait reçu du ministre de la guerre l'assurance formelle que le gouvernement attachait un grand prix à l'occupation de Bone. Entre ne rien faire ou faire beaucoup, il se décida enfin à faire quelque chose, c'était un moyen terme ; mais ce quelque chose, comme on va voir, allait se réduire à si peu que rien.

Depuis longtemps mêlé aux choses d'Orient, le commandant Huder était moins un militaire qu'un diplomate ; il se fit donner par le général Berthezène la direction d'une affaire où il fallait manœuvrer, selon lui, avec plus de dextérité que de vigueur. Son rôle était plus compliqué encore que celui de maître Jacques ; car, d'après l'explication fournie par un des officiers généraux d'Alger, il était « tout à la fois commandant militaire, intendant civil, intendant militaire et envoyé diplomatique ». L'escorte qu'on lui donna, — car en vérité on ne peut appeler autrement le détachement désigné pour être à ses ordres, — consistait en une compagnie du 1er bataillon de zouaves, composée de 4 officiers, de 8 sous-officiers, et de 115 soldats, munis chacun de 150 cartouches ; il y avait de plus 100 fusils et 60 costumes complets pour armer et habiller les gens de la ville qui voudraient prendre un engagement dans le corps. Le capitaine de la compagnie, venu du génie, comme Duvivier et La Moricière, se nommait Bigot ; c'était un officier d'une grande vigueur et d'une grande intelligence, de manières un peu rudes, parlant l'arabe, et sachant la guerre comme il convenait de la faire en Afrique. La petite expédition, embarquée sur la corvette *Créole* et le brick *Adonis*, avec un grand chargement de vivres, sortit du port d'Alger, le 9 septembre, et prit terre à Bone, le 14.

Au débarquer, le commandant Huder fut d'abord accueilli comme un sauveur ; mais quand on vit les zouaves, il y eut des gestes de surprise, des chuchotements, des murmures ; ce qui faisait scandale, c'étaient les baïonnettes, les tambours, l'uniforme même ; on s'était attendu à voir arriver des Arabes, ou tout au moins des Turcs, avec leur armement et leur équipement de fantaisie ; quelle différence y avait-il des Français à ces renégats qui s'habillaient à peu près comme eux, et dont les armes et les habitudes militaires étaient tout à fait les leurs ? Pour apaiser des gens si susceptibles, le commandant Huder commença par transiger avec eux ; il leur sacrifia les tambours, mais il garda les baïonnettes. Ensuite il lui fallut négocier pour obtenir l'entrée de la kasba, d'abord pour 30 zouaves seulement, puis enfin pour 45. L'instigateur de toutes ces difficultés était le coulougli Sidi Ahmed, chef d'une centaine de Turcs sur qui reposait la défense de Bone. C'était lui qui avait poussé les notables à demander aide aux Français, parce qu'il lui avait plu de s'imaginer qu'on n'enverrait d'Alger que des hommes dont il pourrait faire des recrues à son profit; mais en voyant une troupe organisée, disciplinée, militairement française, il avait été pris de jalousie et d'inquiétude pour ses intérêts personnels; il se sentait menacé de dépossession; malheureusement, le détachement qui lui causait tant de déplaisir n'était pas assez nombreux pour lui imposer. Cependant, après un premier mouvement d'humeur, il prit le parti de dissimuler, il consentit même à passer, avec ses Turcs, à la solde de la France. A la kasba, il n'était plus le maître; un officier de zouaves y avait le commandement. Charmé des marques de déférence que lui prodiguaient les notables, le commandant Huder était plein de sécurité; au contraire le capitaine Bigot, qui, entendant l'arabe, saisissait au passage des propos malsonnants, ne cessait de presser le chef aux ordres duquel il avait été mis, de prendre quelques précautions élémentaires. Les portes étaient mal gardées; celle de la kasba était toujours ouverte; il n'y avait pas de lieu de rassemblement désigné en cas de besoin. Ce qui rassurait le commandant, c'était la tranquillité extérieure de la ville depuis son arrivée; en effet, il n'y avait plus trace de blocus; les vivres arrivaient en abondance; le prix de la mesure de blé était tombé de quatorze boudjous à sept.

Il y avait dans Bone un homme aussi dangereux et encore plus ambitieux qu'Ahmed le coulougli : c'était Ibrahim, un ancien bey de Constantine, dont l'influence sur les tribus de la campagne était restée grande. Ce personnage affectait la plus grande sympathie pour le commandant Huder; il le voyait tous les jours, il lui dénonçait les sourdes menées du coulougli, avec lequel il ne laissait pas néanmoins de s'entendre; rivaux la veille, Ahmed et Ibrahim étaient présentement alliés. La plupart des grands de Bone ne s'associaient pas à ces complots, mais ils n'osaient pas les dénoncer à l'autorité française. Le 24 septembre, dans une réunion chez Ahmed, il avait été décidé qu'une bande se présenterait dans la journée chez le commandant pour lui intimer l'ordre de quitter la ville, et s'il résistait, se défaire de lui; mais, arrivés devant son logis, la seule vue du factionnaire qui gardait la porte intimida les conjurés. La nuit suivante, Ibrahim vint le trouver mystérieusement, lui fit encore des relations à demi sincères, et finit par lui emprunter cent piastres d'Espagne. Le 25, le commandant Huder, dont la sécurité ne laissait pas d'être un peu moins confiante, écrivit au général Berthezène une lettre qui concluait à l'envoi d'un renfort.

La corvette *Créole* devait mettre à la voile pour Alger le lendemain matin, avec les dépêches de Bone; son départ allait être le signal de la révolte. En effet, à peine eut-elle appareillé qu'Ibrahim, suivi d'une quinzaine d'hommes armés, entra dans la kasba: la porte, comme d'habitude, était grande ouverte, et, comme d'habitude aussi, l'officier de service était allé déjeuner dans la ville. Les hommes de garde ne firent aucune résistance, le surplus de la garnison n'en fit pas davantage; les zouaves seuls hésitèrent un peu, mais, endoctrinés depuis quelques jours par les Turcs, quelques boudjous achevèrent de les décider. Maître de la citadelle, Ibrahim commença par ordonner qu'on fermât la porte, puis il fit tirer trois coups de canon, pour annoncer à la ville et au dehors le succès de son entreprise. Au bruit inaccoutumé de cette salve, la corvette, qui n'avait pas fait beaucoup de chemin, vira de bord et revint au mouillage auprès du brick *Adonis*. Pendant ce temps, le commandant Huder et le capitaine Bigot avaient rassemblé une quarantaine de zouaves et tenté vainement de rentrer dans la kasba. Une centaine de marins débarqués par les navires de guerre et venus à leur aide ne parurent pas suffisants, avec le petit nombre d'hommes restés fidèles, pour en faire l'attaque régulière. Deux jours se passèrent de la sorte sur le qui-vive.

Le 29 au matin, l'agitation dans la ville était grande; une foule de Kabyles et d'Arabes venus du dehors remplissait les rues. Vers neuf heures, des gens de Bone entrèrent chez le commandant; ils lui dirent qu'on les avait trompés, qu'au lieu d'un consul avec une escorte de musulmans, on leur avait envoyé une troupe commandée par des officiers français avec un gouverneur, et ils lui intimèrent l'ordre de partir. Pendant qu'il leur répondait, en faisant demander des embarcations aux navires, le canon de la kasba se fit entendre; c'était le signal d'une attaque générale. Les postes assaillis se replièrent sur un carrefour voisin de la porte de la Marine. Dans cette retraite, le capitaine Bigot essaya de tenir tête aux assaillants; abandonné successivement de ses hommes, resté seul dans une rue étroite, il s'élança sur ses adversaires, en tua deux, mais, atteint d'une balle, il tomba : la foule se rua sur lui, l'acheva, et, de son

propre sabre, lui trancha la tête. Une cinquantaine
de zouaves avaient réussi à gagner la porte de la
Marine; aidés des matelots débarqués, ils s'y défendirent pendant une heure; mais, enfin, il fallut
chercher dans les canots un refuge. Un des derniers, le commandant Huder, déjà blessé de deux
coups de feu, se jeta à la nage ; au moment où il
atteignait une des embarcations, une dernière balle
lui fracassa la tête. La corvette et le brick, pendant ce temps, canonnaient la ville; tout à coup,
tandis que les canots chargés des fugitifs, des blessés et des morts, accostaient les navires, on vit
le drapeau parlementaire arboré sur les murs;
quelques hommes s'approchèrent bientôt sur une
felouque, assurant que les gens de la ville n'avaient
eu aucune part, ni à la surprise, ni au combat.

Le 30 septembre et le 1er octobre, arrivèrent les
bricks *Cygne* et *Voltigeur*, avec deux cent quarante
zouaves du 2e bataillon, que le général Berthezène
inquiet venait de faire partir. Le commandant
Duvivier, leur chef, était d'avis de reprendre
immédiatement les hostilités. Le renfort qu'il
amenait, joint aux restes du premier détachement
et aux effectifs disponibles des quatre navires,
donnait une force de cinq cents hommes d'élite
avec lesquels il ne doutait pas de rentrer dans la

ville et dans la kasba même; cependant il ne put persuader le commandant de la *Créole,* qui refusa d'aventurer ses équipages dans une tentative aussi hasardeuse. La présence de cette petite escadre eut du moins pour effet d'engager les habitants de Bone à rendre un officier et une trentaine de zouaves qu'ils avaient faits prisonniers; tous ceux qui, outre les morts et les blessés, manquaient à l'appel, étaient restés volontairement avec Ibrahim. Le 11 octobre, les quatre navires mouillaient dans la rade d'Alger.

Le général Berthezène était à Moustafa-Pacha; sans l'arrivée d'un officier d'état-major envoyé par le commandant de la marine pour prendre ses ordres, il allait se coucher sans rien savoir; les dépêches de Bone arrivées à sept heures du soir étaient encore à neuf heures toutes cachetées sur sa table; il n'avait pas songé à les ouvrir.

VI

Les affaires d'Oran le laissaient plus indifférent encore. Il est vrai que, de ce côté, on paraissait en disposition de se passer de lui. Les transactions du général Clauzel avec le bey de Tunis n'avaient pas encore été désavouées officiellement, lorsque Khéreddine-Agha, khalifa du prince tunisien Ahmed, bey d'Oran, d'après la dernière convention, était venu prendre possession du beylik. Dès son arrivée, le général de Damrémont était parti, déléguant ses pouvoirs au colonel Lefol du 21ᵉ de ligne. Le régiment qui avait été des premiers désigné pour rentrer en France, attendait avec impatience son rapatriement; il l'attendit longtemps, si longtemps qu'il se crut tout à fait oublié. Il avait d'autant plus lieu de le croire qu'il ne recevait plus absolument rien de son dépôt ni d'Alger; linge, vêtements, chaussures, tout lui manquait : les habits rapiécés des officiers ne valaient pas mieux que ceux des soldats. A côté d'eux, les Tunisiens n'étaient guère moins misérables. On leur avait parlé d'Oran comme d'une ville riche, magnifique, populeuse; depuis le départ du bey Hassan et l'arrivée des Français, presque tous les musulmans l'avaient désertée; il n'y restait en nombre que les Juifs. Le khalifa s'était attendu à trouver les magasins bondés de munitions et de vivres, les écuries peuplées de chevaux de race et d'excellentes bêtes de somme; il avait même le compte des mulets, deux cent trente-cinq. C'était un mirage; les écuries comme les magasins étaient vides; le vieux bey, avant de partir, avait fait argent de tout : farine, grains, fourrages, mulets, chevaux, il avait à peu près tout vendu; il ne restait plus que cinquante-six rosses, tellement maigres et hors de service que les Arabes, grands voleurs, n'avaient même pas voulu les prendre. Le khalifa était furieux; il criait qu'on l'avait trompé indignement, qu'il allait en informer son maître, et qu'il voulait qu'on le ramenât, lui et son monde, à Tunis. En attendant, il fallait vivre. Une belle nuit, les Tunisiens et les janissaires de l'ancien bey qui s'étaient enrôlés avec eux sortirent en armes, tombèrent sur les douars de plusieurs tribus qui n'avaient pas voulu reconnaître l'autorité de leur chef, coupèrent quarante têtes, se saisirent des femmes et des enfants, et ramenèrent trois mille moutons, bœufs et vaches. Le khalifa magnanime fit relâcher les enfants et les femmes, mais garda le bétail. Cette exécution n'était pas pour rétablir les bonnes relations entre la place et le dehors; cependant, les jours de marché, quelques campagnards, armés jusqu'aux dents, s'aventuraient en ville; à côté d'un panier d'œufs, d'un pot de beurre et de deux poules, on voyait un Bédouin accroupi, le fusil à la main et le yatagan à la ceinture; quand cet homme avait débité sa marchandise et compté sa monnaie, il se relevait et s'en allait gravement; la porte franchie, à quelque distance, il se retournait et lâchait son coup de fusil contre la muraille. Les soldats n'y prenaient pas garde : « Ce n'est rien, disaient-ils; ce sont les Bédouins qui tirent pour s'amuser; ils en font autant tous les jours. »

Il y avait bien longtemps qu'on était sans nouvelles ni d'Europe ni d'Alger; depuis deux mois, pas un courrier n'était venu. Enfin, on apprit qu'à la suite de nouvelles négociations suivies, régulièrement cette fois, à Tunis, le bey n'ayant pas accepté les conditions que voulait lui imposer le gouvernement français, les Tunisiens allaient évacuer Oran et les troupes françaises s'y installer définitivement à leur place, sous les ordres du lieutenant général Pierre Boyer, l'ancien compagnon d'armes du général Clauzel. En attendant son arrivée retardée par une indisposition, c'était le maréchal de camp de Faudoas qui devait prendre le commandement par intérim. Sur ces nouvelles et plus encore sur le bruit démesurément grossi des événements de Médéa et du Ténia, toutes les tribus autour d'Oran s'étaient agitées; les Bédouins avaient cessé de venir à la ville; les marchés étaient déserts, l'inquiétude des Juifs était telle que, contrairement à tous les usages, ils s'étaient armés et faisaient toutes les nuits des patrouilles. Dès le 10 juillet, un parti d'une centaine de cavaliers vint jusque sous le canon de la place enlever un troupeau de plus de deux cents bœufs. Le 21, une reconnaissance topographique fut attaquée dans le faubourg de Kerguenta. Le 24, on s'aperçut que l'autre faubourg, celui de Ras-el-Aïn, avait été pendant la nuit entièrement abandonné par ses habitants; la veille, un de leurs cheikhs était venu demander au colonel Lefol si c'était aux Français ou aux Tunisiens qu'ils devaient définitivement obéir, et comme la réponse du colonel ne lui avait pas paru satisfaisante, il s'était retiré en disant : « Nous ne pouvons plus être vos amis; nous allons rejoindre nos tribus qui nous rappellent. » Dans les premiers jours du mois d'août, les corvées de travailleurs qui, sous la direction des officiers du génie, abattaient les masures et détruisaient les jardins pour dégager les abords de la place, furent à chaque instant attaquées.

Enfin, le 17, le général de Faudoas prit terre à Mers-el-Kébir avec le premier bataillon du 20ᵉ. Cinq jours après, les Tunisiens s'embarquèrent, ravis de quitter une ville qui était ravie de les voir partir. Le général de Faudoas était à peine en fonction depuis un mois, quand l'arrivée du général Boyer mit fin à son commandement provisoire. Avec le pauvre 21ᵉ enfin délivré, mais en deuil de son colonel mort peu de jours auparavant, il prit passage sur une des frégates qui avaient amené les deux derniers bataillons du 20ᵉ.

Le général Boyer, revenu en Afrique après l'avoir quittée à la suite du général Clauzel, était un vieil *Égyptien*, plutôt deux fois qu'une, car, après avoir fait partie de la grande expédition de Bonaparte, il venait de passer six ans au service de Méhémet-Ali; dans l'intervalle, de 1810 à 1813, il avait fait la guerre en Espagne, et comme il s'était montré impitoyable pour les guerrillas, il avait reçu des Espagnols le surnom de *Pierre le Cruel*. Oran étant en relations fréquentes avec l'Espagne, la réputation du terrible général l'y avait précédé; le peu de Maures qui étaient restés dans la ville tremblaient devant lui, et même au dehors les tribus voisines ne prononçaient son nom qu'avec terreur.

Son premier soin fut de reconnaître la place et les environs. Le fort de Mers-el-Kébir avait été complètement réparé; une garnison de deux compagnies y était suffisante. Des ouvrages d'Oran, spécimen remarquable de l'ancienne fortification espagnole, les uns, comme Santa-Cruz, Saint-Philippe et la vieille kasba, étaient à demi ruinés; les autres, au contraire, comme la Moune, Saint-André, la nouvelle kasba, et sur le chemin de Mers-el-Kébir, Saint-Grégoire, étaient dans un excellent état de conservation. C'étaient, sans compter le mur d'enceinte, beaucoup de points à garder pour un régiment qui, les deux compagnies de Mers-el-Kébir à part, ne comptait pas quatorze cents baïonnettes. A plus forte raison, toute opération à distance était-elle interdite au général; son action extérieure se limitait à la portée des canons de la place. Aussi essaya-t-il d'agir par influence et de nouer des rapports avec les Turcs et les coulouglis qui étaient restés maîtres du *méchouar* ou citadelle de Tlemcen et de la kasba de Mostaganem. Ceux du *méchouar* s'étaient constamment refusés à ouvrir leur porte aux Marocains qui occupaient la ville.

Peu satisfait de son beau-frère Mouiey-Ali, qui ne lui avait pas encore assuré la possession pleine et entière de Tlemcen, le sultan de Maroc y avait envoyé un personnage honoré de sa confiance, El-Hameri. Accompagné de Moustafa-ben-Ismaïl et de Mouserli, chefs réputés des Douair et des

Sméla, les deux grandes tribus *maghzen* dont naguère les Turcs se servaient comme d'auxiliaires dans le beylik, El-Hameri se rendit de Tlemcen à Mascara, levant des impôts, faisant appel aux cavaliers, annonçant l'extermination prochaine des chrétiens, célébrant la puissance irrésistible de son maître. En dépit de ses rodomontades, il ne parvint pas à réunir les douze mille hommes qu'il attendait. Sur ces entrefaites, le général Boyer saisit des lettres que le Marocain voulait faire parvenir en secret aux Maures d'Oran; deux de ceux-ci, deux marchands, deux notables, Mohammed Balenciano et Abd-el-Salem, furent arrêtés le 1ᵉʳ octobre. D'abord il n'avait été question que de les déporter; mais deux jours après, le général, voulant prévenir par la terreur toute nouvelle intelligence avec l'ennemi, fit, de sa seule autorité, comme un vrai pacha turc, trancher la tête aux deux marchands et confisquer leurs biens. Quelques jours après, une barque moresque fut saisie dans la baie de Mers-el-Kébir vendant de la poudre aux Arabes; le lendemain les quatre hommes qui la montaient furent pendus en même temps qu'un autre, accusé d'espionnage. Le général Boyer n'était cependant pas d'un naturel violent ni sanguinaire; mais, en Égypte comme en Espagne, il s'était fait de l'extrême rigueur, de la répression sans pitié, un système dont l'application à des races qui ne reconnaissent d'autorité que la force lui paraissait indispensable. Il n'est pas besoin de dire qu'en France, et même à Alger, où la doctrine du général n'était pas sans trouver quelque faveur, ces façons de pacha soulevèrent la réprobation générale.

Vers la fin d'octobre, la nouvelle des tristes événements de Bone, exagérée comme celle de la retraite de Médéa, vint ranimer l'agitation autour d'Oran ; mais la garnison était avertie qu'elle allait recevoir des renforts ; trois compagnies, une de sapeurs, une d'artillerie, une de canonniers gardes-côtes, étaient arrivées déjà. Une soixantaine de Turcs s'étaient mis à la solde de la France et formaient le noyau d'une troupe indigène analogue aux zouaves ; en même temps, une troupe de trois cents Juifs s'organisait en façon de garde nationale. N'osant s'attaquer aux ouvrages d'Oran, malgré ses belles promesses, El-Hameri avait voulu se revancher sur Mostaganem ; mais il en fut pour sa courte honte. Les Turcs le repoussèrent avec perte, et leur chef, le kaïd Ibrahim, s'empressa de faire parvenir à Oran un rapport sur l'attaque des Marocains et sur leur défaite. Un plus grand succès encore pour le général Boyer, ce fut la rupture de Mouserli et de Moustafa-ben-Ismaïl avec El-Hameri. Exaspérés par ses exactions et par sa morgue, ces deux grands chefs se séparèrent de lui, reprirent leurs campements dans le voisinage d'Oran et firent savoir au général que désormais les marchés de la ville seraient libres comme au temps des beys. Le temps des beys, c'était celui où les Douair et les Sméla, alliés des Turcs qui dominaient à Oran, tiraient un beau bénéfice de cette alliance; Dieu avait voulu que les Turcs eussent d'autres successeurs; pourquoi ces successeurs ne ramèneraient-ils pas le bon temps? Évidemment, il y avait dans ces deux tribus puissantes un courant d'opinion qui les faisait dériver du côté des Français.

L'année 1831 s'achevait donc, au moins dans le beylik d'Oran, un peu plus favorablement pour la France. Dans la province d'Alger, une ère nouvelle allait s'ouvrir avec l'année nouvelle; le 23 décembre, le général Berthezène était officiellement averti qu'il allait être remplacé par le lieutenant général Savary, duc de Rovigo, et comme celui-ci n'avait pas tardé à suivre la dépêche ministérielle, trois jours après, le 26, le général Berthezène résignait entre les mains de son successeur le commandement en chef.

CHAPITRE III

LE DUC DE ROVIGO

I. Changements dans l'organisation militaire et dans l'administration civile. — L'intendant civil. — Discussions parlementaires. — Réserve du gouvernement anglais. — Affaire des laines. — II. Attitude des indigènes. — Massacre d'El-Ouffia. — Représailles. — Précautions défensives. — Ravages de la fièvre paludéenne. — Combat de Sidi-Haid. — Marche sur Koléa. — III. Expédition de Blida. — Réduction des zouaves. — M. Genty de Bussy. — Exécution d'El-Arbi et de Meçaoud. — IV. Affaires de Bone. — Jusuf et d'Armandy. — Le commandant Fréart. — Surprise de la Kasba. — Le général d'Uzer. — V. Affaires d'Oran. — Commencements d'Abd-el-Kader. — Premiers combats. — Abd-el-Kader à Mascara.

I

Le général Savary, duc de Rovigo, figurait depuis si longtemps sur la scène publique qu'on l'aurait volontiers cru plus âgé qu'il n'était; il n'avait que cinquante-sept ans. *Égyptien* comme le général Boyer, ministre de la police sous l'Empire, il arrivait avec assez de titres pour donner confiance aux partisans de l'arbitraire et de la force : en dépit du blâme infligé au commandant d'Oran, le système turc ne laissait pas d'avoir ses prôneurs.

Dans le gouvernement d'Alger, chef, troupes, administration, tout était renouvelé de fond en comble. A la place du 15°, du 28°, du 30° de ligne, qui rentraient directement en France, et du 20°, qui, détaché à Oran, n'attendait que l'arrivée du 66° pour être rapatrié à son tour, la division d'occupation allait être composée des 4°, 66° et 67° de ligne, du 10° léger, des zouaves et de quelques corps nouveaux dont la formation était décidée ou commencée même ; tels étaient la légion étrangère, deux bataillons d'infanterie légère d'Afrique et deux compagnies de discipline. La colonie naissante allait donc servir d'exutoire à la mère patrie pour les scories de l'armée, comme elle l'était déjà pour l'écume de la population civile. Les compagnies de discipline étaient composées des incorrigibles qui avaient épuisé dans les régiments la série des punitions réglementaires. Les bataillons d'infanterie légère d'Afrique étaient alimentés par une source encore plus impure ; ils recevaient les militaires frappés de condamnations et qui, graciés ou arrivés au terme de leur peine, rentraient dans le rang pour accomplir leur temps de service. Ce sont ces bataillons qui ont acquis une certaine popularité sous le sobriquet de *zéphyrs*. Pour ce qui est de la légion étrangère, les bons et les mauvais éléments s'y trouvaient confondus, mais les mauvais en plus grand nombre. Le 18 septembre 1831, un officier d'état-major inscrivait dans son journal la note suivante : « Nous avons un bataillon d'étrangers digne de tenir compagnie au 67º. Ils sont débarqués depuis huit jours; le premier, il a manqué trente-cinq hommes à l'appel du soir; avant-hier, une compagnie tout entière s'est enivrée et a battu ses chefs; elle est tout entière au cachot ou à la salle de police, sauf deux, qui vont passer en conseil de guerre. » Heureusement, sous la main ferme de chefs résolus, les mauvais sujets finissaient par s'assouplir et se ranger; s'ils ne s'élevaient pas au niveau des bons, ils subissaient néanmoins peu à peu leur influence, et, selon les occasions, ils étaient capables de bien servir.

Une organisation nouvelle était donnée à la cavalerie; une ordonnance royale du 17 novembre 1831 avait prescrit la formation de deux régiments de chasseurs d'Afrique, l'un pour Alger, l'autre pour Oran. Le premier devait avoir pour noyau les cavaliers des deux escadrons du

12ᵉ chasseurs de France, qui demanderaient à rester en Afrique; les chasseurs algériens supprimés étaient mis à la suite des escadrons français.

Le duc de Rovigo avait amené comme chef d'état-major le maréchal de camp Trézel; le colonel Leroy-Duverger, qui occupait l'emploi sous le général Berthezène, consentit à se réduire aux fonctions de sous-chef. La division d'occupation était partagée en trois brigades commandées par les maréchaux de camp Buchet, de Feuchères et de Brossard; le maréchal de camp de Faudoas, beau-frère du général en chef, avait le titre de commandant et d'inspecteur permanent de la cavalerie d'Afrique; le général Danlion continuait de commander la place d'Alger.

Dans l'administration civile, le changement était bien plus considérable; à dire vrai, c'était une révolution. Casimir Périer, président du conseil des ministres, aurait voulu rattacher au cabinet de la présidence toutes les affaires d'Alger, militaires et civiles, sans distinction; mais, arrêté par l'opposition du maréchal Soult, ministre de la guerre, il n'avait pu accomplir que la moitié de son dessein. Une ordonnance royale, du 1ᵉʳ décembre 1831, instituait à Alger deux autorités indépendantes l'une de l'autre, égales et parallèles, un intendant civil, relevant du président du conseil, à côté d'un commandant en chef, relevant du ministre de la guerre. La seule apparence de supériorité que pouvait avoir celui-ci, c'était la présidence qui lui était déférée dans le conseil d'administration, composé, avec lui et l'intendant civil, du commandant de la station navale, de l'inspecteur général des finances et du directeur des domaines. En un mot, c'était le dualisme constitué en attendant l'antagonisme. Pour remplir les hautes fonctions d'intendant civil, Casimir Périer avait choisi un homme d'expérience, le baron Pichon, conseiller d'État.

En donnant une sorte d'organisation officielle à la conquête, qui n'avait été jusque-là régie que par des mesures individuelles et provisoires, l'ordonnance du 1er décembre 1834, quelles qu'en dussent être les conséquences pratiques, n'en était pas moins le premier acte public et le premier engagement pris en face de l'Europe par la France au sujet d'Alger. Tout au plus pourrait-on citer une déclaration, bien générale et bien vague, faite par le maréchal Soult à la Chambre des pairs, le 1er mars 1834. Le comte de Montalembert, le père de l'illustre orateur, s'était inquiété des intentions du gouvernement à l'égard de la régence. « Quant à moi, avait-il ajouté, je regarde l'occupation d'Alger comme tellement importante aux intérêts de la France, dans les circonstances présentes, que le ministre qui signerait l'ordre de son évacuation mériterait, à mes yeux, d'être traduit à cette barre comme coupable de haute trahison envers l'État. Il se peut que l'occupation indéfinie de la régence d'Alger nous entraîne dans quelques complications diplomatiques avec le cabinet britannique, mais ces complications ne sauraient nous décider à prendre une aussi fatale résolution que celle de l'abandon d'un pays que nous avons conquis avec tant de gloire. — Le gouvernement, s'était borné à dire le maréchal Soult, a été interpellé sur ses vues au sujet d'Alger; je dois répondre que l'on doit compter que le gouvernement fera tout ce qu'il doit pour l'honneur et la dignité de la France. » Ce n'était assurément pas là une déclaration bien significative.

Une année passe : le budget de la guerre est en discussion devant la Chambre des députés. Dans la séance du 20 mars 1832, le maréchal Clauzel, qui a reçu le bâton l'année précédente, pose résolûment en ces termes la question d'Alger : « Conserverez-vous ou non la conquête? Le ministère sera sans doute unanime avec nous sur une œuvre de la Restauration qui est vraiment digne et nationale; mais la politique qui se fait par élans généreux, par sentiments désintéressés, n'est pas beaucoup accueillie par le temps qui court. Entre l'héroïsme qui coûte et l'égoïsme qui rapporte, on ne balance plus guère, et le chiffre d'une action passe avant sa moralité. Comme il faut prévoir, je dois dire que la crainte même d'irriter la susceptibilité de quelque grande puissance ne pourrait servir d'excuse à l'abandon qu'on ferait d'Alger, car l'Europe souhaite, l'Angleterre désire que la France conserve cette colonie. » La réponse du maréchal Soult fut un peu moins brève, sans être plus explicite que celle qu'il avait faite l'année précédente à la Chambre des pairs : « Je ne viens, dit-il, contester ni combattre ce qui a été dit de favorable au sujet d'Alger. Mais le maréchal Clauzel, ainsi que les orateurs qui lui ont succédé, ont fait des questions sur lesquelles il ne m'est pas possible de répondre d'une manière péremptoire; je ne puis pas dire positivement ce qu'il en adviendra. Le fait est que nous occupons Alger, et qu'aucune des dispositions du gouvernement ne peut faire présumer qu'il ait l'intention de l'abandonner. » Le langage du ministre de la guerre ne satisfit pas les partisans de l'occupation : « S'il continuait à garder le silence, disait le lendemain l'un d'entre eux, il faudrait apporter ici l'expression du vœu national ; il faudrait du haut de cette tribune faire entendre cette vérité que le désir de la nation est qu'Alger reste une possession française ». Casimir Périer intervint ; après avoir établi que, sur un total de 14,371,000 francs, la dépense vraiment imputable à l'occupation n'était pas de six millions et demi, puisque l'entretien des mêmes troupes en France aurait absorbé le surplus, il ajouta : « Toutes les précautions sont prises pour que l'occupation militaire soit forte, qu'elle subsiste dans l'intérêt de l'honneur de la France et dans l'intérêt de l'humanité, qui est non-seulement celui de la France, mais encore celui de toutes les nations de l'Europe. »

Dans les calculs politiques auxquels donnait lieu la question d'Alger, il entrait toujours un facteur important, l'opinion de l'Angleterre. A ne juger que par le langage des journaux de Londres et par l'attitude jalouse, défiante, hostile même des agents consulaires de la Grande-Bretagne à Alger, à Oran, à Tunis, au Maroc, il était permis de croire que le sentiment du gouvernement anglais devait être, après comme avant la conquête, aussi mauvais, sinon pire; et de là, les malveillants ne manquaient pas d'inférer que, pour complaire à nos impérieux voisins, le gouvernement français leur avait fait d'avance le sacrifice de la terre conquise.

Dans cette imputation qui a été si souvent et si longtemps reproduite, il n'y avait pas un mot de vrai. Les rapports de la France et de l'Angleterre étaient tout différents de ce qu'ils avaient été vers la fin de la Restauration; en ce temps-là, l'intimité de la première avec la Russie était une menace pour la seconde; après la révolution de 1830, c'était la Russie qui nous était hostile et l'Angleterre qui s'offrait à notre alliance, et quand la révolution belge eut menacé l'Europe de la guerre générale, l'alliance fut faite. Il faut le dire une fois pour toutes, jamais la France n'a eu à repousser, jamais l'Angleterre n'a fait à la France, maîtresse d'Alger, de propositions injurieuses, encore moins exigeantes; les prétendus engagements personnels du roi Louis-Philippe au sujet de l'Afrique sont un odieux mensonge. Du côté de l'Angleterre, comme du côté de la France, les gouvernements étaient tacitement d'accord pour ne pas soulever la question algérienne. Dès le 27 novembre 1830, le prince de Talleyrand, ambassadeur à Londres, écrivait au général Sébastiani, ministre des affaires étrangères : « Quant à Alger, j'ai évité d'en parler ; j'aimerais bien que nos journaux en fissent autant. Il est bon qu'on s'accoutume à notre occupation, et le silence en est le meilleur moyen. Je crois que l'opinion a changé sur cette question en Angleterre, et que nous n'éprouverons pas d'insurmontables difficultés lorsqu'il s'agira de la traiter. » Pendant plus de quinze mois, le silence diplomatique, du moins le silence officiel, fut complet. « La discussion qui a eu lieu avant-hier aux communes, écrivait M. de Talleyrand, le 9 mars 1832, a reporté l'attention sur Alger, j'en éprouve quelque regret. Nous devons toujours préférer que notre possession sur la côte d'Afrique reste pour ainsi dire oubliée. » Le général Sébastiani répondait, le 14 : « Je pense comme vous, prince, qu'il faut éviter autant que possible de toucher à aucune des questions qui se rapportent à l'occupation d'Alger par les troupes françaises. Malheureusement, la conduite des agents consulaires de la Grande-Bretagne, dans cette partie de l'Afrique, est peu compatible avec le système de réserve et de ménagements dans lequel nous voudrions nous renfermer. Animés à notre égard d'une évidente malveillance qu'ils ne puisent certainement pas dans les instructions du cabinet de Londres, ils semblent se plaire à susciter des embarras à nos généraux ; ils s'opiniâtrent à vouloir donner à leurs attributions une extension qui pouvait se concilier avec le régime et le système de droit public d'un gouvernement mahométan, mais que repoussent nécessairement la forme et les principes de l'administration aujourd'hui établie dans la régence. Lorsque vous en trouverez l'occasion, sans vous exposer à susciter des discussions inopportunes, je vous prie de signaler confidentiellement cet état de choses à l'attention des ministres anglais, qui s'empresseront bien certainement d'y mettre un terme. » C'est à ce sentiment de réserve, pour ainsi dire internationale, qu'il faut attribuer, et c'est par lui qu'il convient d'expliquer la discrétion du gouvernement français dans les débats que la question d'Alger ne pouvait manquer de soulever dans les Chambres.

La combinaison imaginée par Casimir Périer pour le gouvernement d'Alger en partie double ne dura pas, dans la pratique, beaucoup plus de quatre mois. Le baron Pichon était entré en fonction le 19 janvier 1832, et tout de suite l'antagonisme avait éclaté. Avant l'arrivée de l'intendant civil, le commandant en chef avait fait prendre par le conseil d'administration un arrêté qui fut l'origine du conflit. L'intention qui avait dicté la mesure était en soi excellente. Étonné de la mauvaise installation des troupes, qui n'avaient jamais reçu de fournitures de couchage, le duc de Rovigo, avec la sollicitude d'un bon chef d'armée pour les besoins du soldat, s'était laissé persuader qu'il lui serait facile de procurer un matelas à chaque homme. Alger, lui disait-on, renfermait d'énormes quantités de laine; il n'y avait qu'à commander aux habitants de s'en dessaisir. Un arrêté du 7 janvier leur imposa une contribution de 4,500 quintaux payable soit en nature, soit en argent, à raison de 80 francs le quintal; c'était donc une valeur de 360,000 francs à prélever, soit 18 francs en moyenne par tête, sur les 20,000 indigènes, musulmans et Juifs, qui composaient la population de la ville. La municipalité, chargée de la répartition, s'acquitta de son devoir, ou plutôt y manqua, de la manière la plus inique. Les réclamations furent nombreuses, les rentrées difficiles, et les moyens de coaction déplorables. On était en plein dans le système turc. En fait, les versements en nature furent à peu près nuls, si bien que, pour se procurer la laine nécessaire, il fallut en faire venir de Tunis par l'intermédiaire d'un négociant, M. Lacroutz. L'affaire connue à Paris fit sensation. Le ministère, qui avait oublié de pourvoir au couchage des troupes d'Afrique, se hâta de passer un marché d'urgence avec la compagnie Vallée, chargée de l'entreprise des lits militaires, et annula comme inutile la décision prise par le duc de Rovigo. La première fois que l'intendant civil prit séance au conseil d'administration, on lui demanda de signer l'arrêté rendu douze jours avant son arrivée; il s'y refusa; quand vint l'ordre d'annulation, il fut le seul qui en réclama l'exécution immédiate; les désavoués refusaient d'obéir, sous prétexte que le retrait de l'arrêté serait pris comme une marque de faiblesse. Sur une dépêche itérative du ministre, il fallut se soumettre et restituer aux contribuables les sommes qu'ils avaient déjà versées dans la caisse du Domaine. Quant à M. Lacroutz, il fit à la compagnie Vallée cession de ses matelas et de ses laines.

Ainsi se termina, au profit du droit, mais au détriment de l'autorité, une affaire qui laissa dans le cœur du commandant en chef un ressentiment profond contre l'intendant civil. Cependant ils signèrent d'accord certains actes qui exigeaient le concours de l'un et de l'autre, soit pour déférer au conseil d'administration les recours contre les décisions judiciaires, soit pour régler l'état de la population maritime, qui, embarquée, était soumise à la police militaire, débarquée, à la police civile, soit encore pour continuer les travaux de la grande place qui, par une application obligée du système dualiste, dut être construite et décorée par les architectes civils sur les plans et tracés du génie militaire. Lorsque enfin, après une tension de quatre mois, la corde finit par se rompre, ce fut à propos d'une question bien secondaire, la nomination de l'*amin* des *mzabites*, pauvres gens qui, avec les *biskris*, avaient en quelque sorte le monopole des professions inférieures et des petits métiers. Aucun des deux ne voulant céder à l'autre, le conflit fut porté devant le président du conseil. C'était l'heure malheureuse où, dans Paris ravagé par le choléra, Casimir Périer était en proie au mal impitoyable; il résistait encore, mais il était perdu. Avec lui, avant lui, disparut le dualisme algérien que le maréchal Soult n'avait accepté qu'avec peine et seulement à titre d'expérience. Le 16 mai mourut le grand ministre; quatre jours plus tôt, le 12, une ordonnance avait replacé l'intendant civil sous les ordres du commandant en chef.

Au baron Pichon succéda, dans cette position réduite, un sous-intendant militaire, maître des requêtes au conseil d'État, M. Genty de Bussy. « C'était, a dit l'auteur des *Annales algériennes*, qui l'a bien connu, un homme d'esprit et de savoir-faire, qui sut bientôt se rendre à peu près indépendant du général en chef. Le duc de Rovigo, qui n'avait pu supporter les prétentions légitimes de M. Pichon, se soumit sans peine à l'ascendant de son successeur et toléra ses nombreuses usurpations. On vit bientôt le nom de M. Genty figurer dans les arrêtés à côté de celui du général en chef et sur le pied de l'égalité; ce qui prouve que si les positions font les hommes, il y a des hommes qui savent faire leur position. »

II

Le duc de Rovigo était arrivé en Afrique bien résolu à reprendre sur les Arabes l'autorité que son prédécesseur avait laissé perdre. L'agha Mahiddine, qui ne se dérangeait pas naguère pour rendre ses devoirs au général Berthezène, fut mandé à Alger avec les kaïds et les principaux cheikhs des tribus de la Métidja. Il ne s'en présenta guère qu'une dizaine; les autres s'excusèrent comme les invités du père de famille dans l'Évangile : les pluies étaient violentes, les cours d'eau débordés, etc. Comme le père de famille, le commandant en chef prit note de leurs excuses et se promit de leur en demander compte. En attendant, il festoya ceux qui étaient venus; après dix jours, l'agha Mahiddine reprit le chemin de Koléa avec force protestations de dévouement et promesses de paix, voire même de tribut.

Le duc de Rovigo était défiant, soupçonneux; à certains égards, il n'avait pas tout à fait tort de l'être. Il avait entre les mains toute une correspondance interceptée des notables de Blida, de Médéa, de Miliana, soit avec le Turc Ibrahim, qui s'était rendu maître, comme on sait, de la kasba de Bone, soit avec le sultan de Maroc, pour lui faire acte d'obéissance. Si l'agha et ses pareils étaient gens cauteleux, il y avait un personnage qui ne prenait pas la peine de dissimuler ses prétentions. Le promoteur de la grande insurrection contre le général Berthezène, l'hôte de Ben-Zamoun, le marabout Sidi-Saadi, avait fait faire au duc de Rovigo des propositions étonnantes : à condition qu'on voulût bien le nommer au commandement des Arabes, l'installer à la kasba d'Alger et lui permettre d'arborer le drapeau turc; en d'autres termes, si l'on voulait bien lui céder la place, il voulait bien, de son côté, promettre de payer une redevance à la France, d'assurer le maintien de la paix et de favoriser le commerce. Pour qu'une idée aussi extravagante eût pu traverser la cervelle d'un indigène, il fallait que fût tombé bien bas le prestige de l'autorité française. Il importait donc de le relever promptement et sûrement.

Alger, avec ses hautes murailles, n'avait rien à craindre des attaques du dehors, et, dans l'intérieur, la haine sourde des Maures était impuissante ; mais le Fhas était à peu près sans défense. En l'entourant d'une forte ceinture militaire, le duc de Rovigo voulut à la fois lui donner la sécurité et prouver à tous, Maures, Arabes et Kabyles, que l'établissement de la France en Afrique n'était pas un campement sous la tente, un jour déployée, repliée le lendemain. Des emplacements furent désignés, à Dely-Ibrahim, Tixeraïn, Birkhadem et Koubba, pour quatre camps permanents mis en communication par une route de ceinture et couverts par une ligne de blockhaus. Dès le commencement d'avril, les travaux de terrassement commencèrent et les baraquements furent entrepris. Le 1ᵉʳ bataillon de zouaves, à Dely-Ibrahim ; à Birkhadem, le second, firent des merveilles. Ces deux camps furent les premiers achevés et les mieux construits, avec la moindre dépense. Sauf le 4ᵉ de ligne, qui, pour la garde d'Alger, occupait les forts et la kasba, tous les autres corps étaient cantonnés ou campés.

La saison n'était pas avancée encore, et déjà les malades affluaient aux hôpitaux; sur quinze cents places, onze cents étaient occupées; d'urgence il en fallait préparer d'autres. L'ancienne maison de campagne du dey, près de Bab-el-Oued, dans une situation merveilleuse, avait été affectée comme résidence d'été aux commandants en chef. D'un mouvement généreux, le duc de Rovigo en fit abandon à l'intendance, et la somptueuse habitation devint le premier des hôpitaux militaires. Une autre transformation s'accomplissait en même temps : la mosquée de Hassan devenait l'église catholique. « Cette mesure, dit l'auteur des *Annales algériennes*, choqua beaucoup moins les musulmans qu'on n'aurait pu le croire, car notre indifférence religieuse était ce qui les blessait le plus. Ils furent bien aises que nous consentions enfin à prier Dieu. »

Jusqu'au mois d'avril, la tranquillité s'était maintenue; mais on touchait au ramadan, qui, en terre musulmane, est toujours une époque dangereuse; dans ce pays-là, c'est assez d'une étincelle pour allumer l'incendie, et c'est inopinément, d'ordinaire, que jaillissent les étincelles.

Un ennemi déclaré du bey de Constantine Ahmed, le *Cheikh El-Arab,* le plus grand chef du Zab oriental, dont Biskra est la principale oasis, Farhat-ben-Saïd avait envoyé à Alger une députation de neuf grands pour demander aux Français leur concours contre son adversaire. Sans prendre avec eux d'engagement, le duc de Rovigo leur avait fait le plus cordial accueil; le 5 avril, ils étaient repartis chargés, comblés de présents. Le même jour, un peu au delà de la Maison-Carrée, sur le territoire d'El-Ouffia, ils furent attaqués et dépouillés; revenus à Alger, ils se plaignirent. La tribu d'El-Ouffia n'avait pas bonne réputation; ce n'était pas la première fois que, dans le voisinage de son douar, des vols, des meurtres même avaient été commis; elle était de plus soupçonnée fortement de provoquer la désertion dans le bataillon de la légion étrangère établi à la Maison-Carrée. Il y avait donc contre elle un préjugé grave; une enquête sévère et prompte, le crime déféré à la juridiction militaire, telles étaient les mesures qu'aurait dû prendre aussitôt le commandant en chef. Malheureusement, à la justice il préféra la force, à l'équité française le procédé turc. Dans la nuit du 6 au 7 avril, trois cents chasseurs d'Afrique et trois cents hommes de la légion étrangère cernèrent le douar : tout fut saccagé; hormis quelques femmes et quelques enfants, tout fut tué; il y eut soixante-dix morts, parmi lesquels deux déserteurs allemands. « En pareil cas, disait un de ceux qui présidaient au massacre, il faut mettre son cœur dans sa poche. — C'était ainsi qu'on faisait au temps des Turcs », répétaient les autres. Assurément, mais alors pourquoi donc avoir dépossédé les Turcs ? Entre la facilité débonnaire et la répression sauvage, n'y avait-il aucun moyen terme ? Tout n'était pas fini; après la substitution de la violence à la justice, il y eut une odieuse profanation de la justice. Quatre hommes de la tribu avaient été par hasard épargnés, deux s'échappèrent, les deux autres passèrent en conseil de guerre. Les débats prouvèrent à peu près que ce n'étaient pas des Ouffia, mais des Khachna, qui avaient dépouillé les envoyés de Farhat : les accusés devaient donc être absous, ils furent déclarés coupables; les acquitter, c'eût été reconnaître implicitement l'innocence des Ouffia et condamner la précipitation du général en chef; l'un des juges osa faire publiquement cet indigne aveu. Au

moins s'attendait-on à la grâce; le duc de Rovigo
s'y refusa durement; un exemple, disait-il, était
nécessaire. Les malheureux furent exécutés. Ce ne
fut pas tout; pour compromettre encore plus, dans
sa détestable cause, ceux qui avaient été les exé-
cuteurs de ses ordres, il leur fit distribuer le prix
du sang, l'argent produit par la vente des troupeaux de la tribu détruite : aux chasseurs d'Afrique, 14,000 francs; 10,000 à la légion étrangère,
800 aux guides arabes qui avaient conduit la colonne.

C'était fini de la paix. Mis en suspicion par le
général en chef, ce n'est pas l'agha qui pouvait
être tenté de sacrifier à l'autorité française, ni
même d'employer en sa faveur la grande influence
qu'il exerçait personnellement sur les Arabes. Le
massacre d'El-Ouffia avait eu un lointain reten-
tissement; des représailles se préparaient. Le
25 mai, devait commencer une grande opération
mi-partie agricole et militaire; sous la protection
de deux bataillons d'infanterie et d'une batterie de
montagne, le 1er régiment de chasseurs d'Afrique
allait faucher les foins magnifiques qui foison-
naient aux environs de la Maison-Carrée, sur les
deux rives de l'Harrach, et pour le transport desquels l'intendant militaire avait fait marché avec

les cheikhs de Beni-Khelil, de Beni-Mouça et de Khachna. Le 24, au point du jour, vingt-cinq hommes de la légion étrangère et vingt chasseurs d'Afrique étaient envoyés en reconnaissance dans la plaine; le commandant Salomon de Musis, de la légion, et un officier du génie marchaient avec eux; une compagnie de grenadiers venait assez loin en arrière. A une lieue de la Maison-Carrée, au coin d'un petit bois, la reconnaissance déboucha tout à coup en face d'une grosse troupe d'Arabes masqués auparavant à sa vue par le taillis. Il y avait là un marabout; le commandant y adossa son infanterie en lui recommandant de tenir ferme jusqu'à l'arrivée des grenadiers, dont il allait, avec les chasseurs d'Afrique, presser la marche. A peine se fut-il éloigné que les Arabes attaquèrent; malheureusement, après avoir fait une décharge qui coucha par terre une vingtaine d'hommes et de chevaux, les fantassins de la légion s'imaginèrent que dans le bois la résistance leur serait plus facile; pas un d'eux ne put y arriver; dans l'intervalle, ils furent atteints et massacrés tous. Heureux de ce succès, les Arabes, malgré la supériorité du nombre, n'attendirent pas le sabre des chasseurs ni le feu des grenadiers qui arrivaient au pas de course. A la nouvelle de cette cruelle aventure, l'opération des foins fut contremandée par le général en chef, et il fit hâter la construction de trois redoutes nouvelles entre la Ferme modèle et la Maison-Carrée. Tous les anciens ouvrages furent armés d'artillerie, et les blockhaus de fusils de rempart; un service de télégraphie fut organisé entre les avant-postes et avec Alger.

On ne tarda pas à savoir que le guet-apens du 24 mai devait être attribué, non aux tribus de la Métidja, mais à des Amraoua et à des Isser, venus de l'autre versant des montagnes qui bornent la plaine à l'est. Une expédition fut aussitôt organisée sous le commandement du général Buchet pour aller châtier les Isser; douze cents hommes pris également dans le 4ᵉ, le 10ᵉ de ligne et la légion étrangère, cent zouaves et quinze artilleurs avec deux obusiers de montagne, s'embarquèrent, le 10 juin, sur les frégates *Calypso* et *Zélée*, le brick *Zèbre* et les bâtiments à vapeur *Pélican* et *Rapide*. Le capitaine de vaisseau Cosmao commandait cette petite escadre. La mission du général Buchet était étroitement limitée; il ne pouvait tenter qu'une surprise; un débarquement de vive force lui était interdit. Dans ces conditions, il n'y avait rien à faire; de tous les points de la côte l'escadre était vue, l'ennemi par conséquent averti, sur ses gardes;

la nuit venue, les deux versants de la vallée de l'Isser s'éclairèrent d'une multitude de feux. Il n'y avait plus qu'à virer de bord; pendant le retour, c'était entre les loustics de régiment une dispute à qui remercierait le général en chef de la jolie partie de plaisir avec illuminations et promenade en mer qu'il avait eu la bonté d'organiser en leur faveur. Il y avait des gens qui, d'un bout de la plaine à l'autre, se moquaient encore davantage, c'étaient les indigènes. L'expédition manquée était une faute dont la responsabilité retombait en plein, non sur le général Buchet, mais sur le commandant en chef. Il fallait s'attendre à une grande prise d'armes.

Le lieutenant général d'Alton venait d'être envoyé par le ministre de la guerre à Alger pour prendre, sous la direction supérieure du duc de Rovigo, le commandement de la division; à tour de rôle, chacun des trois maréchaux de camp placés à la tête des brigades devait surveiller pendant quinze jours, à Birkhadem, le service des avant-postes. Les troupes ravagées par la fièvre étaient de moins en moins en état d'y suffire. Dans la dernière quinzaine de juillet, il y avait plus de trois mille hommes aux hôpitaux; un mois après, plus de quatre mille; la mortalité heureusement était faible en proportion du nombre des malades. Il fallut évacuer presque entièrement les postes les plus malsains, et chercher en arrière de la Ferme modèle et de la Maison-Carrée quelques emplacements un peu moins insalubres.

« Nous sommes menacés d'une attaque qui ne nous inquiète guère, nous autres qui savons ce que c'est, écrivait, le 10 août, un officier d'état-major ; mais le duc de Rovigo en perd la tête ; il devient fou par l'approche d'un danger qu'il s'exagère. Hier, dans une espèce de conseil où nous étions une vingtaine, il a sérieusement parlé de mettre dans les vasques des fontaines qui sont sur la route par où nous sortirons en cas d'attaque, de l'eau-de-vie et du sucre, de façon à faire une espèce de grog que les soldats boiraient en passant, le tout pour les empêcher de se gorger d'eau. Il nous a conté dix autres absurdités de la même force. Je l'ai vu beaucoup depuis quelques jours, parce que le général Trézel avait mal au pied et que j'allais au rapport à sa place. Où diable Bonaparte avait-il pêché ce ministre-là ? Et pourtant cet homme a fait ici de bonnes choses, mais la peur lui fait tourner la tête, et puis il est d'une telle versatilité que trois ou quatre fois dans un jour il change d'avis et d'idée. »

Tandis que le duc de Rovigo menaçait de tomber au niveau du général Berthezène, tout semblait avoir rétrogradé d'un an avec lui; on revoyait, comme en 1831, Sidi-Saadi proclamant la guerre sainte, Ben-Zamoun descendant des montagnes, toutes les tribus se levant à la fois. La seule différence était qu'il y avait un agha, et que cet agha jouait un jeu double, d'un côté tendant la main à l'insurrection, de l'autre se faisant auprès des Français un mérite de leur révéler ce que tout le monde savait et voyait. Enfin, au moment de quitter Koléa pour se joindre aux insurgés, il envoya au duc de Rovigo son lieutenant Hamida, avec la protestation d'un dévouement qui, momentanément paralysé par la violence, ne désespérait pas de pouvoir faire encore ses preuves. L'artifice était trop grossier, la manœuvre trop impudente. Ce fut le malheureux Hamida qui en porta la peine; jeté en prison, menacé du conseil de guerre, il mourut, dit-on, de frayeur. Tout ce qu'il y avait de valide dans les troupes était prêt à marcher au dehors pour la défense d'Alger. Un arrêté du 21 septembre institua une garde nationale; tous les Français depuis vingt ans jusqu'à soixante étaient appelés à en faire partie; quatre compagnies de cent hommes furent mises immédiatement sur pied, avec un peloton de trente gardes à cheval pour le service des ordonnances. Ce même jour, dans une reconnaissance poussée par les chasseurs d'Afrique aux environs de la Maison-Carrée, l'un des principaux instigateurs de l'insurrection, Ben-Ouchefoun, kaïd de Beni-Mouça, fut tué d'un coup de pistolet par le lieutenant de Signy. Le 23, une alerte au camp de Dely-Ibrahim faillit causer une affaire entre les généraux de Brossard et de Faudoas. « Je ne suis pas responsable des sottises de votre beau-frère », avait dit le premier au second. Le soir même, le beau-frère leur fit écrire à tous deux que celui qui provoquerait l'autre serait embarqué sur l'heure. Quelques jours après, par esprit d'équité sans doute, il voulut confier à chacun d'eux le commandement d'une colonne active; la plus nombreuse même fut pour le général de Brossard.

Haouch-Souk-Ali, à l'est de Boufarik, était le quartier général des insurgés ; le 1er octobre, le général de Faudoas reçut l'ordre de les aller surprendre. Sa colonne comprenait trois bataillons du 10e léger, une compagnie du 67e, le 2e bataillon de zouaves, une compagnie de sapeurs, une section d'artillerie, deux escadrons de chasseurs d'Afrique, une section d'ambulance, en tout, seize cents hommes. Le rendez-vous était donné pour neuf heures du soir au pont de l'Oued-Kerma, en avant de la Ferme modèle. A minuit, le général fit faire une courte halte à Birtouta, puis la marche fut reprise, un escadron de chasseurs en avant, suivi du bataillon de zouaves. Vers une heure du matin, on entendit quatre ou cinq coups de fusil. L'ennemi, qu'on allait chercher bien loin, avait épargné à la colonne la moitié de la route; il était venu s'embusquer au marabout de Sidi-Haïd, et c'était un de ses postes avancés qui venait de faire feu. On ne s'en inquiéta guère, tant on était convaincu qu'on allait le surprendre à Souk-Ali.

La nuit était très-sombre; entre quatre et cinq heures, le général de Faudoas venait d'envoyer au commandant Marey, des chasseurs, l'ordre d'obliquer à gauche, lorsque le capitaine Saint-Hypolite, qui conduisait l'avant-garde, accourut à toute bride en criant : « C'est ici qu'ils sont; ils sont à cinquante pas. » Au même instant, une violente décharge éclate à bout portant sur l'avant-garde. Beaucoup de chevaux sont abattus; les autres effrayés se cabrent, se défendent, pirouettent, reculent, se rejettent sur le petit bataillon de zouaves que le commandant Duvivier vient de former en carré. Trois des faces sont enfoncées, heureusement la première tient bon et de son feu contient les Arabes ; les trompettes sonnent le ralliement, puis la charge, les officiers de chasseurs se jettent en avant, appelant leurs hommes ; c'est une vraie charge arabe, éparpillée, en désordre ; cependant elle réussit. L'ennemi n'a su profiter ni de la surprise ni de la nuit qui faisait sa force ; le jour va poindre ; on se reconnaît, le péril est passé. Cette échauffourée, qui aurait pu tourner à la déroute, ne fut pas sanglante. Il n'y eut du côté des Français que sept morts et quatorze blessés. Les Arabes s'étaient enfuis par le défilé de Boufarik : le général de Faudoas ne voulut pas s'y engager à leur suite ; quand il eut fait lancer quelques obus pardessus le marais dans les broussailles, il ordonna la retraite ; alors, selon l'usage, l'ennemi reparut. Les troupes, qui n'avaient pas encore l'expérience d'un vrai combat arabe, en virent se succéder toutes les phases : les groupes de cavaliers accourant d'abord, drapeaux en tête, les hommes de pied, parfois trois ensemble, accrochés à la selle ou à la queue des chevaux ; puis autour des drapeaux arrêtés subitement, les premiers au galop lâchant leur coup de fusil, puis encore, couchés sur l'encolure du cheval, achevant le cercle en rechargeant leur arme, pendant que les fantassins embusqués derrière les haies, les pierres, les buissons, les arbres, font le coup de feu à main posée. Une charge des chasseurs, régulière, bien conduite, acheva de venger le demi-échec du matin. Les cavaliers s'enfuirent, abandonnant les hommes de pied qui perdirent une centaine d'hommes, et laissant deux drapeaux aux mains des vainqueurs. Après un repos de deux heures, la colonne reprit le chemin de Birkhadem, où elle arriva le soir.

Cette même nuit, qui avait mené à la surprise de Sidi-Haïd le général de Faudoas, avait égaré le général de Brossard à la recherche de Koléa. Sa colonne, composée de trois bataillons du 4ᵉ de ligne, du 1ᵉʳ bataillon de zouaves, de deux escadrons de chasseurs d'Afrique, de quatre obusiers de montagne et d'une section de mulets de bât, était forte de deux mille trois cents hommes. C'était l'escorte d'une lettre du commandant en chef, ou plutôt d'une sorte de mandat d'amener au nom de l'agha Mahiddine, que l'on s'attendait à trouver encore à Koléa, de même que, sur un autre point, on s'attendait à trouver les Arabes à Souk-Ali. Après être partie de Dely-Ibrahim, le 1ᵉʳ octobre, à huit heures du soir, la colonne, mal dirigée par les guides, n'arriva sous Koléa que le 2, à onze heures du matin. Elle vit venir au-devant d'elle une députation précédée d'un drapeau blanc ; mais, en même temps que s'avançait ce groupe pacifique, on apercevait une centaine d'hommes armés qui sortaient de la ville et s'esquivaient au plus vite. Au dire du marabout, chef de la députation, ces hommes étaient des Kabyles dont l'arrivée des Français débarrassait heureusement la cité. Le général de Brossard ne parut pas convaincu ; il prit pour otages le marabout lui-même avec le cadi et deux des notables, déposa correctement entre les mains des autres la lettre adressée à l'agha, fit ramasser aux environs quelque trois cents têtes de gros bétail et se remit en chemin. On ne voyait pas trace d'ennemis ; les seuls coups de feu qu'on entendait étaient tirés sur des bœufs qui s'échappaient ; cependant deux zouaves, qui étaient restés en arrière, furent massacrés la nuit suivante. La colonne, très-fatiguée, ne rentra dans ses cantonnements que le 3 octobre.

Pendant la marche, un acte étonnant d'insubordination avait été commis publiquement par le colonel du 4ᵉ de ligne. Il avait demandé au général de Brossard un guide pour son deuxième bataillon qui devait être séparé du premier par l'artillerie ; sur le refus du général, le dialogue suivant s'était engagé devant la troupe : « Alors, mon général, vous marcherez avec le bataillon, et, s'il s'égare, j'en rendrai compte. — Taisez-vous, colonel; on ne parle pas de la sorte. Un colonel devant son régiment!... — J'en rendrai compte. — Vous garderez les arrêts vingt-quatre heures. — J'en rendrai compte. — Quarante-huit heures. — J'en rendrai compte. » Ainsi de suite jusqu'à quinze jours d'arrêts. Trois jours après, les arrêts du colonel étaient levés par le commandant en chef, et le général de Brossard demandait à rentrer en France.

III

Le combat de Sidi-Haïd parut d'abord avoir des suites heureuses. Dès le 5 octobre, on vit arriver de tous les points des députations envoyées par les tribus pour faire leur soumission et demander la paix. Ben-Zamoun s'était retiré chez les Flissa en déclarant qu'il ne voulait plus se mêler de rien. L'agha Mahiddine avait cherché asile dans les montagnes des Beni-Menad, d'où il adressait au commandant en chef des explications embarrassées sur sa conduite. Le duc de Rovigo, enivré de sa victoire, continuait d'agir à la turque. Il frappa d'une contribution de 200,000 piastres fortes les deux villes de Blida et de Koléa. La seconde, ou plutôt la famille Mbarek, dont les deux principaux membres avaient été emmenés comme otages par le général de Brossard, paya 10,000 francs, et ce fut tout. Les gens de Blida, qui prétendaient avoir fermé leurs portes à l'agha, commencèrent par se dire insolvables, puis ils promirent de payer et ne payèrent point, essayant de gagner le temps où les pluies rendraient la contrainte d'une exécution trop difficile. Le duc de Rovigo, pénétrant leur dessein, donna l'ordre de hâter les poursuites.

Le 24 novembre, une colonne de 3,200 hommes, composée de quatre bataillons du 4e de ligne et du 10e léger, du 2e bataillon de zouaves, d'une batterie de campagne pourvue de fusées à la Congrève, d'une compagnie de sapeurs, de quatre escadrons de chasseurs d'Afrique, d'une section d'ambulance et d'un convoi de vivres, partit sous les ordres du général de Faudoas qu'accompagnait le chef d'état-major général Trézel; à cinq heures du soir, elle prenait position devant Blida. Cinq ou six pauvres hères se présentèrent aussitôt, de petits drapeaux blancs à la main; ils assuraient que tout ce qu'il y avait de riche ou d'aisé s'était enfui. Le lendemain, le général fit occuper les portes et les mosquées. Les gens de la veille avaient dit vrai : la ville était déserte, le pillage ne produisit à peu près rien ; mais on savait que les riches, dans les moments difficiles, avaient l'habitude de cacher leur avoir au fond d'une gorge de l'Atlas, dans le village de Sidi-Rouïa-el-Kebir, à deux ou trois kilomètres. Le général Trézel, qui voulait reconnaître le pays, se chargea de diriger en même temps les perquisitions ; il prit avec lui un bataillon du 10º léger, les zouaves et une section d'artillerie. A l'approche du détachement, les petits drapeaux blancs s'agitèrent en vain ; le village fut occupé ; les hommes avaient disparu ; un assez grand nombre de femmes étaient entassées dans deux maisons. En fouillant çà et là, on découvrit des amas de cartouches et des pièces d'armes qui avaient appartenu à des fusils de munition. Alors, tous les coffres, tous les tapis, tous les paquets de hardes qu'on put trouver furent saisis, portés devant le front du détachement et distribués à la troupe ; il y en avait pour une valeur d'une trentaine de mille francs. Au retour, il y eut les coups de fusil auxquels on devait s'attendre ; mais les dispositions de retraite avaient été bien prises ; il n'y eut que cinq blessés, un seul grièvement. Pendant ce temps, le génie avait ouvert de larges brèches dans l'enceinte de Blida. Le 23 novembre, les troupes étaient rentrées dans leurs cantonnements sans avoir rencontré aucun groupe hostile dans la plaine. Cette course, qui n'avait eu pour objet et pour résultat que le pillage, ne fut pas jugée satisfaisante à Paris; le duc de Rovigo en reçut même un blâme.

Avec l'expédition de Blida s'acheva l'existence du 2ᵉ bataillon de zouaves, qui n'était ressuscité que pour mourir encore. Le recrutement des indigènes était de plus en plus difficile. Dès le mois de mai, un avis ministériel avait autorisé le commandant en chef à fondre les deux bataillons en un seul qui pourrait être porté à huit ou dix compagnies de cent hommes, officiers non compris; de ces compagnies, la première et la dernière seraient entièrement composées de Français, les autres d'indigènes, sauf une demi-escouade française choisie parmi les meilleurs sujets du corps; pour les besoins religieux des indigènes, il y aurait un *moueddine,* avec rang et solde de sous-lieutenant. Cette refonte des zouaves fut effectuée au mois de décembre 1832. Le commandement du bataillon unique avait été offert au commandant Duvivier; c'était d'après ses conseils que la réorganisation s'était faite; cependant il refusa et demanda, pour raison de santé, son renvoi en France avec un congé de six mois. Le commandant Kolb, qui avait remplacé Maumet à la tête du 1er bataillon, fut nommé, sur son refus. La lettre que Duvivier écrivit à cette occasion, le 11 décembre, au duc de Rovigo, est curieuse; le fond est d'un homme qui sent sa valeur, qui est mécontent, qui se plaint, mais qui serait désolé d'être pris au mot; la forme est grave, solennelle, emphatique : « Les fatigues sans nombre que j'ai éprouvées depuis l'entrée des Français en Afrique m'ont affaibli physiquement et intellectuellement au delà de ce que je puis exprimer. Depuis deux ans environ, je fournis vingt heures de travail ou de marche par jour. La fièvre cérébrale que j'ai endurée au camp cet été a laissé chez moi des traces profondes; ma tête n'est plus constamment à moi; en un mot, je suis bien déchu du peu que je valais. Je n'ose considérer la nouvelle tâche qui m'est imposée; je dois vous le dire et la décliner. Depuis longtemps, mon général, j'en avais prévenu; j'attendais la nouvelle organisation pour le déclarer positivement. Je voulais approcher le plus possible de celle-ci pour soutenir jusqu'au bout les intérêts de mon ancien bataillon; mais la décision qui vient de nous réunir a été si subite que je n'ai pas pu, dans le moment, penser à ma position particulière. Obtenir une convalescence de six mois avec solde pour rentrer définitivement en France, telle est la faveur que je réclame de vous, mon général. La présence du commandant Kolb vous donnera toute facilité ; qu'il reprenne immédiatement un commandement qu'il regrette et qui lui plaît. Je resterai quelque temps encore à Alger pour remettre les comptes d'un bataillon que j'affectionnais et qui n'est plus. Ensuite, et je vous le devrai, je reposerai sur le sol de la patrie une tête dont les Kabyles ici n'ont pas voulu. » Avec le commandant Kolb, vieux soldat honnête et brave, mais rien davantage, l'avenir des zouaves était bien compromis : heureusement il leur restait La Moricière.

Que devenait cependant l'administration civile? Le successeur amoindri du baron Pichon, M. Genty de Bussy, faisait beaucoup de bruit et de besogne; mais le bruit assourdissait les gens, et la besogne n'en était pas meilleure. L'intendant civil était grand paperassier ; dans le rapport d'une commission d'enquête, dont il sera fait mention plus tard, son administration a été jugée en ces termes : « Activité peu féconde en résultats utiles, souvent imprudente et dommageable. » Parmi les résultats utiles, il y en a trois qu'on peut particulièrement citer : d'abord, un arrêté du 15 août, qui réformait le régime judiciaire établi par le général Clauzel et renvoyait à une cour criminelle, composée des membres de la cour de justice et du tribunal correctionnel réunis, la connaissance des crimes commis par des Français ou des étrangers; ensuite l'établissement des deux villages européens de Dely-Ibrahim et de Koubba, construits pour abriter quelques centaines d'émigrants allemands et suisses qui, depuis un an, traînaient leur misère dans les faubourgs d'Alger. Ce second essai de colonisation ne fut pas beaucoup plus encourageant que celui de la Ferme modèle, qui avait été le premier. Pour l'emplacement des deux villages, M. Genty de Bussy avait choisi des terrains séquestrés dont les propriétaires étaient connus; bien des réclamations s'élevèrent, mais elles ne le troublèrent pas. Il avait d'ailleurs, en matière de propriété, des idées aussi simples, aussi absolues et aussi sommaires que les procédés turcs du duc de Rovigo en matière de gouvernement. Comme, dans l'ignorance où le domaine était de ce que lui avait laissé le beylik, c'était une difficulté presque inextricable de discerner les biens qui devaient lui appartenir, l'intendant civil aurait volontiers pris un arrêté qui eût attribué à l'État toutes les terres sans exception, sauf aux particuliers à faire valoir leurs droits. A défaut de cette vaste opération, M. Genty de Bussy institua, le 1er mars 1833, une commission chargée de la vérification de tous les titres de propriété; c'était déjà beaucoup entreprendre, d'autant plus que, pour une tâche aussi considérable, les vérificateurs n'étaient pas plus de quatre.

Au moment où, sur la proposition de l'intendant civil, le duc de Rovigo signa de confiance cet arrêté comme beaucoup d'autres, il s'apprêtait à passer en France pour se faire soigner d'une affection cancéreuse dont il souffrait à la gorge. Afin de pourvoir aux incidents qui pourraient se produire pendant son absence, laquelle d'ailleurs, à son estime, ne devait pas être longue, il donna aux troupes une organisation nouvelle. Les généraux d'Alton, de Feuchères, Buchet, de Brossard et de Faudoas étant successivement rentrés en France, la plupart des maréchaux de camp étaient nouveaux en Algérie. Le général Danlion continua de commander la place d'Alger avec une petite garnison composée d'un bataillon de vétérans et des compagnies de discipline. Les troupes actives furent réparties de la manière suivante : première brigade, sous le général de Trobriant, les deux bataillons d'infanterie légère d'Afrique, le bataillon de zouaves, le 1ᵉʳ régiment de chasseurs d'Afrique; deuxième brigade, sous le général Avizard, le 10ᵉ léger et la légion étrangère; troisième brigade, sous le général Bro, le 4ᵉ et le 67ᵉ de ligne.

L'intention du duc de Rovigo était de reprendre en 1833 sur une grande échelle la récolte des foins, que l'insurrection avait empêchée l'année précédente. Il avait tracé sur la carte une courbe qui, partant, à gauche, du fort de l'Eau, au-dessous de la Maison-Carrée, passait par Haouch-Rassauta, coupait obliquement la plaine du nord-est au sud-ouest et venait par Birtouta se terminer à Douéra. Une enceinte palissadée, destinée à recevoir la récolte, fut ajoutée au fort de l'Eau, que le génie mit en état de recevoir une garnison permanente et que l'artillerie arma de fusils de rempart. Haouch-Rassauta fut approprié au logement de la cavalerie, qui pendant la fenaison devait occuper ce poste, à côté des campements marqués pour l'infanterie de la première brigade et pour l'artillerie. Entre Haouch-Rassauta et la Maison-Carrée, une ligne de communication défilée de la plaine était indiquée sur le revers nord des collines qui bordent la mer.

Malheureusement le duc de Rovigo venait de tacher encore une fois son commandement par une exécution qui rappelait l'odieux souvenir d'El-Ouffia. Parmi les chefs arabes qui affectaient de se tenir loin d'Alger, deux surtout, El-Arbi-ben-Mouça, ancien kaïd de Beni-Khélil, et Meçaoud-ben-Abd-el-Oued, kaïd d'Es-Sebt, c'est-à-dire de la plaine Hadjoute, irritaient les ressentiments du commandant en chef. Voulant à tout prix les attirer sous sa griffe, il adressa au kaïd de Khachna, leur ami, une lettre qui pour eux devait avoir la valeur d'un sauf-conduit; les termes, au témoignage de l'interprète qui l'avait écrite, étaient aussi nets et aussi explicites que possible. Ils vinrent; à peine arrivés, ils furent arrêtés, jetés en prison, traduits devant un conseil de guerre. Le kaïd de Khachna, indigné, demandait qu'on lui fît partager leur sort. De toute part venaient des lettres de sollicitation en leur faveur. Arrêtés au mois de décembre 1832, ils furent jugés, condamnés, exécutés au mois de février 1833. Comme dans l'affaire d'El-Ouffia, les juges craignirent, en absolvant les accusés, de condamner le commandement en chef; ils le condamnèrent bien plus sûrement et se condamnèrent eux-mêmes, complices d'une perfidie, coupables avec lui de la foi violée. Longtemps parmi les Arabes les noms d'El-Arbi et de Meçaoud furent invoqués et servirent de cri de guerre à leurs prises d'armes.

IV

D'Alger passer à Bone, c'est passer tout à coup de Machiavel à l'Arioste, de la réalité morose aux aventures héroïques d'un roman de chevalerie. Depuis le mois de septembre 1831, depuis le jour fatal qui avait vu la fin tragique du capitaine Bigot et du commandant Huder, les gens de Bone, trompés par le Turc Ibrahim, l'auteur du guet-apens, rançonnés par lui, sous la menace du canon de la kasba, n'osaient même pas quitter la ville, car ils redoutaient encore plus Ben-Aïssa, le lieutenant d'Ahmed, bey de Constantine, qui, campé sous leurs murs, les attendait au dernier morceau de pain. Il y avait quatre mois qu'ils étaient courbés sous cette double terreur; à bout de force, mourant de faim, ils invoquèrent encore une fois ces Français qu'ils avaient laissé si misérablement trahir. Ibrahim lui-même, n'ayant plus rien à donner à ses hommes, associa impudemment ses propres sollicitations aux leurs. Vers la fin du mois de janvier 1832, quatre députés de Bone débarquèrent dans le port d'Alger, apportant les vœux de leurs compatriotes avec ceux du maître de la kasba. A l'égard d'Ibrahim, le duc de Rovigo prit le parti de dissimuler; rentrer dans Bone était le plus urgent; plus tard on verrait à lui faire couper la tête. Il lui écrivit donc comme à un ami, lui offrant même, en cas de mauvaise fortune, un asile. Cette lettre lui devait être remise par le capitaine Jusuf, des chasseurs d'Afrique, un coreligionnaire. Embarqués sur la goëlette *Béarnaise*, Jusuf et les quatre députés arrivèrent, le 8 février, à dix heures du soir, dans la rade de Bone. La lueur des coups de canon tirés de la kasba illuminait par instants les montagnes et la mer. C'était ainsi toutes les nuits, afin de tenir les gens de Constantine à distance. Le lendemain, dans la kasba, en présence d'Ibrahim, du meufti, du cadi, des grands de Bone, les députés rendirent compte de leur mission; on lut les lettres du grand chef d'Alger. Tous, à l'exception d'Ibrahim, réclamèrent avec instance l'envoi d'une forte garnison française. Après s'être borné d'abord à demander seulement un consul, quelques artilleurs musulmans et des vivres, Ibrahim, dompté par la faim, consentit à promettre de se conduire en sujet de la France, jusqu'à la réponse du chef d'Alger aux demandes des grands. De retour auprès du duc de Rovigo avec ces nouvelles de bon augure, Jusuf fut immédiatement renvoyé à Bone, mais non plus seul. Un officier d'artillerie, le capitaine d'Armandy, qui parlait l'arabe et qui connaissait bien les Turcs, aussi familier que le commandant Huder avec les choses d'Orient, mais plus énergique, avait été désigné comme chef de mission; entre lui et Jusuf mis sous ses ordres, l'entente ne cessa pas d'être parfaite. Elle s'établit pareillement, à bord de la goëlette *Béarnaise*, avec le commandant Fréart, homme de résolution et d'initiative. Une felouque, chargée de farine et de riz, suivait la goëlette à la remorque. Le capitaine d'Armandy avait ordre de ne délivrer, surtout aux gens d'Ibrahim, ces moyens de subsistance que successivement, de quatre jours en quatre jours.

Les deux officiers, surtout le secours qu'ils apportaient, étaient impatiemment attendus; quand ils débarquèrent, le 29 février, la Marine était envahie par la foule, dont les acclamations mêlées aux salves d'artillerie les suivirent jusqu'aux portes de la kasba, où les attendait Ibrahim. Les affaires allaient donc au gré de celui-ci : car il lui arrivait des vivres dont il avait besoin, et non des troupes dont il se défiait. Le duc de Rovigo ne s'était pas décidé à en envoyer encore. Le soir même, Jusuf reprenait la mer, ayant mission d'acheter des chevaux à Tunis. Le capitaine d'Armandy restait seul, dans une masure ouverte, près de la mer, avec trois hommes. Après le massacre de Huder et de Bigot qui en avaient cent vingt-cinq, c'était hardi. Il demeura ainsi plusieurs jours, visitant les fortifications, donnant des conseils, encourageant les uns et les autres. Ibrahim, pour preuve de sa constance, lui montrait avec orgueil un chapelet de têtes kabyles suspendues à la porte de la kasba. Du terre-plein de la citadelle, on apercevait le camp de Ben-Aïssa, séparé de la ville par un marais.

Dans la nuit du 4 au 5 mars, à la faveur d'une fausse attaque dirigée contre la porte de Constantine, l'ennemi s'introduisit dans la place par une brèche du front de mer. La plupart des habitants se réfugièrent dans la grande mosquée; d'autres s'échappèrent du côté de la Marine. Le capitaine d'Armandy, réveillé par eux, ne s'inquiéta pas d'abord de la panique; le bruit du canon, qui ne cessait pas de tirer à l'autre bout de la ville, contribuait à lui donner confiance; mais, vers quatre heures du matin, il entendit le crieur de Ben-Aïssa promettre aux gens de Bone la miséricorde de Dieu et du Prophète; les terrasses voisines étaient couvertes de gens armés; il n'eut que le temps de courir à la mer avec ses trois canonniers, de se jeter dans un canot et de gagner à force de rames la felouque. Bone était pris, mais non la kasba.

Louvoyant dans la baie des Caroubiers, le capitaine reçut d'abord une communication d'Ibrahim, qui réclamait des vivres, puis une autre de Ben-Aïssa, qui lui proposait une entrevue. Sans hésiter, il accepta, et le lendemain, s'étant fait mettre à terre, il s'en alla seul, à cheval, au camp ennemi. Ben-Aïssa, Kabyle d'origine, n'était pas un barbare; à Tunis, où il avait résidé quelque temps, il avait pris les formes de la politesse turque. Il commença par s'excuser du désordre que ses gens avaient fait, malgré sa défense, dans la maison de l'officier français et par promettre que tout ce qui lui appartenait lui serait rendu; puis il entama une question plus grave. A l'entendre, Ahmed, bey de Constantine, n'aurait été qu'un ami méconnu de la France, avec laquelle il désirait si passionnément s'entendre que c'était pour cette seule raison qu'il avait voulu se rendre maître de Bone, afin de communiquer plus aisément avec elle ; cependant son amitié n'allait pas jusqu'à une soumission dont ses sujets ne s'accommoderaient certainement pas. A cette sorte d'avance, le capitaine d'Armandy, qui ne cherchait qu'à gagner du temps, répondit en demandant pour Ibrahim, ami de la France, lui aussi, une suspension d'armes. Après avoir fait quelques difficultés, Ben-Aïssa finit par y consentir. Il fut convenu que, de part et d'autre, on prendrait les ordres d'Alger et de Constantine.

Vingt jours se passèrent ainsi : pour Ibrahim, dans l'indécision de ce qu'il devait faire, ou rester dans la kasba au milieu de sa garnison dont il n'était plus sûr, ou se réfugier avec sa famille auprès du capitaine; pour celui-ci, dans l'attente fiévreuse de la goëlette *Béarnaise,* qu'il était surpris chaque matin de ne pas voir revenue pendant la nuit au mouillage. La mer était mauvaise; la goëlette, retardée par les vents, n'arriva que le 26 mars. Aussitôt M. d'Armandy se rendit à bord, fit connaître au commandant Fréart l'état des choses et lui persuada sans peine de demeurer en rade, en faisant partir pour Alger un bateau du pays avec ses dépêches. Il était temps; car dans une nouvelle conférence, provoquée le même jour par Ben-Aïssa, il déclara que la suspension d'armes n'avait fait que le compromettre auprès d'Ahmed, et que l'ordre lui était venu de reprendre les hostilités. Jusuf était revenu de Tunis; le capitaine d'Armandy, lui et le commandant Fréart reconnurent sans hésitation et de concert la nécessité de sauver à tout prix la kasba : il fut convenu qu'un détachement de marins serait mis par le commandant à la disposition des deux autres.

Il restait à connaître le sentiment d'Ibrahim et de ses Turcs. Le capitaine et Jusuf se rendirent à la kasba. Quand ils eurent proposé au chef de se retirer à bord de la goëlette et de leur laisser le soin de la défense, il s'éleva des rumeurs, puis une contestation vive, puis un bruyant tumulte; des clameurs les partis qui divisaient la garnison faillirent passer aux violences; la vie des deux officiers, leur liberté du moins, fut un instant menacée. Cependant, grâce à la fermeté de ceux qui leur étaient favorables, ils purent se retirer avec l'assurance de connaître avant le lendemain la résolution d'Ibrahim. A minuit, un canot manœuvré par un Turc accosta la felouque; la nouvelle qu'il portait était considérable. Ibrahim avait été chassé hors de la kasba avec quatre des plus récalcitrants; tous les autres étaient d'accord pour recevoir les Français. A quatre heures du matin, nouveau message, nouvel avis plus pressant encore : si les Français ne se hâtaient pas, la kasba courait risque d'être abandonnée par les meilleurs et livrée à Ben-Aïssa par le reste.

Tout était en mouvement sur la goëlette ; les commandements de branle-bas étaient faits, les canots prêts à déborder. Avant d'appeler les marins à terre, les capitaines d'Armandy et Jusuf, avec un sous-officier d'artillerie, se rendirent au pied de la kasba, du côté de la campagne, parce que les gens de Ben-Aïssa étaient en observation du côté de la ville. Les nouvelles de la nuit furent entièrement confirmées; comme il n'y avait qu'une porte à la citadelle, et qu'elle était sous le feu de l'ennemi, les Turcs lancèrent du haut du mur une corde par laquelle se hissèrent d'abord Jusuf, puis le sous-officier d'artillerie. Pendant ce temps, le capitaine d'Armandy retournait au bord de la mer héler les canots de la goëlette. Ils arrivèrent. Quelle était la force du détachement qu'un aussi petit navire avait pu distraire de son équipage? Vingt-six matelots, commandés par MM. du Couëdic, lieutenant de frégate, et de Cornulier-Lucinière, élève de 1re classe. Avec le capitaine d'Armandy, le capitaine Jusuf et le sous-officier d'artillerie, c'étaient trente et un hommes, trente et un braves, qui allaient arborer sur la kasba de Bone et défendre, un contre cent, le drapeau de la France. Le capitaine d'Armandy les conduisit par des sentiers détournés sur les derrières de la kasba; par la même corde qui avait servi à Jusuf, ils s'élevèrent, l'un après l'autre, jusqu'au sommet de la muraille. Quand le dernier eut pris pied sur le terre-plein, le pavillon français fut hissé; un coup de canon l'assura. C'était la France, qui, par l'élan généreux de trente et un de ses enfants, prenait décidément possession de ce coin de la terre d'Afrique. N'est-ce pas merveilleux? N'est-ce pas héroïque? N'est-ce pas sublime?

Le soleil avait paru. Ben-Aïssa, surpris et irrité, envoya un parlementaire avec des protestations et des menaces; on repoussa les unes et l'on se tint prêt contre les autres. La journée du 27 fut employée au ravitaillement de la place et aux préparatifs de la défense; de la goëlette et de la felouque on reçut des vivres pour quinze jours; la porte de la kasba fut murée, l'artillerie pointée. L'ennemi, cependant, ne se présenta pas. On voyait seulement dans la ville un grand mouvement; c'était la population que Ben-Aïssa contraignait à sortir; la

nuit venue, des feux d'incendie s'allumèrent çà et
là. Désespérant de se maintenir à Bone, sous le
canon des Français, le lieutenant d'Ahmed-Bey
ne voulait leur abandonner que des ruines. Le 28,
l'évacuation continua; le 29, l'ennemi leva son
camp et s'éloigna, poussant devant lui les malheureux fugitifs. En même temps, accourues du fond
de la plaine et du haut des montagnes, des bandes
d'Arabes et de Kabyles rôdaient aux alentours de
la malheureuse ville comme une troupe de chacals
autour d'un cadavre. L'espoir du pillage qui les
attirait gagna quelques-uns des Turcs de la kasba;
mécontents d'être enfermés dans la citadelle, ils
essayèrent de se révolter. Aux premiers signes de
rébellion, Jusuf, de l'aveu du capitaine d'Armandy, fit saisir six des plus mutins; après un
court interrogatoire, trois furent passés par les
armes, les autres furent mis aux fers à bord de la
goëlette. A dater de ce moment, la soumission fut
absolue; sous les ordres de Jusuf, qui savait leur
imposer et les conduire, les Turcs purent être
rangés au nombre des plus utiles serviteurs de la
France. Ils en donnèrent dès le lendemain la
preuve; une trentaine d'entre eux s'offrirent pour
tomber sur les maraudeurs qui avaient pénétré
dans la ville. Après l'émouvante péripétie dont la

kasba venait d'être le théâtre, Jusuf répondait d'eux; ils se laissèrent glisser par la corde qui demeurait l'unique moyen de communication entre la citadelle et le dehors; abrités par les haies et les broussailles, ils gagnèrent la porte de Constantine; dès qu'ils furent à leur poste, deux ou trois bombes, lancées de la kasba, jetèrent la terreur parmi les pillards qui vinrent tomber dans l'embuscade; plusieurs furent tués, d'autres noyés, de ceux qui, maraudant à travers le quartier de la Marine, avaient essayé de se sauver à la nage.

Assuré désormais de la fidélité des Turcs, le capitaine d'Armandy autorisa Jusuf à s'installer avec eux dans la ville; dix matelots, tirés de la goëlette, vinrent renforcer la petite garnison de la kasba, qui fut dès lors exclusivement française. Dans les premiers jours d'avril, quelques pauvres gens de Bone, échappés aux bandes de Ben-Aïssa, commencèrent à revenir. Enfin, du 8 au 12, arrivèrent les renforts expédiés d'Alger, où était parvenue, le 3, la première nouvelle de cette merveilleuse aventure; c'était un bataillon du 4ᵉ de ligne, avec une quarantaine d'hommes de l'artillerie et du génie. Exceptionnellement, quoiqu'il dût y avoir désormais à Bone un officier supérieur, le capitaine d'Armandy demeura investi du commandement de la place. Il ne tarda pas d'ailleurs à être promu au grade de chef d'escadrons. Jusuf fut maintenu provisoirement à la tête des Turcs, qui furent régulièrement inscrits au service de la France avec une solde de 1 fr. 80 par jour, à la charge de se nourrir, de se vêtir et de s'équiper eux-mêmes.

Ils étaient logés, comme la partie des troupes françaises qui n'était pas casernée à la kasba, dans les maisons dont les propriétaires n'étaient pas revenus encore; il en revenait néanmoins tous les jours; mais combien d'entre eux retrouvaient autre chose que des ruines? Quand le détachement du génie eut visité le mur d'enceinte, fermé les brèches qui n'étaient pas considérables, réparé la porte de Constantine, démuré celle de la kasba, il s'occupa de dégager les principales rues obstruées par les décombres. Il y avait aussi à curer les égouts qui étaient infects et, ce qui importait davantage encore, à retirer des citernes les cadavres que la férocité des bandes de Ben-Aïssa y avait précipités. Des corvées d'infanterie furent employées à cette odieuse, mais indispensable besogne.

Au dehors, la campagne paraissait tranquille; le marché de la ville était régulièrement approvisionné; la plupart des tribus du voisinage avaient promis l'obéissance. On savait bien ce que valaient en général ces sortes de promesses; pourtant quelques-unes étaient sincères. Les partisans d'Ahmed, de leur côté, ne laissaient pas de travailler sourdement : le 16 avril, on saisit dans Bone, sur un homme venu du dehors, une proclamation du cheikh Kazine, qui excitait la population à la révolte en lui annonçant l'approche de nombreux auxiliaires. L'espion fut conduit à Jusuf, qui, après l'avoir interrogé, lui fit, séance tenante, couper la tête. Jusuf, il convient de ne pas l'oublier, avait été nourri à Tunis dans le système turc.

Dès que la nouvelle des événements de Bone fut arrivée à Paris, les ministres de la guerre et de la marine s'entendirent pour hâter l'envoi du renfort qu'Alger était évidemment hors d'état de fournir. Une division navale, armée à Toulon, débarqua du 13 au 26 mai, dans le port de Bone, le 55ᵉ de ligne, deux batteries d'artillerie, une compagnie du génie, avec un immense matériel, un détachement des services dépendant de l'intendance, avec un gros approvisionnement de vivres. Le général d'Uzer, nommé commandant de la place et de la province, approuva tout ce qui avait été fait depuis l'occupation de la kasba et prescrivit de presser les travaux nécessaires à l'installation du renfort qu'il amenait. Un hôpital pour quatre cents malades fut établi dans une grande mosquée, située au point culminant de la ville. Des emplacements voisins du port furent assignés à l'artillerie, au génie, à l'intendance, huit îlots de maisons contigus les uns aux autres affectés au logement des troupes, deux fours, capables de cuire huit mille rations en vingt-quatre heures, construits dans les magasins à grains du beylik. Après avoir visité avec le général d'artillerie de Caraman et le général du génie de Montfort, venus en mission temporaire, les fortifications de la place et s'être rendu compte de sa situation intérieure, le général d'Uzer fit aux environs plusieurs reconnaissances. La plaine arrosée par la Seybouse, les montagnes qui la dominaient, tout était d'une beauté merveilleuse, mais il n'aurait pas fait bon de s'y aventurer sans escorte.

A six lieues, en remontant la rivière, une des plus puissantes tribus affectionnées au bey Ahmed, les Beni-Yacoub, avaient établi leurs douars. Avant l'arrivée du général, ils étaient venus près de la ville tendre à Jusuf un piège auquel il ne s'était pas laissé prendre, mais où l'un de ses Turcs avait péri ; là où ils étaient placés, ils interceptaient les communications du haut pays avec Bone. Le général d'Uzer, fort de l'expérience que lui avaient donnée ses campagnes sous M. de Bourmont et sous le général Clauzel, était revenu en Afrique bien résolu à traiter avec douceur, mais avec fermeté, les Arabes ; ni brutalité, ni mollesse, tel devait être, du commencement à la fin de son administration, le principe de sa conduite. Les Beni-Yacoub continuaient de se donner des torts ; ils méritaient de recevoir une leçon pour eux-mêmes et pour les autres. Le 27 juin, à huit heures du soir, Jusuf, accompagné d'un aide de camp du général, sortit de Bone avec ses Turcs, quatre compagnies d'élite et deux obusiers ; à quatre heures du matin, il tomba sur les douars sans les surprendre, car les Beni-Yacoub étaient sur leurs gardes ; il prit des femmes, des enfants, beaucoup de bétail, et après les avoir gardés assez de temps pour bien montrer qu'il aurait été le maître de les emmener, obéissant aux instructions du général, il les renvoya. Cette générosité, inconnue aux Arabes, ne leur parut d'abord être que de la faiblesse ; quand la petite troupe se mit en retraite, ils lui firent à coups de fusil la conduite ; mais tout à coup apparut une colonne d'infanterie ; c'était le général d'Uzer, qui, parti de Bone à trois heures du matin, arrivait avec le 55ᵉ, une compagnie de sapeurs et quatre obusiers de montagne. Immédiatement l'offensive fut reprise et le campement arabe de nouveau menacé. Les récoltes allaient être détruites, les gerbiers mis en cendres, les troupeaux enlevés, les Beni-Yacoub s'y attendaient : tout fut respecté ; après un repos d'une heure au milieu des douars épargnés, le général reprit la direction de Bone. Cette fois la leçon avait été comprise ; mais, refusant de se soumettre, la tribu se retira au loin dans le sud.

Tout fut tranquille jusqu'au mois de septembre. A cette époque, les intrigues d'Ibrahim recommencèrent. Réconcilié en appparence avec le bey Ahmed, assisté d'un marabout de Constantine qui prêchait la guerre sainte, il parcourait le pays, soulevant les tribus et les entraînant à sa suite. Le 8 septembre, au point du jour, on vit tout à coup déboucher une bande de douze à quinze cents Arabes et Kabyles. La température était accablante. Le général d'Uzer voulut laisser tomber la chaleur et l'ennemi s'engager davantage ; à quatre heures du soir, quand le moment d'agir fut venu, deux bataillons du 55ᵉ sortirent, l'un par la porte Damrémont, l'autre par la porte de Constantine, et refoulèrent les Kabyles par la vallée de l'aqueduc sur la montée des Chacals, pendant que l'escadron turc de Jusuf chargeait les cavaliers arabes. Après un dernier essai de résistance, le camp d'Ibrahim fut enlevé; sa tente était encore dressée; on y trouva des armes de prix et les instruments de sa musique militaire. Désormais on ne devait plus entendre parler de lui, si ce n'est qu'en 1834 on apprit qu'il venait de périr à Médéa, assassiné par des agents du bey Ahmed.

Celui-ci, après la tentative infructueuse de son ancien rival, aurait voulu reprendre les hostilités pour son propre compte; il convoqua, non loin de Bone, sur les bords du lac Fezzara, les grands des tribus; mais la plupart d'entre elles lui refusèrent leur concours, à commencer par les Beni-Yacoub; la générosité du général d'Uzer à leur endroit n'avait donc pas été stérile. Quelques-unes, tout à fait gagnées par la confiance, les Merdès, une partie des Khareza, les Beni-Ourdjine, se rapprochèrent de Bone et entrèrent même indirectement au service de la France en lui fournissant, sous le nom d'otages, une troupe de spahis auxiliaires. Il n'y avait eu jusque-là de cavalerie que les Turcs montés du corps de Jusuf; au mois d'octobre arriva d'Alger un escadron destiné à servir de noyau et de modèle au 3ᵉ régiment de chasseurs d'Afrique.

Dans les premiers jours de novembre, une épidémie cruelle, qui avait quelques-uns des caractères du *vomito negro*, envahit Bone et pendant deux mois y exerça ses ravages. Indigènes et Français, tous étaient également frappés. Les hôpitaux étaient insuffisants; l'espace, la literie, les médicaments faisaient défaut; toutes les prévisions étaient dépassées; un quart des troupes et de la population fut emporté; à peine restait-il au général d'Uzer quelques centaines d'hommes en état de servir, et cependant, craignant d'amener au fléau de nouvelles victimes, il pria le ministre de la guerre de suspendre tout envoi de renforts. Quand le mal eut commencé à perdre de sa force, il reçut le 6ᵉ bataillon de la légion étrangère; le 3ᵉ régiment de chasseurs d'Afrique avait déjà quatre escadrons, dont deux de lanciers. Plein de zèle et se multipliant pour donner l'exemple à tous, ce vrai chef, infatigable en dépit de son âge, faisait de temps en temps prendre les armes à quelques compagnies, monter à cheval les Turcs de Jusuf, les spahis des Beni-Ourdjine, et se montrait dans la plaine, afin de relever le moral de la garnison et de montrer en même temps aux populations qu'il avait toujours des forces disponibles.

Il eut, dans les derniers jours du mois de février 1833, la satisfaction de recueillir le fruit de son système politique. Le Ramadan finissait ; pour les commandants d'Alger, c'était toujours un temps d'inquiétude ; pour lui ce fut, comme pour ses administrés, un vrai temps de fête. Des courses de chevaux eurent lieu dans la plaine de la Seybouse, pendant trois jours ; le cadi, les notables de la ville et plus de trois mille Arabes des environs y assistèrent. Les marchés étaient abondamment garnis, les bas quartiers de la ville assainis, les masures abattues. Bone, acquis à la France par l'audacieuse initiative de trois hommes de cœur, d'Armandy, Jusuf et Fréart, entrait, grâce au zèle intelligent d'un chef éclairé, dans une ère ouverte aux plus belles espérances.

V

Si le ministre de la guerre en avait cru le duc de Rovigo, il aurait rappelé en France les commandants de Bone et d'Oran. Pour le premier, c'eût été une injustice absolue, car, malgré les froissements que lui infligeait la correspondance malveillante du général en chef, le général d'Uzer n'avait jamais cessé d'y répondre avec la déférence d'un subordonné. Du côté d'Oran, il n'en était pas de même. Lieutenant général, autorisé à correspondre directement avec le ministre de la guerre, le général Boyer prétendait à l'indépendance; à peine daignait-il informer de temps à autre le duc de Rovigo de ce qui se passait dans son commandement. Il y eut longtemps, d'ailleurs, peu de chose à mander, l'arrivée du général de Trobriant, le débarquement successif de renforts qui portèrent à plus de 2,500 hommes l'effectif de la garnison, en particulier celui d'un détachement de quatre cent cinquante cavaliers démontés envoyés de France pour former le noyau du 2ᵉ régiment de chasseurs d'Afrique, une solde régulière accordée aux Turcs de Mostaganem qui s'étaient soumis à la France, des envois de soufre et de salpêtre aux coulouglis de Tlemcen qui tenaient bon dans le Méchouar contre les attaques et les intrigues des partisans du Maroc.

Ce n'était pas seulement à Tlemcen que ceux-ci intriguaient; ils avaient étendu leurs trames jusqu'à Mascara, jusqu'à Miliana, jusqu'à Médéa même.

Dans cette dernière ville qui avait chassé Oulid-ben-Mezrag, dont la conduite licencieuse scandalisait les bons musulmans, s'était installé comme chez lui un chérif marocain, El-Moadi; de même à Miliana, qui avait reçu sans opposition un autre envoyé du Maroc, Mohammed-ben-Chergui. A Mascara, le lieutenant du sultan, El-Hameri, était moins à son aise; il y était bloqué par les tribus qu'il avait rançonnées et compromises dans sa première chevauchée contre Oran. Un tel état de choses ne pouvait pas être toléré par la France. Au mois de mars 1832, le comte de Mornai, gendre du maréchal Soult, fut envoyé en mission extraordinaire à Tanger avec ordre d'exiger le rappel de tous les agents marocains dispersés sur le territoire algérien et la renonciation formelle du sultan de Fez à toute prétention sur la régence, en particulier sur le beylik d'Oran et tout spécialement sur le territoire de Tlemcen. Cette mission, appuyée par la présence comminatoire d'une escadre, fut couronnée de succès. Évadé de Mascara, El-Hameri s'était arrêté à Tlemcen; il lui coûtait beaucoup d'abandonner une ville qui tenait tant au cœur de son maître; cependant, il lui en fallut déguerpir, comme El-Moadi de Médéa, comme Mohammed-ben-Chergui de Miliana.

Les vrais croyants, qui avaient eu foi dans l'invincible protection du sultan de Fez, étaient consternés; ce n'était pas seulement leur religion qui allait être à la merci de l'infidèle; c'était la paix publique qui était menacée par l'anarchie. Sans une autorité supérieure qui les contînt, les tribus se jalousaient mutuellement, et de la jalousie à l'hostilité il n'y avait qu'un pas. A chaque instant, on entendait parler d'une *ghazia*, c'est-à-dire d'une surprise exécutée au point du jour par une tribu sur une autre, qui n'avait plus que l'idée de lui rendre la pareille. Ce système de pillage réciproque ne pouvait pas durer. Au mois d'avril, les grands du beylik d'Oran se donnèrent rendez-vous à Mascara pour aviser aux dangers auxquels les laissait exposés l'abandon du sultan Mouley-Abd-er-Rahmane : à l'unanimité, on reconnut la nécessité de choisir un chef. Il y avait, près de Mascara, dans une *zaouïa* ou école, célèbre aux environs sous le nom *guetna oued el hammam*, un marabout qui passait pour chérif, c'est-à-dire descendant du Prophète. Ses ancêtres, originaires de Médine, avaient habité le Maroc avant de s'établir à la Guetna, sur le territoire des Hachem. De toutes les tribus du beylik celle-ci était la plus puissante, et, chez les Hachem, le premier, sans conteste, était le marabout Mahi-ed-Dine. Ce fut lui qu'on nomma chef; mais comme il était plutôt un saint qu'un guerrier, il présenta aux grands qui venaient de le choisir, ses trois fils capables plus que lui de les mener au combat. Le troisième s'appelait Abd-el-Kader.

Les commencements d'Abd-el-Kader appartiennent à la légende comme ceux de Jusuf appartiennent au roman. Les récits les plus fantastiques écartés, il reste peu de chose : deux voyages à la Mecque avec son père; le second, poussé jusqu'à Bagdad, où des prédictions de grandeur et de gloire auraient été faites à l'enfant. En 1832, il avait vingt-quatre ans; de taille moyenne, mais bien prise, vigoureux, infatigable, il était le meilleur parmi les premiers cavaliers du monde; les qualités physiques sont grandement appréciées chez les Arabes; il avait par surcroît celles qui font les dominateurs, l'intelligence, la sagacité, la volonté, le génie. Éloquent à l'égal des plus grands orateurs, il maniait à son gré les foules; quand il parlait d'une voix grave et sonore, avec le geste sobre de sa main nerveuse et fine, on voyait s'animer son visage au teint mat, et, sous ses longs cils noirs, ses yeux bleus lançaient des éclairs.

Pour cimenter l'union des tribus qui venaient

de le choisir, le vieux Mahi-ed-Dine, suivi de ses fils, les appela sans retard à la guerre contre l'infidèle. Dès le 17 avril 1832, une reconnaissance de cent hommes du 2ᵉ de ligne fut attaquée à une lieue d'Oran par un parti de quatre cents cavaliers; elle eut quatre morts et onze blessés; une sortie de la garnison protégea la retraite. Ce fut la première rencontre d'Abd-el-Kader avec les Français. Après ce combat, la tribu des Gharaba, qui l'avait livré, se retira tout entière à douze lieues d'Oran, sur les bords du Sig. L'ordre de Mahi-ed-Dine était d'isoler les infidèles, de faire le vide autour d'eux. Le 1ᵉʳ mai, rejoint par de nombreux contingents, il fit porter au général Boyer la sommation de rendre la place, ou sinon le défi de descendre au combat dans la plaine.

Le 2 mai, on vit les premiers éclaireurs arabes; le lendemain, trois mille cavaliers et deux mille hommes de pied étaient campés au revers des hauteurs qui s'étendent entre le petit lac salé et la Grande Sebkha. Au lever du soleil, après avoir fait la prière en face de la mosquée extérieure de Kerguenta, ils se lancèrent par les ravins à l'attaque du Château-Neuf, puis à celle du fort Saint-André. D'un côté comme de l'autre, ils furent repoussés par la fusillade et par le canon; mais, d'un côté comme de l'autre, ils revinrent sans se décourager à la charge; le soir seulement, ils se rallièrent autour du santon de Kerma ou du Figuier, d'où ils regagnèrent leur campement. Le 4, leur nombre avait augmenté; bien loin, au delà des lacs, on apercevait un grand mouvement d'hommes et de chevaux. Ce jour-là, ce fut le fort Saint-Philippe qui fut attaqué; quatorze cents hommes, débouchant des ruines de Ras-el-Aïn, vinrent se ruer à l'assaut du fort; les plus braves se jetèrent dans le fossé; mais ils ne purent jamais escalader les remparts; quand ils se retirèrent, le soir, ils emportèrent sous le feu leurs blessés et leurs morts. La journée du 5 fut calme; l'ennemi concentrait ses forces. Le 6, il y avait ensemble les contingents de trente-deux tribus, près de douze mille hommes. On s'attendait à un violent assaut contre Saint-Philippe, qui était le plus menacé; cependant les attaques du 7 et du 8, quoique favorisées par un brouillard épais, furent beaucoup moins sérieuses que les premières. Il n'y en eut plus d'autres. Le 9, au lever du soleil, Mahi-ed-Dine réunit les chefs et leur annonça qu'il allait renvoyer chez eux les goums pour leur permettre de célébrer la journée du lendemain, qui était une grande fête de l'Islam, mais qu'ils auraient à répondre prochainement à une convocation qui ne s'adresserait pas à moins de trente mille combattants. Des acclamations répondirent à l'adieu comme à la promesse du marabout.

Les environs d'Oran étaient redevenus déserts. Des partis de cavalerie battaient au loin les chemins d'Arzeu, de Mascara, de Tlemcen, empêchant les gens de la campagne d'apporter leurs denrées à la ville qui ne pouvait plus être nourrie que par les arrivages de mer. Cependant, vers le milieu de juin, des Douair et des Sméla recommencèrent à se montrer sur les marchés; quelques chevaux même arrivèrent pour la remonte des chasseurs d'Afrique.

Au mois d'août, un second maréchal de camp fut envoyé de France à Oran; dès lors le général Boyer, heureux de pouvoir s'égaler un peu plus au duc de Rovigo, constitua en division les troupes de son commandement : la première brigade, commandée par le général de Trobriant, se composait d'un bataillon du 20°, du 4° bataillon de la légion étrangère et du 2° régiment de chasseurs d'Afrique; la seconde brigade, sous les ordres du général Sauzet, était formée du 66°, d'une compagnie de vétérans et d'une compagnie de fusiliers de discipline.

On savait que l'époque de la récolte est toujours une époque de paix chez les Arabes, mais qu'aussitôt après, leurs instincts belliqueux demandent à se satisfaire. Chose curieuse, c'était l'approvisionnement des marchés d'Oran qui était devenu le sujet d'une compétition entre plusieurs tribus. Les Douair et les Sméla prétendaient s'en arroger le monopole et gardaient les approches de la ville, tandis qu'à huit lieues, sur la route de Tlemcen, des caravanes convoyées par les contingents des Beni-Amer et des Angad s'apprêtaient à forcer le passage. Les uns et les autres allaient en venir aux mains quand Mahi-ed-Dine accourut, reprocha aux deux partis l'impiété de leur conduite et leur fit promettre encore une fois de renoncer au commerce avec les chrétiens.

Le 31 août, le 19 septembre, il y eut quelques démonstrations des Gharaba à la fois contre Oran et contre les Douair, qui paraissaient disposés à braver les malédictions du marabout; depuis la mort de Mouserli, les Sméla, au contraire, semblaient redevenus hostiles aux Français. Enfin, le 23 octobre, cinq cents cavaliers se jetèrent sur le troupeau de la place qui paissait une herbe bien maigre au milieu des ruines de Kerguenta, mais leur tentative échoua; attirés ensuite

dans une embuscade, ils se trouvèrent engagés
tout à coup avec deux escadrons de chasseurs
d'Afrique que soutenaient deux cents hommes du
66°. Le général de Trobriant et le colonel de Létang menaient la charge. Ainsi reçus à la pointe
du sabre, les Arabes perdirent beaucoup des leurs
et se dispersèrent.

La grande convocation annoncée par Mahi-ed-Dine s'était faite; mais, au lieu de 30,000 combattants, il n'avait pu rassembler que trois mille
chevaux et mille hommes de pied. Le 14 accompagné d'Abd-el-Kader, il se présenta sous les
murs d'Oran. Le général Boyer, qui ne sortait
jamais de la place, voulut en cette circonstance
prendre le commandement des troupes. La ligne
des cavaliers arabes s'étendait le long des hauteurs
entre les routes de Tlemcen et de Mascara, en
passant par le marabout de Sidi-Chabal; en face
d'elle, le général déploya sa colonne, à gauche,
les chasseurs non montés et la légion étrangère,
au centre le 66° et les obusiers, à droite, les chasseurs à cheval. Ce fut la droite qui fut la première
et la plus vivement engagée; mais les obus éclatant au milieu des cavaliers ennemis les mirent
dans un désordre que les charges des chasseurs
et le feu de l'infanterie achevèrent de tourner en

déroute; ils furent poursuivis pendant deux lieues dans la direction de Misserghine.

Tel était l'ascendant de Mahi-ed-Dine sur les Arabes que ce nouvel échec ne lui fit rien perdre de son autorité; mais alléguant son grand âge, dans une réunion des grands auprès de Mascara, il leur présenta et leur fit accepter pour les diriger à sa place son fils Abd-el-Kader. Le 25 novembre, le jeune sultan, car on lui donna ce titre par acclamation, prit possession du pouvoir. Des lettres expédiées dans toutes les tribus annoncèrent partout qu'il allait parcourir le beylik pour rétablir l'ordre, punir les injustices des forts envers les faibles, percevoir les impôts et organiser une armée capable d'exterminer les chrétiens. On n'avait jamais entendu pareil langage; les Arabes qui sentaient le besoin d'être gouvernés y applaudirent. A Oran, on n'y prit pas garde. Le général Boyer était convaincu que jamais les tribus ne pourraient être assez longtemps d'accord; il apprenait d'ailleurs qu'en face d'Abd-el-Kader, qui se laissait proclamer sultan, le kaïd Ibrahim à Mostaganem se faisait nommer bey, et qu'à Tlemcen, Ben-Nouna, partisan déclaré du sultan de Maroc, le seul sultan qu'il pût reconnaître, avait pris le titre de pacha. Cependant Abd-el-Kader organisait à

Mascara son gouvernement; il nommait des khalifas, des aghas, des kaïds; il recevait les hommages et les présents que lui apportaient les députations des tribus; les arrêts qu'il rendait, souvent sévères et rigoureux, jamais injustes, étaient exécutés sans retard; il était admiré, respecté, obéi; il était le maître.

Tandis que s'élevait à Mascara ce nouveau pouvoir, le commandement d'Oran, comme celui d'Alger, allait passer en d'autres mains. Cédant aux griefs et aux instances du duc de Rovigo, le maréchal Soult s'était décidé à rappeler en France le général Boyer; une décision royale du 28 février 1833 lui donna pour successeur le maréchal de camp Desmichels. A quelques jours de là, le 4 mars, le duc de Rovigo quittait Alger, où il comptait bien revenir et qu'il ne devait plus revoir.

CHAPITRE IV

LE GÉNÉRAL VOIROL

I. Discussions parlementaires. — Intérim du général Avizard. — Institution du bureau arabe. — II. Le général Voirol. — La Moricière. — Travaux de Boufarik. — Commission d'enquête. — Hostilités. — III. Bougie. — Reconnaissance faite par La Moricière. — Expédition du général Trézel. — Prise de Bougie. — IV. Les Hadjoutes. — Travaux de routes. — Soumission des Hadjoutes. — Pacification apparente. — V. Succès du général d'Uzer à Bone. — Guet-apens du bey de Constantine. — VI. Affaires d'Oran. — Le général Desmichels. — Occupation d'Arzeu et de Mostaganem. — Expéditions peu satisfaisantes. — VII. Négociations avec Abd-el-Kader. — Traité Desmichels. — Rédaction double. — Ambition d'Abd-el-Kader. — VIII. Discussions parlementaires sur l'avenir de l'Algérie. — Institution d'un gouverneur général. — IX. Conflit entre le général Voirol et M. Genty de Bussy.

I

Pendant que le duc de Rovigo rentrait en France avec l'espoir de rétablir sa santé et d'être bientôt en état de reprendre le commandement dont il demeurait titulaire, la question d'Alger se discutait, comme l'année précédente, devant la Chambre des députés, mais ne se décidait pas davantage.

Néanmoins, dans la séance du 19 février 1833, le duc de Broglie, ministre des affaires étrangères, avait fait une déclaration dont la netteté donnait pleine satisfaction, sur un point délicat, à la dignité nationale : « On a paru craindre, avait-il dit, qu'il n'y eût à l'égard de cette possession de la France quelque convention secrète qui empêchât le gouvernement de prendre tel parti que bon lui semblerait. Je dois rassurer la Chambre : il n'existe aucune convention, aucun engagement quelconque ; la France est parfaitement maîtresse de faire d'Alger ce qui paraîtra conforme à son honneur et à ses intérêts. » C'était une moitié de la question, non la moins importante, qui se trouvait résolue ; restait l'autre, dont les partisans de l'occupation donnaient ainsi la formule : « Si, à l'égard des puissances étrangères, nous sommes libres de garder Alger, vis-à-vis de la France, nous y sommes engagés d'honneur. » Malheureusement le langage du maréchal Soult, ministre de la guerre, n'était pas fait pour les rassurer : « J'ai annoncé, disait-il dans la séance du 7 mars, en rappelant le débat de l'année précédente, qu'à moins de considérations politiques d'une telle nature qu'il soit dans l'intérêt de la France et de son honneur d'y renoncer, le gouvernement n'avait aucun projet d'abandonner la côte d'Afrique. » Trois mois plus tard, le 18 juin, forcé de répondre à une interpellation du maréchal Clauzel, il ne voulut pas s'expliquer davantage : « Je répéterai que le gouvernement n'a pris aucun engagement avec aucune puissance, qu'il est entièrement libre de faire tout ce que l'honneur et l'intérêt de la France pourraient exiger, mais que jusqu'à présent il n'est pas entré dans sa pensée d'évacuer Alger, que sa conduite dans tout ce pays et sur toute la côte d'Afrique est d'affermir l'occupation et de n'y avoir rien à craindre contre tout venant. »

Si réservée qu'eût été l'attitude du ministère français, elle fut à Londres trouvée presque agressive. Le 13 mars, M. de Talleyrand avait eu avec lord Grey, au sujet des discussions de la Chambre des députés, une conversation dont il rendait, le lendemain, compte en ces termes : « Il m'a exprimé des regrets très-vifs du langage qui avait été tenu et qui lui causera, m'a-t-il assuré, de très-grands embarras à la Chambre des lords, où la question sera incessamment traitée. Il aurait désiré que le gouvernement du Roi évitât de prendre des engagements aussi positifs, après surtout que les promesses faites à l'Angleterre par le dernier gouvernement français ont été si hostilement révélées, l'année dernière, par lord Aberdeen. Il serait, je pense, utile de faire vérifier la nature des promesses qui, d'après lord Aberdeen, auraient été faites par le prince de Polignac. J'ai plus d'une fois regretté que, dans notre Chambre des députés, on ne comprît pas mieux les véritables intérêts de la France et qu'on soulevât imprudemment des questions pour lesquelles le silence serait utile. » A cette communication, le duc de Broglie répondait, le 18 mars : « Je sens comme vous l'inopportunité de semblables débats, mais il ne dépend pas du gouvernement du Roi de les éviter. Au surplus, je dois vous dire que, ainsi que lord Grey l'a reconnu l'année dernière dans la Chambre des lords, le précédent gouvernement français s'est constamment refusé à prendre, par rapport à Alger, aucun engagement avec l'Angleterre, et qu'au moment même où a éclaté la révolution de Juillet, ce refus venait d'occasionner entre lord Aberdeen et le duc de Laval les explications les plus violentes. C'est ce que j'ai dit à lord Granville, qui m'a d'ailleurs avoué que ses instructions lui prescrivaient de ne jamais nous parler d'Alger. » Quand, au mois de juin, l'interpellation du maréchal Clauzel eut réveillé à Londres l'écho des débats de nouveau soulevés à Paris, M. de Talleyrand ne manqua pas non plus de renouveler aussi ses doléances : « Je viens, écrivait-il le 20 juin, de connaître par les journaux le résultat de la séance de la Chambre des députés, relativement à l'affaire d'Alger. Elle m'a fait relire les instructions que j'avais reçues du gouvernement au mois de septembre 1830, et dans lesquelles elle occupe une grande place. J'avais cru que la conduite que nous avions à tenir devait être très-mesurée, et, en conséquence, je me décidai à éviter sur cette question toute discussion avec les membres du cabinet anglais. J'aurais vivement désiré que la Chambre des députés eût la même manière de voir et laissât le temps tout seul consolider cette affaire. » A quoi le duc de Broglie répliquait, le 24 : « Vous comprendrez que, dans des questions de cette nature, les considérations de politique extérieure ne sont pas les seules dont on soit obligé de tenir compte. J'ajouterai que ce qui nous a forcés de sortir du ton de réserve où nous nous étions renfermés, ce sont moins les attaques de la tribune et de la presse françaises que les assertions émises dans le Parlement britannique et les réponses ambiguës de lord Grey et de lord Palmerston, dont au surplus nous concevons très-bien que le langage a pu être impérieusement dicté par la situation dans laquelle ils se trouvaient placés. »

Quinze jours avant l'interpellation du maréchal Clauzel, le duc de Rovigo était mort. A son départ d'Alger, le 4 mars 1833, il avait laissé l'intérim des affaires au général Avizard, le plus ancien des maréchaux de camp de service en Afrique. Cet intérim fort court, car il ne dura pas plus de sept semaines, fut signalé par la création d'un service à la fois militaire et administratif, destiné à devenir le principal organe du commandement dans ses rapports avec les indigènes. Le bureau arabe fut institué sur les conseils du général Trézel, et le capitaine de La Moricière, des zouaves, en fut le premier chef.

Racontée par La Moricière lui-même, l'institution est curieuse à connaître : « Au mois de février 1833, l'intendant civil s'est enfin imaginé de faire faire une sorte d'inventaire de tous les biens du gouvernement, tant en ville que dans l'intérieur de nos lignes, biens qui sont immenses et dont on ne connaît ni le nombre ni l'étendue. Pour examiner cette question, il faut connaître la constitution de la propriété dans ce pays, savoir par les indigènes ce qui se faisait avant notre arrivée, et enfin être l'abri de toute séduction de la part de ceux qui ont usurpé ces biens. L'intendant civil m'a fait nommer secrétaire de cette commission spéciale, ce qui exige mon séjour à Alger, mais ne m'empêchera pas de marcher avec ma compagnie, le cas échéant. J'étais à peine depuis deux jours à ce travail, que l'on m'a chargé d'un nouvel emploi, mais bien plus important et plus intéressant que le premier, et qui surtout me rattache tout naturellement à mon état militaire. Voici le fait : le duc de Rovigo était parti, et avec lui son secrétaire particulier et un autre individu qui remplissait près de lui des fonctions analogues à celles de secrétaire. Ces deux hommes avaient dans les mains la direction d'un bureau, dit cabinet arabe, où se traitaient, sous les yeux du duc qui n'y voyait rien, toutes les affaires diplomatiques avec les gens du pays, c'est-à-dire avec tous les Arabes de l'intérieur, avec ceux de Bougie et des divers points importants de la côte, enfin avec ceux qui environnent Constantine. En présence de gens qui n'entendaient pas l'arabe, les interprètes avaient beau jeu ; aussi tout allait à la diable ; ces derniers s'étaient même trouvés, depuis le départ du duc, avoir la haute main sur tout ce qui se faisait. Le général Trézel et le commandant en chef par intérim, sentant que les choses ne pouvaient continuer ainsi, me proposèrent de me charger d'établir un bureau arabe, en régularisant ce qui se faisait avant, et en organisant d'une manière convenable le service des relations extérieures. On me donnait sous mes ordres quatre interprètes et secrétaires, et tous les employés indigènes dont on s'était servi jusqu'alors. On me confiait en outre l'administration des fonds secrets qui montent à soixante mille francs par an. J'acceptai sans hésiter cette charge, et je suis aujourd'hui établi comme chef du bureau arabe; en cette qualité on m'a donné un beau local dans une dépendance de la maison du général en chef, et c'est là que je me suis installé. »

II

Le 26 avril, arriva le lieutenant général Voirol, nommé par le Roi inspecteur général et commandant en second du corps d'occupation d'Afrique. Intérimaire, comme le général Avizard, il demeura intérimaire, même après la mort du duc de Rovigo, et il le fut pendant dix-sept mois, *longum ævi spatium,* car aucun des titulaires, ses prédécesseurs, n'avait eu la chance de parcourir une aussi longue carrière. Avant de donner une organisation définitive à ses possessions d'Afrique, le gouvernement voulait prendre le temps de réfléchir. En fait, quoique intérimaire, le général Voirol n'en fut pas moins général en chef, avec pleine autorité sur Oran et sur Bone comme sur Alger. Le total des forces dont il avait le commandement supérieur s'élevait au chiffre imposant de vingt-trois mille cinq cents hommes et de dix-huit cents chevaux. Ses premiers actes, inspirés par une fermeté sans rigueur, firent bien augurer de lui.

Les villages, ou plutôt les amas de gourbis qui portaient le nom de Bouagueb et de Guerouaou, non loin de Bou-Farik, étaient habités par une population turbulente qui, dans l'intervalle des insurrections où elle s'était toujours fait remarquer par sa violence, ne cessait pas de molester et de piller les gens paisibles qui voulaient trafiquer avec les Français. Sur le rapport du bureau arabe, une expédition, commandée par le général Trézel, se dirigea dans la nuit du 3 mai contre ces villages; La Moricière, avec les zouaves, tenait la tête de la colonne qui marchait à Bouagueb. Il y eut là quelques coups de fusil; dès la première décharge, les Arabes se réfugièrent dans la montagne, où ceux de Guerouaou, plus prudents encore, n'avaient pas même attendu l'approche du combat pour s'enfuir. Après avoir mis le feu aux gourbis, la colonne revint, poussant devant elle cinq cents têtes de gros bétail et un millier de moutons. Suivant l'usage, des groupes de cavaliers la suivaient, tiraillant de très-loin; au défilé de Bou-Farik, ils se rapprochèrent avec l'espoir d'entamer l'arrière-garde. Un escadron du 1er régiment de chasseurs d'Afrique, envoyé contre eux, poussa trop loin son élan; il fut enveloppé; pour le dégager, il fallut en faire charger un second, que mena le général de Trobriant. Dans ce conflit qui ne dura que quelques minutes, le fils du duc de Rovigo, sous-lieutenant au corps, renversé, son cheval tué sous lui, avait déjà le yatagan sur la gorge lorsque le capitaine de Cologne, d'un coup de pistolet, abattit l'homme qui allait lui couper la tête. Le bétail capturé fut réparti à titre d'indemnité entre les victimes de ces pillards que personne, même de leurs anciens associés, ne plaignit. C'était la justice comme pouvaient la comprendre les Arabes; c'était ainsi que le général d'Uzer se faisait obéir et respecter à Bone.

Quelques jours après, commença la grande affaire qui avait tant préoccupé, dans les derniers jours de son commandement, le duc de Rovigo, la fauchaison des foins dans les prairies de l'Oued-Hamise. Comme le général Voirol avait auprès de lui le chef d'état-major de son prédécesseur, il n'eut pas à faire un nouveau plan. Cette opération mi-agricole, mi-guerrière, qui dura du 15 au 30 mai, fut d'abord une fête pour les troupes. Six cents travailleurs pris dans les 4" et 67° de ligne, dans la légion étrangère et dans les bataillons d'Afrique, étaient campés au milieu de la prairie sous la protection d'un bataillon du 10° de ligne, des zouaves, de deux sections d'artillerie et des chasseurs d'Afrique cantonnés dans l'enceinte de Haouch-Rassauta. Le foin récolté, conduit au fort de l'Eau par les prolonges de l'artillerie et du train, devait être transporté dans les magasins d'Alger par les soins de la marine; le total de la récolte était évalué à 3,500 quintaux métriques. Pendant ces quinze jours, il n'y eut pas le moindre désordre ; le marché du camp, largement approvisionné, permettait aux soldats de varier leur ordinaire, et les Arabes, après les avoir vus à la besogne sans être tentés d'y prendre part, ne dédaignaient pas de goûter à leur cuisine.

Ce temps-là ne fut pas perdu pour La Moricière. Il avait sans cesse des entrevues avec les cheikhs, avec les grands des tribus voisines; il s'efforçait d'effacer de leur esprit le souvenir d'El-Arbi et de Meçaoud. « Le lieu des séances du congrès, écrivait-il, c'est le pied d'un palmier dans la Métidja; on y va armé jusqu'aux dents, et les négociateurs sont chargés d'exécuter les résolutions prises dans l'assemblée. Tout cela fait que, sur notre petit théâtre, il se joue des choses fort intéressantes, fort poétiques et toujours pleines d'originalité. De plus, j'ai la conscience que je puis agir efficacement sur la civilisation des Arabes; cela m'intéresse et me fait supporter le métier, fort pénible au physique et au moral, que je suis obligé de faire. »

Sa réputation de loyauté, de justice, d'intérêt pour les indigènes, s'était promptement répandue d'un bout de la plaine à l'autre. Un jour, les Hadjoutes, les plus défiants de tous, consentirent à parlementer avec lui. La scène vaut d'être racontée par le héros lui-même : « Depuis longtemps, cette tribu puissante, qui a six cents cavaliers bien montés, était, par rapport à nous, dans des dispositions assez équivoques. On avait, sous le duc de Rovigo, violé le droit des gens en faisant venir deux de ses cheikhs, qui avaient été arrêtés, jugés et exécutés, malgré un sauf-conduit portant le cachet du duc lui-même. Renouer avec des

gens ainsi trompés était difficile. Je les fis sonder par un Arabe sûr et dévoué, car il y en a. On me demanda une entrevue, seul, à cinq lieues d'Alger. Je me fis accompagner jusqu'à une lieue de nos lignes par six hommes, que je laissai là, et je partis. Les Arabes craignaient tellement une surprise qu'ils n'osaient avancer, et, voulant leur prouver que je me fiais à eux, je traversai la moitié de la plaine et j'allai les trouver à huit lieues d'Alger. Dès qu'ils m'aperçurent, — ils étaient quatre-vingts à cent, — ils fondirent sur moi ventre à terre; je partis de même au galop pour les joindre. Quand j'arrivai à eux, tous nos chevaux s'arrêtèrent tout d'un coup, suivant la manière du pays, et l'on forma cercle autour de moi. J'étais entouré de l'élite de la tribu; je n'avais jamais vu un si bel escadron réuni. Je commençai à leur parler; nous devisâmes, comme à l'ordinaire, tous à cheval. La conversation dura une heure et demie; après quoi nous nous séparâmes, fort contents les uns des autres. Un vieux cheikh à barbe grise me dit en me faisant ses adieux :
« Tu es venu ici sans sauf-conduit écrit, tu t'es fié
« à la parole de l'Arabe; tu as eu raison. Sa parole,
« il ne la fausse jamais. Il ne tombera pas un che-
« veu de ta tête. Pars, et que la paix t'accompa-

« gne! » J'espère un beau résultat de cette démarche, elle est la première de ce genre. J'étais parti sans ordres, ne pouvant en prendre dans ce genre de choses, où je sens mieux que personne ce que je dois faire. Cette démarche, qui peut paraître aventureuse, mais qui l'est moins qu'il ne le paraît pour qui connaît bien son monde, a fait ici assez d'effet. Elle avait réussi, chacun a trouvé les mesures bien prises; un rien l'eût-elle fait manquer que tout le monde me fût tombé sur le dos. » Peu de temps après, La Moricière obtint du général Voirol la liberté du marabout Si Allal et du cadi de Koléa, que le duc de Rovigo avait fait prendre par le général de Brossard; il voulut les ramener lui-même, sans escorte française, mais avec un nombreux cortége arabe. Son entrée à Koléa fut un triomphe et son retour une fête; deux cents cavaliers, dans leurs plus beaux costumes, lui donnaient la *fantasia* et faisaient en son honneur parler la poudre.

C'était mieux qu'un succès personnel : la cause française venait de faire avec lui un pas considérable; elle gagnait parmi les indigènes des adhérents tous les jours. Des prairies de l'Oued-Hamise les troupes avaient rapporté des germes de fièvre paludéenne; l'été venu, le mal avait étendu ses ravages; comme l'année précédente, les hôpitaux étaient encombrés, le poids du service écrasait les hommes valides. A Bone, dans des circonstances analogues, le général d'Uzer avait su tirer des gens du pays un parti utile ; pourquoi ne réussirait-on pas aussi bien aux environs d'Alger? On réussit. La gendarmerie eut désormais des auxiliaires dans les spahis d'El-Fhas, et les troupes françaises furent relevées dans la garde des blockhaus et des postes les plus insalubres, par des volontaires qui venaient s'offrir des douars ou des villages voisins. Encouragé par cet essai favorable, le général Voirol résolut d'associer les indigènes à de grands travaux. Tandis qu'il faisait ouvrir, par tout ce que son infanterie pouvait lui fournir de disponible, de belles routes à travers le Fhas et commencer la vaste enceinte d'un camp à Douéra, il donnait des ordres pour assécher le marais de Bou-Farik, dégager les alentours, abattre les taillis, réparer la chaussée, consolider les ponts, supprimer, en un mot, les chances périlleuses du défilé. La hakem de Blida et le kaïd de Beni-Khelil se prêtèrent à ses vues et s'engagèrent à fournir des travailleurs.

Tout marchait au gré des optimistes; l'avenir s'annonçait mieux encore, quand soudain l'embellie cessa. Appelé à servir ailleurs, La Moricière n'était plus là pour imposer aux indigènes. Lui disparu, la Métidja redevint houleuse. Comme il n'y avait plus auprès du général Voirol un seul officier sachant bien la langue du pays, il mit à la tête du bureau arabe le chef des interprètes, un très-honnête homme, orientaliste éminent, mais qui était âgé, ne montait plus à cheval et n'était pas militaire. Le prestige qui, aux yeux des indigènes, entourait La Moricière, jeune, actif, excellent cavalier, brillant capitaine, son successeur ne pouvait pas s'en prévaloir. Les hommes et les choses qu'il aurait fallu voir de près, il ne les apercevait que de loin ; il n'était plus averti à temps, et ses informations n'étaient plus sûres. Le général Voirol venait de visiter les travaux de Bou-Farik, il avait vu cent cinquante hommes à la besogne : la chaussée, les ponts étaient en état, un canal se creusait, un pont de chevalets traversait le marécage. Par la route de Douéra, poussée jusqu'à Sidi-Haïd, on pouvait aller directement d'Alger à Bou-Farik. A peine revenu, très-satisfait de sa visite, il apprenait qu'une bande de mécontents avait envahi l'atelier et chassé les travailleurs. Une reconnaissance, envoyée le lendemain, trouva en effet les outils semés çà et là et le terrain désert.

Les gens de Bouagueb avaient disparu. Étaient-ils les coupables? Personne n'en pouvait rien savoir. Les travaux furent abandonnés : c'était reculer devant les agitateurs et les encourager à faire pis.

Sur ces entrefaites, Alger accueillait au bruit du canon, avec tous les honneurs militaires, quelques hauts personnages qui venaient officiellement faire une enquête sur l'état des choses en Afrique. Deux pairs de France, le lieutenant général Bonet et le comte d'Haubersart; quatre membres de la Chambre des députés, MM. Laurence, Piscatory, de La Pinsonnière et Reynard; le maréchal de camp Montfort, inspecteur du génie, et le capitaine de vaisseau Duval d'Ailly, composaient cette commission, dont le général Bonet avait la présidence. Après avoir visité la ville et les environs immédiats, les commissaires voulurent se rendre à Blida. Le général Voirol les y conduisit, le 10 septembre, avec une escorte de quatre mille hommes, commandée, sous sa direction, par le général Bro. En chemin, on apprit une mauvaise nouvelle. La veille, au soir, au moment où le marché de Bou-Farik venait de finir, le kaïd de Beni-Khelil, Bouzeïd-ben-Chaoua, partisan dévoué des Français et serviteur énergique de leur cause, avait été assassiné. La colonne passa sur le lieu du meurtre; on n'apercevait pas un seul Arabe. A peu de distance de Blida, une députation se présenta, demandant comme toujours que les troupes demeurassent en dehors de la ville; seuls, les commissaires, accompagnés des généraux et de l'état-major, y entrèrent. Après une halte de deux heures, on reprit le chemin d'Alger. Au défilé de Bou-Farik, un spectacle atroce attendait la commission; trois cadavres décapités gisaient en travers de la route : c'étaient un cantinier, sa femme et un ami qui le matin avaient suivi la colonne. Pendant la retraite, une centaine de cavaliers avaient, selon l'usage, tiraillé de loin contre l'arrière-garde qui avait riposté. Emporté par une ardeur qui n'était plus de circonstance, le général Bonet était un instant sorti de son rôle; il avait pris le commandement et fait faire aux troupes des manœuvres inutiles. Elles rentrèrent fatiguées, mécontentes, particulièrement irrespectueuses à l'endroit du *vieux général* et des *pékins* qui s'imaginaient avoir vu une bataille. Quelques jours après, la commission s'embarqua pour Bone.

Effrayés par le sort de Bouzeïd, les kaïds de Khachna et de Beni-Mouça étaient venus se réfugier dans Alger même; ils ne se décidèrent qu'à grand'peine à retourner, sur l'ordre formel du général Voirol, à leurs fonctions. Le bureau arabe imputait avec beaucoup de vraisemblance l'assassinat du kaïd aux Hadjoutes. Le 26 septembre, le général de Trobriant leur fit une visite qu'ils n'attendirent pas et dont tout le résultat fut la destruction de quelques gourbis et l'incendie de quelques gerbiers. On retombait dans la routine énervante des petites promenades sans effet et des petits bulletins sans valeur. L'attention publique s'y attachait d'autant moins, en ce temps-là, qu'une grande et sérieuse expédition l'attirait sur un autre point et la captivait tout entière.

III

Comme Alger et comme Bone, Bougie s'élève au-dessus de la mer; mais la montagne qui la domine n'est pas comme pour Alger une parure, une décoration comme pour Bone; elle est une menace. Alger n'a rien à craindre de la Bouzaréa, Bone n'a rien à craindre de l'Edough; le Gouraïa semble prêt à s'écrouler sur Bougie. Si c'est la campagne qu'on regarde, la différence est encore plus saisissante : autour d'Alger, la Métidja se développe; sur les deux rives de la Seybouse, Bone a de l'espace; ce qu'on nomme la plaine, à Bougie, n'est que le préau d'une prison. En effet, c'était bien une prison gardée par des geôliers impitoyables. L'homme ici est pareil à la nature, âpre, dur, inhospitalier, farouche. Le montagnard de Bougie est le type du Kabyle; les gens de Soumata sont des civilisés en comparaison. Pour cet indépendant, jaloux de son droit jusqu'à la fureur, les liens sociaux sont les plus légers possible; il ne reconnaît pas de chefs de naissance; ceux qu'il veut bien admettre pour un temps, c'est lui-même qui se les donne, et, deux ou trois fois par an, il les change. Quant à l'étranger, pour lui comme pour le vieux Romain, c'est l'ennemi. Cependant il faut bien qu'il échange quelque part et avec quelqu'un les produits de son sol, l'huile de ses oliviers, la cire de ses abeilles, le bois de ses forêts; c'est pourquoi il tolère la ville qu'il tient sous ses pieds, où il lui serait odieux de vivre, mais où il entend dominer toujours.

Grande autrefois, capitale d'un royaume à l'époque brillante de la conquête arabe, Bougie, en 1832, flottait dans la vaste enceinte de ses murailles croulantes; sa population, bien réduite, ne comptait pas plus de deux ou trois mille habitants : Arabes, Turcs et Maures, marins, pêcheurs, gens de commerce. Au mois de mai de cette année, le brick anglais *Procris* fut insulté, en rade, comme au bon temps de la piraterie barbaresque. La presse de Londres prit feu, et l'éclat fut tel qu'on prêta généralement au gouvernement britannique, sinon l'intention, du moins la menace de se faire justice lui-même et d'occuper Bougie. Ni dans la correspondance du ministre des affaires étrangères, ni dans les dépêches de l'ambassadeur de France, on ne trouve rien qui justifie en quoi que ce soit cette rumeur; il n'y a pas, même à l'état de conversation, la moindre trace de cette affaire. Quoi qu'il en soit, le gouvernement français jugea bon d'envoyer en observation devant Bougie, au mois d'octobre, le brick de guerre *Marsouin*. Il y avait six jours qu'il était au mouillage, quand, à l'improviste, les forts lui envoyèrent des boulets; naturellement, il leur adressa les siens; après quoi le capitaine vit arriver à son bord les notables désespérés, qui rejetèrent la responsabilité de l'agression sur les Kabyles. La scène était à peu près la répétition de ce qui s'était passé à Bone, après la catastrophe du malheureux Huder. Le lendemain, ce fut un chef kabyle, Hadji-Mehemet, qui se présenta; il se vanta d'avoir fait cesser le feu et chasser les auteurs du méfait dans la montagne ; il apportait une lettre d'excuse au nom du cadi, des notables de la ville et des cheikhs de Mzaïa, la grande tribu qui est la plus voisine de Bougie.

L'idée d'une occupation avait alors tenté le duc de Rovigo ; mais les moyens manquaient, et la saison était bien avancée ; il ne laissa pas de nouer, en attendant mieux, des relations avec le Maure Boucetta, kaïd de la ville, et avec Oulid-ou-Rebah, cheikh des Ouled-Abd-el-Zebbar, rivaux des Mzaïa ; l'intermédiaire était un négociant, nommé Joly, depuis longtemps établi à Alger et connu sur le marché bougiote. Il y avait encore cette analogie avec l'aventure de Bone, que, du côté des indigènes, on manquait absolument de sincérité. L'intrigue menée par Oulid-ou-Rebah, Boucetta et Joly, n'avait pas d'autre mobile que l'intérêt d'une association commerciale, et pas d'autre objet que le monopole des échanges. Entre eux trois, ils comptaient bien accaparer le trafic, mais, pour assurer le succès de leur entreprise, il eût été bon que Joly fût paré du titre de consul de France ; ils n'aspiraient à rien de plus, et c'est ce qu'ils voulaient dire, lorsque, reprenant avec le général Voirol les pourparlers interrompus par le départ du duc de Rovigo, ils assuraient que la population de Bougie verrait avec satisfaction arriver les Français. De l'installation d'un consul à l'occupation militaire, il y avait loin; on employait bien de part et d'autre es mêmes mots, mais on ne leur attribuait pas le même sens; en tout cas, pour sortir de doute, le général Voirol résolut d'envoyer à Bougie l'homme qui lui parut le plus capable d'examiner de près les hommes et les choses, le capitaine de La Moricière.

Celui-ci s'embarqua, le 15 juin 1833, sur le brick *Zèbre;* le commandant de Tinan, aide de camp du ministre de la guerre, avait voulu faire la reconnaissance avec lui; il y avait en outre le sous-officier Allegro, des chasseurs d'Afrique, trois indigènes dévoués au capitaine, le kaïd Boucetta et quatre cheikhs des environs de Bougie. L'attitude de ces derniers personnages était singulière; très-assurés d'abord, ils paraissaient de plus en plus préoccupés et soucieux; leur langage était tout autre qu'au départ : il aurait fallu, selon eux, arriver de nuit, à l'insu des Kabyles; si un seul chrétien mettait pied à terre, ils ne voulaient plus répondre de ce qui pourrait advenir; bref, ils essayaient tout pour empêcher le débarquement.

Le 27, dès que le brick eut jeté l'ancre, La Moricière se hâta de descendre avec M. de Tinan, Allegro, deux des serviteurs indigènes, tous bien armés, Boucetta et deux cheikhs; les autres étaient gardés à bord. A peine les visiteurs avaient-ils jeté un coup d'œil sur la ville, entourés de groupes dont la physionomie n'avaient rien de sympathique, qu'il leur fallut d'abord s'enfermer dans la maison du kaïd, dont une douzaine de Kabyles, à grands coups de crosse, s'efforçaient d'enfoncer la porte, puis, tandis que les assaillants étaient allés querir du renfort, regagner leur canot à la hâte. Le soir, on vit la lueur d'un incendie; c'était la maison du kaïd qui brûlait; le lendemain matin, on apprit que sa femme et ses enfants avaient dû se réfugier dans la montagne. Au moment où le brick déjà sous voiles s'apprêtait à prendre la mer, une barque arabe l'accosta; elle portait le gendre d'Oulid-ou-Rebah, qui venait de sa part avec de grandes protestations de dévouement; on pensa qu'il aurait mieux fait d'en donner des marques la veille, alors qu'on n'avait même pas entendu parler de lui.

En fait, La Moricière n'avait pu voir que fort peu de chose; néanmoins, au retour, l'imagination échauffée, il poussa de toutes ses forces à l'occupation de Bougie, et sur les informations qu'il avait recueillies d'ailleurs, il fit tout un plan d'attaque. Avec six cents hommes, dit-il en ce premier moment, on en verrait la fin; et comme on se récriait, il voulut bien reconnaître qu'il en faudrait peut être mille. Six cents ou mille, le général Voirol n'était ni en mesure ni en disposition de les donner. Cette expédition ne lui plaisait pas ; il en voyait clairement les difficultés et n'en distinguait pas bien les avantages. A Paris, le maréchal Soult, qui pourtant n'avait jamais été jusque-là bien favorable aux affaires d'Afrique, parut s'intéresser à celle-ci; l'ardeur de son aide de camp, que l'enthousiasme de La Moricière avait séduit, le gagna lui-même; mais en homme de grande et vieille expérience, il jugea prudent de porter du simple au double les moyens demandés. Comme la division d'Alger, réduite par les maladies, n'était évidemment pas en état de les fournir, il décida que l'expédition serait organisée en France, et qu'elle comprendrait deux bataillons du 59e, deux batteries d'artillerie dont une de montagne, une compagnie de sapeurs, une compagnie du train, un détachement d'ouvriers d'administration, soit au total dix-huit cents hommes avec une réserve de 300,000 cartouches, des vivres pour trois mois et un matériel proportionné. Le général Trézel, appelé d'Alger pour en prendre le commandement, arriva vers la fin d'août à Toulon avec ses aides de camp et le capitaine de La Moricière; mais l'embarquement ne se put faire qu'un mois plus tard. L'état-major et les troupes prirent passage sur sept navires de l'État : la frégate *Victoire,* les corvettes *Ariane* et *Circé,* la corvette de charge *Oise,* les gabarres *Caravane* et *Durance,* le brick *Cygne;* huit bâtiments de commerce avaient été nolisés pour le transport du matériel. M. de Parseval, capitaine de vaisseau, commandait la division navale; contrariée par les vents, elle ne parut que le 29 septembre, après six jours de mer, en rade de Bougie.

Réunis sur la dunette de la frégate, le général, l'état-major, les officiers d'artillerie et du génie étudiaient l'aspect général et les principaux accidents du terrain, le tracé de la fortification, la disposition de l'armement. La ville apparaissait en amphithéâtre au pied du Gouraïa, sur deux croupes séparées par une gorge profonde, commun débouché d'un triple ravin dont les branches convergentes divisaient autrefois les hauts quartiers de l'ancienne Bougie. De ces quartiers, comme de ceux qui occupaient au même temps la croupe orientale, comme de l'enceinte qui les protégeait, il ne restait à peu près rien que des ruines ; la vie qui s'en était retirée s'était concentrée au nord et à l'ouest de la gorge de Sidi-Touati. Là, parmi les jardins et les vergers, on apercevait, disséminées et comme enfouies dans la verdure, quelques centaines de petites maisons proprettes et blanches. De cette vue d'ensemble, si le regard du spectateur s'arrêtait au détail, il apercevait au premier plan les défenses du front de mer : à sa droite, sur la pointe qui limitait à l'est l'anse du port, la batterie Déli-Ahmed et la tour carrée du fort Abd-el-Kader ; en face, tout au milieu de la courbe décrite par la plage, le quai de débarquement, et couvrant l'issue du grand ravin, *Bab-el-Bahar,* la Porte de mer ; à gauche, un peu avant la pointe occidentale, la batterie Sidi-Hussein ; à la pointe même, le bastion de Choulak. Au second plan, de ce même côté, commençaient à se dessiner les murs de la kasba, dont le bastion de Choulak n'était que l'ouvrage inférieur et qui s'élevait à mi-côte jusqu'à la masse du fort de l'Agha, son réduit. Au-dessus, au point culminant de la croupe occidentale, se dressait l'ouvrage le plus considérable de Bougie, le fort Mouça ; de l'autre côté du ravin, la croupe orientale, la croupe de Bridja qui domine le fort Abd-el-Kader, était nue, déserte et sans défense.

Embossés à courte distance, les navires de combat ont bientôt éteint le feu des batteries de côte et des forts. A dix heures du matin, les canots chargés d'infanterie accostent au mur de quai; les hommes débarquent; la porte de mer est enfoncée; on est au seuil de la ville. Dans un ordre communiqué la veille aux troupes, tout a été réglé, composition des colonnes, formations de combat, directions à suivre; de ce programme, rien n'est suivi. Est-ce la faute du général Trézel? Non; c'est l'instrument qui est défectueux. Le 59ᵉ qui vient de France ne connaît pas la guerre d'Afrique, ni même absolument la guerre; les hommes n'ont jamais vu le feu; les officiers hésitent, l'attaque est molle. Cependant il faut faire quelque chose. Le capitaine Saint-Germain et le lieutenant Mollière, l'un aide de camp, l'autre officier d'ordonnance du général, tournent, le premier à gauche vers la kasba, l'autre à droite vers le fort Abd-el-Kader; une ou deux compagnies les suivent et pénètrent avec eux dans les ouvrages qui ne sont pas défendus. Au fort Mouça, le résultat est le même; La Moricière y est entré à peu près sans résistance. Victoire donc! Ville gagnée! Pas encore.

Ce n'est pas là que sont les Kabyles. C'est au-dessus de la croupe de Bridja, au marabout de Sidi-Touati, entre les branches du ravin supérieur ; c'est là qu'ils se tiennent, nombreux, actifs, aux aguets dans toutes les ruelles, embusqués derrière toutes les haies, dans toutes les maisons, à l'abri des clôtures. Sur le sol dénudé de Bridja, où les Français sont à découvert, c'est une grêle de balles; un chef de bataillon, un capitaine, beaucoup d'hommes sont atteints; il faut hisser jusque-là deux obusiers pour répondre à ce feu terrible. Avec des troupes neuves, étonnées, le général ne peut que se tenir sur la défensive; tenter de déloger l'ennemi serait une trop grosse aventure. Cependant tout son monde est engagé ; il fait appel au commandant de Parseval, qui envoie deux cents matelots à la porte de mer. Il y a vingt morts et cinquante blessés; aux autres il faut du repos. Le soir vient, mais non pas l'ombre; une lune magnifique éclaire la montagne, la ville et la mer. Toute la nuit le combat dure; l'ennemi, se coulant dans la gorge de Sidi-Touati, essaye d'isoler Bridja du fort Mouça. Le 30 au matin, la communication directe est rétablie, mais dans les quartiers hauts les Kabyles se maintiennent, plus nombreux, plus acharnés que la veille ; des pièces de canon qu'une compagnie escorte sont attaquées; toute la journée s'écoule dans l'ascension lente de l'infanterie française, pendant que les boulets et les obus fouillent les jardins et ruinent les maisons. C'est seulement le 1ᵉʳ octobre que le marabout de Sidi-Touati, à l'entrée de la gorge, peut être occupé; dès lors, la violence du combat s'apaise; la lutte peut être considérée comme suspendue. Dans la dernière affaire, le général Trézel a été blessé d'une balle à la jambe. Par la corvette *Circé*, qui met à la voile pour Alger, il fait demander au général Voirol un bataillon de renfort. La pluie qui tombe à torrents aide à la trêve, mais elle retarde les travaux de défense exécutés à gauche par la compagnie de sapeurs, pendant que, sur la droite, l'artillerie couvre d'un épaulement la batterie de Bridja.

Le camp des Kabyles occupait à quinze cents mètres dans l'ouest un mamelon couronné par une sorte de construction qui avait assez l'apparence d'une tour à moulin, et qui en a gardé le nom de moulin de Demous; de là ils avaient des postes échelonnés sur les pentes, jusqu'au marabout de Gouraïa, tout au sommet de la montagne. Dans la nuit du 2 au 3 octobre, deux heures avant le jour, cinq compagnies du 59ᵉ, suivies de cent cinquante marins en réserve, se mirent en marche; successivement et sans trop de peine, elles enlevèrent le poste des Tours d'abord, puis le poste des Ruines; mais quand elles s'attaquèrent au marabout, elles échouèrent; les marins ne furent pas plus heureux; ils eurent cinq blessés, dont deux officiers; la perte totale était de quinze blessés et de deux morts. Dans cette affaire, le kaïd Boucetta, qui avait voulu guider le détachement, fut pris dans l'obscurité pour un Kabyle et tué à bout portant par un soldat. L'erreur était regrettable, non le personnage; dans le combat du 1er octobre, il avait profité du tumulte pour envahir la maison du cadi qu'il haïssait, et y faire égorger quatorze femmes et enfants de sa famille.

La pluie continuait; un blockhaus n'en fut pas moins élevé à l'angle nord-ouest de la ville; la redoute qui l'entourait reçut un obusier de 24 et une pièce de 8; dès lors ce coin fut assuré contre toute attaque. Dans la soirée du 5, on vit débarquer, venant d'Alger, un bataillon du 4e de ligne, le lieutenant-colonel Lemercier, du génie, avec une compagnie de sapeurs et un gros envoi de matériel. Quelques jours plus tard arrivèrent deux cents *zéphyrs* du 2e bataillon d'Afrique. Dans l'intervalle le génie avait établi un blockhaus sur la hauteur de Bou-Ali, au-dessus de Bridja, disposé la mosquée de la kasba pour l'installation d'un hôpital et commencé à construire des fours. Les troupes, lasses du biscuit et du lard salé, soupiraient après le pain de munition et la viande fraîche; une gabare était allée embarquer des bestiaux à Bone.

Les renforts arrivés permettaient de reprendre l'offensive. Le 12 octobre, une heure avant le jour, les Kabyles furent dépostés en même temps du marabout de Gouraïa et du moulin de Demous. Au marabout, le succès fut enlevé en un tour de main; à Demoüs, il fallut se battre sérieusement et longtemps. Le lieutenant-colonel Lemercier, qui conduisait cette attaque, avec le bataillon du 4ᵉ, une demi-compagnie de sapeurs et cinq obusiers de montagne, avait devant lui tout le gros des Kabyles, qui, d'abord surpris, revinrent plusieurs fois à la charge. La marine dut mettre à terre ses compagnies de débarquement, et l'ennemi ne reconnut sa défaite qu'après onze heures de combat. Depuis l'occupation du Gouraïa, dont le marabout fortifié devint un excellent ouvrage, Bougie n'avait plus rien à craindre de ce côté; de l'autre, le colonel Lemercier voulut donner à la place une double ligne de défense : d'abord un retranchement continu, suivant la ligne des anciennes murailles et poussé jusqu'au dernier escarpement du Gouraïa; puis, à quatre ou cinq cents mètres en avant, échelonnés de bas en haut sur une même ligne, dite du Contre-fort vert, le poste crénelé du Marché, le blockhaus Khalifa, le blockhaus Salem et le blockhaus Roumane. Le 25 octobre, le 1er et le 4 novembre, les Kabyles essayèrent d'empêcher ces travaux dont ils comprenaient bien l'objet et l'importance.

Ils ne se résignaient pas; évidemment Bougie était pour longtemps encore sous la menace de leurs attaques; il fallait pour y commander un officier intelligent et résolu. Le maréchal Soult y envoya Duvivier, qui, rentré depuis dix mois en France, rongeait son frein au 15e de ligne. Il arriva le 6 novembre; dès le lendemain, il prit le commandement de la place et des troupes. Pour un chef de bataillon, c'était une situation exceptionnelle; il avait sous ses ordres un des deux bataillons du 59e, l'autre étant envoyé avec le colonel à Bone, un bataillon du 4e, deux compagnies de zéphyrs et quatre de zouaves qui venaient d'arriver d'Alger.

La mission du général Trézel était accomplie; l'état de sa blessure, qu'il avait négligée d'abord,

17.

le retint près d'un mois encore à Bougie ; il ne put s'embarquer que le 4 décembre. Avec lui rentraient à Alger le lieutenant-colonel Lemercier, les officiers détachés de l'état-major général, et le commandant de La Moricière, car le ministère venait de récompenser son zèle et de combler ses vœux en le mettant à la tête du bataillon de zouaves.

IV

Quand La Moricière avait créé le bureau arabe, il s'était attaché deux aides sur l'intelligence et le dévouement desquels il pouvait absolument compter, le sous-lieutenant Vergé, des zouaves, et le Tunisien Allegro, maréchal des logis aux chasseurs d'Afrique. Allegro l'avait suivi à Bougie ; Vergé, retenu par le général Voirol, avait été d'abord chargé de diriger et de surveiller le jeune Oulid-Bouzeid, que le général venait de nommer kaïd de Beni-Khelil à la place de son père, assassiné sur le marché de Bou-Farik, selon toute probabilité, par les Hadjoutes ; puis il avait été envoyé en mission dans l'outhane de Khachna. A son retour, peu s'en fallut qu'il ne prît dans Beni-Khelil la place de son pupille qui n'avait sur les Arabes aucune autorité; mais la création d'un kaïd français parut au général Voirol une nouveauté trop hasardeuse, et ce fut le grade de lieutenant qui récompensa les services de Vergé, tandis qu'Allegro était promu à l'épaulette.

L'hiver venu, la Métidja eût été parfaitement calme, si les Hadjoutes avaient permis à leurs voisins de vivre tranquilles, ou plutôt s'il leur eût convenu de rester tranquilles eux-mêmes; mais la turbulence, l'esprit d'aventure et surtout le goût du pillage étaient depuis trop longtemps chez eux à l'état d'habitudes invétérées pour qu'on pût espérer sérieusement de les voir changer de conduite. Sans doute ils avaient beaucoup promis à La Moricière, et La Moricière avait beaucoup présumé d'eux; la vérité est qu'on s'était fait illusion de part et d'autre. L'influence de La Moricière sur les Hadjoutes avait été un moment grande, mais il ne faudrait pas l'exagérer; son départ pour Bougie a pu hâter la rupture; sa présence l'aurait retardée peut-être; elle ne l'eût empêchée certainement pas. Quand il revint, elle était consommée; la première expédition qu'il fit, en 1834, à la tête de son bataillon de zouaves, fut contre les Hadjoutes. Il était parti un soir avec trois cents de ses hommes et cent chasseurs d'Afrique, comptant surprendre dans Haouch-Hadji des chefs de bandes que les espions y disaient rassemblés. La distance était énorme, quatorze ou quinze lieues à franchir en une nuit; le capitaine d'état-major Pellissier, aide de camp du général Voirol, qui guidait la colonne, ne la croyait pas aussi grande; le jour s'était fait quand la cavalerie cerna le repaire; elle n'y trouva que des femmes, des enfants et des vieillards; on ne leur fit aucun mal. Les hommes ne se montrèrent qu'au retour en reconduisant, selon l'usage, à coups de fusil les visiteurs. Une opération manquée a le plus souvent de mauvaises conséquences; cependant le lundi suivant, le capitaine Pellissier, le lieutenant Vergé et le sous-lieutenant Allegro se rendirent au marché de Bou-Farik, où les indigènes leur parurent tranquilles; il est vrai qu'à peu de distance était le général Bro avec deux bataillons, deux escadrons et deux obusiers de montagne.

De la fin de janvier au milieu de mai, il y eut une période de calme que le général Voirol sut employer d'une manière très-utile et très-sage. Il réorganisa les kaïdats de Beni-Khelil, Beni-Mouça et Khachna, en divisant chaque outhane en cantons administrés chacun par un cheikh responsable de la tranquillité publique ; pour en assurer le maintien, les kaïds et les cheikhs eurent à leurs ordres un certain nombre de spahis soldés à raison d'un franc par jour ; la solde mensuelle des kaïds était de quatre-vingts francs, celle des cheikhs de soixante.

C'est par des soins d'un autre ordre que le général Voirol a recommandé d'ailleurs sa mémoire aux habitants d'Alger. Sur la colline de Moustafa-Pacha, au point culminant, s'élève une colonne de marbre ; l'inscription rappelle au passant que la route sur laquelle il chemine est l'œuvre du général, comme presque toutes celles qui rayonnent autour de la ville. Les terrassements ont été faits, sous la direction des officiers du génie, par les troupes, les travaux d'empierrement par le service des ponts et chaussées. C'est aussi sous le commandement du général Voirol qu'a été entrepris le desséchement des marais de l'Harrach, aux environs de la Ferme modèle et de la Maison-Carrée ; on y employait les compagnies de discipline, aidées de travailleurs indigènes. Enfin, le camp de Douéra, qui avait été construit l'année précédente, mais évacué au moment des pluies, fut occupé définitivement ; au mois de mai, la brigade du général Bro vint s'y établir. C'était le prélude d'une grande opération dans l'ouest de la Métidja.

Exaspérés par les incursions continuelles et les déprédations des Hadjoutes, les gens de Beni-Khelil et même de Beni-Mouça étaient disposés à se joindre aux Français pour les punir. Rendez-vous fut donné à leurs kaïds, le 17 mai dans la nuit, aux ponts de Bou-Farik; ils s'y rendirent avec six cents cavaliers. Le général Bro, parti du camp de Douéra, avait avec lui deux bataillons du 4e de ligne, un bataillon de la légion étrangère, trois cents zouaves, cent chasseurs d'Afrique et quatre pièces d'artillerie. Ses instructions lui prescrivaient de n'employer la force que si les Hadjoutes refusaient de venir à composition. Ils refusèrent. Le 18 mai, leur territoire fut envahi; les auxiliaires arabes, qui marchaient les premiers, engagèrent le combat sans hésitation. Entre l'Oued-Djer et le Bou-Roumi s'étendait le bois de Kareza, refuge accoutumé des pillards; on le fouilla, on y trouva une énorme quantité de bétail qui fut immédiatement réparti entre les auxiliaires. Le lendemain, la recherche allait être reprise quand un cavalier se présenta, demandant à être entendu. Le capitaine d'état-major Pellissier, le futur auteur des *Annales algériennes*, venait d'être nommé chef du bureau arabe. Assisté du lieutenant Vergé, il alla trouver le parlementaire. L'Hadjoute assura que, si l'on voulait accorder la paix aux gens de sa tribu, ils s'engageaient à indemniser ceux de Beni-Khelil et même à recevoir un kaïd des mains du grand chef d'Alger. Le général Bro voulut qu'on le lui amenât; il hésitait; pour lui donner confiance, Vergé passa seul du côté des Hadjoutes. On ne put pas s'entendre. Le parlementaire refusa de promettre les otages qu'exigeait le général, les hostilités furent reprises. Le butin fut ce jour-là plus considérable encore que celui de la veille, troupeaux, tentes, tapis, ballots de laine, et, comme celui de la veille, il fut distribué aux auxiliaires. Le 20 mai, un nouvel envoyé se présenta; moins fier que l'autre, il apportait la soumission de la tribu. Les Hadjoutes reçurent pour kaïd Kouider-ben-Rebah, depuis longtemps désigné par le général Voirol; ils ne réclamèrent pas la restitution de ce qui leur avait été pris. Le 21, les troupes rentrèrent au camp de Douéra, et les auxiliaires rapportèrent dans leurs douars les dépouilles opimes qu'ils devaient à la libéralité des Français. Quelques jours après, les Hadjoutes et les gens de Beni-Khelil députèrent quelques-uns des leurs à Blida pour consacrer par une cérémonie solennelle le rétablissement de la bonne intelligence entre les uns et les autres. Une fosse fut creusée; on y déposa un plat de couscoussou, et, pendant qu'on le recouvrait de terre, tous les assistants récitèrent une formule de malédiction contre les violateurs de la paix. Satisfait de la soumission des Hadjoutes, le général Voirol rendit à la liberté le marabout Sidi-Mohammed, le dernier des otages de Koléa.

C'était assurément une grande nouveauté que d'avoir vu des indigènes marcher avec les *Roumi* contre des hommes de même religion et de même race; mais il y avait un autre spectacle non moins intéressant à voir, des *Roumi* mêlés tous les jours aux indigènes, allant et venant au milieu d'eux, acceptés par eux, en commerce habituel avec eux. Quand on aurait vu pendant un certain temps pareille chose, alors on pourrait commencer à prendre confiance. L'expérience était à faire. Pendant le mois de juin, le chef, les officiers et les agents du bureau arabe se montrèrent fréquemment dans la plaine; des Européens se rendirent le lundi au marché de Bou-Farik; d'autres, par curiosité, poussèrent jusqu'à l'Oued-Hamise, afin de voir des émigrés du Sahara, les Arib, à qui le général Voirol avait confié un terrain de culture, près de Haouch-Rassauta, et qui, en retour, devaient fournir la garde du fort de l'Eau et de la Maison-Carrée; leurs douars comptaient déjà quarante-cinq tentes; ils allaient prochainement atteindre la centaine.

Pendant le mois de juillet, le bureau arabe, le service topographique et l'administration des domaines s'entendirent pour faire dans les trois kaïdats de Beni-Khelil, Beni-Mouça et Khachna la recherche des biens du beylik. Cette opération, bien conduite, fit reconnaître l'existence de dix-neuf haouchs entourés de terres d'une vaste étendue, très-fertiles et d'un grand rapport. Des indigènes s'y étaient installés comme chez eux, sans aucun titre; au lieu de les faire déguerpir, on les y laissa, moyennant une très-légère redevance, à titre de locataires, mais pour une année seulement. La mesure, parfaitement juste, ne fit que des mécontents; de vrais propriétaires spoliés ne se seraient pas plaints davantage, et leurs plaintes réveillèrent l'agitation que les optimistes s'imaginaient avoir vue disparaître. Les Maures, comme toujours, intriguaient contre la France en se donnant l'air de la servir. L'ex-bey de Médéa, Ben-Omar, s'était fait bienvenir du général Voirol; il avait même réussi à se faire donner une commission extraordinaire avec de grands pouvoirs dans l'outhane de Beni-Khelil, où l'administration d'Oulid-Bouzeïd était absolument insuffisante; puis, sous couleur de ramener à l'autorité française les gens de Blida et les Beni-Sala de la montagne, en flattant leur amour-propre, il persuada au général de nommer à la place d'Oulid-Bouzeïd un cheikh de Beni-Sala, El-Arbi-Ben-Brahim, qui avait à Blida sa résidence habituelle. Dès que ce nouveau kaïd fut en fonction, l'état des affaires, qui, suivant Ben-Omar, allait s'améliorer, devint pire.

Quand, après la recherche des biens du beylik, le capitaine Pellissier parut sur le marché de Bou-Farik, sa présence excita une émotion qui faillit passer au désordre. Deux jours après, El-Arbi et Kouïder, le kaïd des Hadjoutes, écrivirent au général Voirol, avec force protestations de dévouement et de regret, que, dans l'état d'esprit où étaient les Arabes, la seule apparition des Européens à Bou-Farik risquerait d'être considérée comme une déclaration de guerre. Gêné par ses instructions et par les avis qu'il recevait de Paris, le général Voirol essaya d'un moyen terme; il institua un marché à Douéra; mais les kaïds lui déclarèrent qu'aucun de leurs administrés n'y viendrait, et aucun n'y vint. El-Arbi avait fait serment de ne pas mettre le pied dans Alger tant que les Français en seraient maîtres. Néanmoins, satisfait de la victoire qu'il venait de remporter sur eux en les expulsant virtuellement de la Métidja, il consentit à paraître aux fêtes de juillet avec les grands des tribus : démonstration vaine qui, après tout ce qui venait de se passer, ne pouvait plus faire illusion, même aux optimistes. Du commerce des deux races et du rapprochement des intérêts, il ne restait à peu près rien ; l'épreuve avait mal tourné, l'expérience était faite.

V

A Bone, au contraire, l'épreuve était satisfaisante ; l'expérience paraissait en voie de réussir ; c'est que, de ce côté, l'autorité française bénéficiait de tout ce qu'inspirait d'horreur à certaines tribus le despotisme cruel du bey de Constantine. Ahmed leur était plus odieux que les Français ne leur étaient sympathiques ; mais elles ne pouvaient s'empêcher de reconnaître le soin que ceux-ci mettaient à les défendre contre les partisans de leur ennemi commun. A la tête d'une troupe de plus de trois cents cavaliers, composée de Turcs, de spahis et d'auxiliaires, Jusuf, chef d'escadron au 3ᵉ chasseurs d'Afrique, faisait la police de la plaine; quand il était besoin d'une démonstration plus forte, le général d'Uzer sortait avec les troupes régulières. C'est ainsi qu'il alla chercher, près du lac Fezzara, les Ouled-Attia au mois d'avril 1833, refouler les Beni-Yacoub au mois de mai, châtier les Merdès au mois de septembre.

Intéressant pour l'histoire locale et pour les chroniques régimentaires, le récit de ces petites expéditions risquerait d'être ici monotone. C'est un peu l'inconvénient de ces guerres d'Afrique, où soulèvements et répressions, les incidents sont nombreux sans être variés. Si l'historien, non par ignorance ou par oubli, mais volontairement et réflexion faite, en élimine beaucoup, s'il ne met en lumière que ce qui a du relief, il use de son droit qui est de choisir, et fait son devoir qui est de ménager le lecteur.

L'été de 1833, comme celui de l'année précédente, fut pour les troupes de Bone un temps de ravage. Quelle valeur a le mot *décimer* quand on voit, au mois de juillet, le 55ᵉ de ligne, sur un effectif de 2,430 hommes, n'en avoir pas beaucoup plus de 500 à mettre en ligne, et le 6ᵉ bataillon de la légion étrangère souffrir encore davantage? Au mois d'août, il y avait seize cents malades; du 15 juin au 15 août la garnison perdit plus de trois cents morts. Un mois après, Bone vit débarquer la commission d'enquête; elle fut témoin de cette misère; elle put signaler tout ce qu'il y avait à faire, après ce qui avait été fait déjà, pour abriter les troupes autrement que dans des masures détrempées par la pluie, surtout pour assainir et purifier la ville. Avec la chaleur les fièvres avaient heureusement diminué; au 1ᵉʳ octobre, il n'y avait plus que sept cents hommes à l'hôpital; le 55ᵉ allait être relevé par deux bataillons du 59ᵉ. L'hiver acheva de rétablir la santé publique.

Bone comptait un millier de Juifs, autant de Maures, environ huit cents Européens, Maltais et Mahonais pour la plupart. Au dehors, l'influence française gagnait du terrain; les douars protégés couvraient les deux rives de la Seybouse; jusqu'à sept ou huit lieues de distance, deux spahis pouvaient sans crainte porter aux tribus les ordres du général. Les Européens commençaient à faire des acquisitions de terres; le général d'Uzer avait donné l'exemple; il ne pensait pas qu'il s'exposait aux soupçons, aux attaques, aux morsures venimeuses dont le maréchal Clauzel avait déjà souffert et dont il devait souffrir encore.

Les fêtes du Ramadan furent plus brillantes, les courses de chevaux plus animées qu'en 1833 ; tous les grands y étaient venus avec leurs plus riches vêtements et leurs plus belles armes. Le cheikh de La Calle étant mort, une députation des notables offrit au général d'Uzer le choix entre les candidats qui se disputaient la succession, et celui qu'il désigna fut accepté d'un commun accord. A chaque instant, on voyait arriver des fugitifs de Constantine ou des fractions de tribus qui venaient se mettre sous la protection du drapeau français. Un odieux guet-apens du bey Ahmed ne fit que précipiter ce courant d'émigration. Les Segnia, une grande tribu dont les douars, établis à quatre journées de Bone et à deux de Constantine, vers la Tunisie, comptaient plusieurs centaines de tentes, lui refusaient le payement des contributions. Ahmed convoqua leurs grands; il leur envoya des sauf-conduits; les messagers jurèrent en son nom qu'il ne leur serait fait aucun mal; tout ce qu'il souhaitait d'eux, c'était le concours de leurs nombreux cavaliers contre les Français. Ils vinrent suivis de leurs goums. Dès la nuit suivante, ils furent surpris et, pour la plupart, égorgés : deux cents têtes furent envoyées à Constantine avec les troupeaux et les richesses de la tribu. Après cette exécution, Ahmed vint s'établir, au mois d'août 1834, près de Ghelma, sur la haute Seybouse; il avait avec lui 4,000 hommes, dont 2,500 réguliers, infanterie et cavalerie. A son approche, le vide s'était fait autour de lui; les grands des Ouled-Bouaziz étaient venus planter leurs tentes sous le canon de Bone; toutes les tribus avaient refusé de répondre à l'appel du bey. Au mois de septembre, il s'éloigna, maudissant les chrétiens et les faux musulmans qui aimaient mieux vivre en paix auprès d'eux que de venir à lui sous le coup de ses exactions et de ses fureurs.

VI

Ce que le bey Ahmed essayait vainement d'obtenir par la terreur, Abd-el-Kader, à l'autre extrémité de la régence, l'obtenait par la persuasion, par la souplesse et l'activité de son génie. Ce n'est pas qu'après l'acclamation des premiers jours, il n'eût rencontré parmi les siens des jalousies, des rivalités, des obstacles; il ne s'en était pas étonné; il s'attendait à en rencontrer de plus grands encore et il se préparait à les vaincre. Le titre de sultan qui lui avait été décerné aurait pu déplaire à Fez : il prit celui d'émir, qui veut dire prince. Quand il avait besoin de ses voisins du Maroc, il s'intitulait khalifa du sultan de Gharb; quand il voulait entraîner les Arabes contre les Français, il était celui qui fait triompher la religion, *Nacer-ed-Dine*.

De Mascara il surveillait Oran, où le commandement venait de passer, à dater du 23 avril 1833, entre les mains du maréchal de camp Desmichels. Le général Boyer léguait à son successeur une bonne situation militaire, trois mille huit cents fantassins, cinq cents cavaliers, deux batteries de campagne, le corps de place bien réparé, les ouvrages extérieurs accrus de la mosquée de Kerguenta convertie en caserne défensive. Le successeur arrivait avec des idées belliqueuses, blâmant l'inaction qui ne faisait qu'encourager l'ennemi et déprimer le moral des troupes. Le 7 mai, à minuit, il sortit avec seize cents hommes du 66° de ligne et de la légion étrangère, quatre cents chasseurs d'Afrique et quatre obusiers de montagne. Les hommes n'emportaient qu'une ration de pain, les chevaux qu'une ration d'orge;

il ne s'agissait que d'un coup de main sur les Gharaba, qui étaient venus camper à six lieues d'Oran, dans la plaine du Tlélate. Au point du jour, on les surprit, on tua quelques hommes, on prit une trentaine de femmes et d'enfants, beaucoup de moutons et de bœufs, une vingtaine de chameaux, quelques chevaux, et l'on s'en revint. La retraite dura sept heures, harcelée par une masse de cavaliers, car des douars voisins accouraient sans cesse des alliés aux Gharaba; cependant les pertes furent à peine sensibles, parce qu'au lieu de se servir de leurs longs fusils, les Arabes, ce jour-là, ne combattirent guère qu'à l'arme blanche. Le bétail fut particulièrement bien accueilli dans la place, qui, depuis deux mois, manquait presque absolument de viande fraîche.

Cette sortie était une provocation. Abd-el-Kader y répondit en venant s'établir, le 25 mai, à trois lieues et demie d'Oran, au santon du Figuier; il paraissait avoir une dizaine de mille hommes. Le lendemain, le général Desmichels se tint en observation en avant du fort Saint-André; la position lui paraissant bonne, il y fit préparer l'emplacement d'un blockhaus que le génie se mit à établir, le 27, au point du jour. A ce moment, l'ennemi parut, toutes les troupes sortirent d'Oran, et l'affaire s'engagea. Les Arabes s'avançaient sur deux colonnes; l'une se déploya pour une attaque de front, l'autre manœuvrait pour tourner la gauche française. Ce fut surtout un beau combat de cavalerie, plus émouvant que meurtrier. Enfin, après sept heures de lutte, les adversaires épuisés se séparèrent ; les uns retournèrent au Figuier, les autres rentrèrent dans la place, laissant le blockhaus solidement planté avec une petite garnison de quarante hommes.

Très-étonnés, très-intrigués à l'aspect de ce singulier édifice qui s'était tout à coup dressé là comme par enchantement, une centaine des plus hardis parmi les Arabes s'en approchèrent pendant la nuit, d'abord avec précaution; ils tournaient autour; ils se consultaient; ils examinaient les palissades; enfin l'un d'eux tenta l'escalade; descendu dans l'enceinte, il s'avança vers cette maison de bois, sombre, silencieuse, la frappa du poing et se mit à rire; au même instant, il tomba mort, et ses compagnons, qui s'apprêtaient à le rejoindre, s'enfuirent au plus vite : la garnison avait fait un peu trop tôt sa décharge. Le 30, vers deux heures du matin, une autre bande plus nombreuse vint, avec une pièce d'artillerie de très-petit calibre, attaquer le monstre; un boulet brisa l'extrémité d'une poutrelle de l'étage supérieur, et ce fut tout. Le 31, les tirailleurs arabes se présentèrent en assez grand nombre ; mais cette démonstration n'était que pour masquer un mouvement général de retraite ; en effet, le soir même, les tentes furent repliées et les contingents se dispersèrent. Le monument de cette prise d'armes reçut le nom de blockhaus d'Orléans.

Le 11 juin, le général Desmichels fit, sans rencontrer d'ennemis, une promenade militaire à Misserghine et à Bridia, où fut établi le bivouac ; c'était la première couchée que les troupes d'Oran faisaient hors des murs ; elles y rentrèrent le lendemain, saluées enfin de quelques coups de fusil. Pendant cette excursion, un cheikh des Beni-Amer, ayant trouvé libre le chemin d'Oran, y avait amené un convoi de chameaux et d'ânes chargés d'orge et de blé. Ce cheikh, très-intelligent, parlait bien l'espagnol ; le général, à son retour, voulut se servir de lui pour amener d'autres chefs arabes à nouer avec les Français des relations de commerce et de bon voisinage ; afin de l'accréditer, il le chargea de ramener aux Gharaba les femmes et les enfants qui leur avaient été enlevés dans la surprise du 8 mai.

Depuis sa dernière tentative sur Oran, Abd-el-

Kader travaillait à recruter de nouvelles forces en étendant de plus en plus le rayon de son autorité. C'était Tlemcen surtout qu'il souhaitait d'y soumettre ; Mascara sans doute était une ville importante ; mais Tlemcen, la reine du Moghreb, l'ancienne capitale d'un royaume, avait aux yeux des Arabes un bien autre prestige. Deux partis divisaient la cité, ou plutôt il y avait deux cités dans la même enceinte, le Méchouar, château fort, ancien palais, occupé dès avant 1830 par un millier de Turcs et de coulouglis, et la ville où dominaient les *Hadar,* ainsi nommait-on dans la régence les Maures, habitants des villes ; ceux-ci avec leur kaïd, Ben-Nouna, étaient en grande majorité partisans du Maroc. Quand Abd-el-Kader se présenta devant eux, réclamant leur soumission, ils essayèrent de résister, mais, attaqués de front par les goums de l'émir et pris à revers par les coulouglis du Méchouar, ils furent facilement battus ; Ben-Nouna s'enfuit de l'autre côté de la frontière marocaine. Par son habile et sage modération, le vainqueur se concilia si bien les vaincus qu'ils abandonnèrent la cause du sultan de Fez et se donnèrent sans réserve à l'émir de Mascara. Pour achever son triomphe, il aurait fallu que les coulouglis, dont la diversion dans le combat lui avait été si utile, lui ouvrissent les portes du Méchouar ; avec force compliments, ils les tinrent fermées, alléguant que leurs affaires et les siennes étaient distinctes, et que s'ils étaient sortis la veille contre les Hadar, c'est qu'ils avaient eu à se plaindre d'eux pour leur propre compte. Le Méchouar était fort, la garnison nombreuse et décidée ; Abd-el-Kader n'avait pas les moyens de la réduire ; il se contenta du succès déjà considérable qu'il avait obtenu et reprit le chemin de Mascara. En route, il apprit deux mauvaises nouvelles, la mort de son père Mahi-ed-Dine, et l'occupation d'Arzeu par le général Desmichels.

Arzeu était une petite ville maritime dont le cadi, depuis l'établissement des Français à Oran, avait entretenu de bons rapports avec eux et fourni même quelques chevaux pour la remonte des chasseurs d'Afrique jusqu'au jour où, enlevé par les ordres d'Abd-el-Kader, il avait été conduit à Mascara et finalement étranglé, disait-on. Dès le mois de mai, le ministre de la guerre avait recommandé le port d'Arzeu à l'attention du commandant d'Oran. Le 1ᵉʳ juillet 1833, le nouveau cadi, accompagné de quelques membres de sa famille, était venu annoncer au général Desmichels le triste sort de son prédécesseur, qui était son propre neveu, et solliciter la protection de la France. Le général aussitôt avait organisé une colonne de deux mille hommes, composée de deux bataillons du 66ᵉ, d'un bataillon de la légion étrangère, du 2ᵉ régiment de chasseurs d'Afrique, d'une batterie d'artillerie et d'une compagnie de sapeurs, et l'avait fait mettre en mouvement, le 3 juillet au soir, sous les ordres du général Sauzet, tandis qu'il s'embarquait de sa personne, avec son état-major, sur le brick *Alcyon,* suivi d'une petite flottille qui portait des vivres, des munitions et les matériaux d'un blockhaus.

Il y a trente-sept kilomètres d'Oran au port d'Arzeu. La route traverse, du sud-ouest au nord-est, une plaine sans arbres, hérissée de broussailles et de palmiers nains, à peine accidentée par les dernières ondulations de la montagne des Lions, qu'on laisse sur la gauche. Après avoir marché toute la nuit, la colonne arriva, dans la matinée du 4, en même temps que la flottille, à la Mersa, qui était le port d'Arzeu. La ville proprement dite étageait, à six kilomètres au sud-est, sur la pente d'une colline, au milieu des ruines d'une cité romaine, ses petites maisons de pierre entourées de nopals. Elle n'avait guère plus de cinq cents habitants; c'était le port seul qui lui donnait quelque importance. Aussi, quand le lendemain on s'aperçut que la population avait déguerpi, le général Desmichels ne s'en mit pas en peine; il tenait la Mersa, qui lui suffisait. Les rares partisans du cadi, n'ayant pas voulu passer à l'ennemi avec les autres, demandèrent à s'embarquer pour Mostaganem. Ainsi désertée, la pauvre ville n'avait plus à perdre que son nom; elle le perdit : le principal disparut derrière l'accessoire, et la Mersa devint l'unique Arzeu.

Sauf quelques coups de fusil tirés dans la journée du 5, l'installation française se fit paisiblement. Le blockhaus s'éleva au centre d'une redoute armée d'artillerie ; un vieux fort, voisin de la plage, fut mis en état, un four construit. Le blockhaus reçut une garnison de vingt-cinq hommes; deux compagnies du 66e, avec quelques sapeurs du génie, occupèrent le fort qui fut bien approvisionné; après quoi, le 10 juillet, la colonne reprit la route d'Oran, sous la conduite du général Desmichels. A moitié chemin, un escadron de chasseurs fut détaché, avec une compagnie de voltigeurs, pour reconnaître le chemin entre la montagne des Lions et la mer. Il ne put rentrer à Oran que fort avant dans la nuit; le gros des troupes y était arrivé quatre heures plus tôt.

Quelques jours après, un bruit vint de Mascara que, pour se dépiquer d'Arzeu, Abd-el-Kader allait prendre sa revanche à Mostaganem. Au sujet de Mostaganem, Paris n'avait pas envoyé d'instructions; en provoquer d'Alger n'était pas dans la tradition des généraux d'Oran. En effet le général Desmichels ne témoignait pas plus de déférence au général Voirol que le général Boyer n'en avait montré au duc de Rovigo. D'ailleurs le temps pressait; les courriers se seraient trop fait attendre. En homme qui ne craint pas la responsabilité, le général prit son parti résolûment et sans retard. La frégate *Victoire* venait à point de mouiller à Mers-el-Kébir, amenant en renfort à la garnison d'Oran le 1er bataillon d'infanterie légère d'Afrique. A peine mis à terre, les zéphyrs furent remplacés par neuf cents hommes du 66e; cinq cent cinquante autres, grenadiers et voltigeurs de la légion étrangère, artilleurs, sapeurs du génie, cavaliers démontés, prirent passage à bord d'une flottille. En vingt-quatre heures, troupes, munitions, vivres, matériel, tout était embarqué. La mer était mauvaise; partie le 23 juillet de Mers-el-Kébir, forcée de relâcher à Arzeu, l'expédition dut atterrir, le 27, à Mers-el-Djedjad, le Port-aux-Poules, à l'embouchure de la Macta. Le soir même, les troupes prirent leur bivouac à la fontaine de Stidia; le lendemain matin, à quatre heures, elles se remirent en marche. Quelques partis d'Arabes galopaient sur le flanc droit de la colonne; aux approches de Mazagran, vers huit heures, la fusillade devint assez vive; l'avant-garde continua de marcher; aussitôt on vit la population sortir précipitamment et fuir dans la plaine. De l'autre côté de la ville abandonnée, on apercevait un groupe assez nombreux d'hommes à pied et à cheval. Un cavalier s'en détacha et rapidement se dirigea vers l'état-major; c'était un officier turc que le kaïd de Mostaganem, Ibrahim, envoyait saluer le général Desmichels.

Ibrahim avait fait, en moins de deux ans, une fortune étonnante. Turc de Bosnie, simple janissaire sous le dernier bey d'Oran, il était devenu, pendant l'intérim tunisien, chef des chaouchs, puis commandant de Mostaganem. Après le départ de Khérédine-Agha, il avait repoussé les avances des Arabes et spontanément reconnu l'autorité française. Cependant on l'avait desservi auprès du général Desmichels; on lui reprochait de s'être attribué le titre de bey alors qu'Abd-el-Kader avait reçu à Mascara celui de sultan, de percevoir des droits de douane et d'octroi dont il ne rendait compte à personne et d'avoir accaparé, avec le concours de quelques Juifs, tout le commerce de Mostaganem. Quand son envoyé eut débité les compliments d'usage, le général répondit sévèrement que le kaïd aurait dû les apporter lui-même. Il se présenta une heure après, avec l'appareil fastueux d'un pacha. Six chaouchs, richement vêtus, marchaient devant lui; deux nègres, à droite et à gauche, conduisaient son cheval par la bride; autour de lui, sa garde turque; derrière lui, sa maison militaire. En face, les troupes françaises, sévères d'aspect, blanches de poussière, noires de poudre, quel contraste! Mal impressionné, soupçonneux, les sourcils froncés, le général Desmichels regardait et écoutait ce Turc grave, impassible, incertain du sort que les Français allaient lui faire, mais toujours maître de son visage, de sa parole et de son geste. L'état-major, moins prévenu que le général, lui fit bon accueil et lui donna place dans ses rangs. A onze heures, les troupes arrivèrent sous les murs de Mostaganem.

La ville avait été grande autrefois. Des quatre quartiers dont elle se composait jadis, deux, Tijdit au nord et Digdida au sud, n'étaient plus que des ruines; des deux autres, séparés par le ravin de l'Aïn-Seufra, le plus considérable, la ville proprement dite, à l'ouest, était commandé par le fort des Cigognes; l'autre, Matmore, plus élevé, moins étendu, était lui-même sous le feu du fort de l'Est. A neuf cents mètres de distance s'étendait la plage, dominée par un escarpement d'une dizaine de mètres, d'où s'élevait la coupole d'un marabout. Le général s'installa dans la ville, à l'ancien palais du bey, près du fort des Cigognes; toutes les troupes bivouaquèrent au dehors. Les habitants reçurent l'assurance que leurs usages seraient respectés et qu'ils seraient toujours libres de sortir de la ville.

Le 29 juillet, au matin, les grand'gardes établies au nord, dans les ruines de Tijdit, furent attaquées par des bandes arabes; le soir, l'anniversaire officiel de la révolution de 1830 fut célébré, sur ce coin de terre, devant l'ennemi, par une revue des troupes et par une salve de vingt et un coups de canon, à laquelle répondit l'artillerie de la frégate. Le 30, profitant de la permission qui leur avait été accordée, la plus grande partie des habitants de Mostaganem abandonnèrent la ville; les Arabes du dehors poussèrent l'insolence jusqu'à s'offrir pour aider à leur déménagement, et ils s'y seraient prêtés en effet, si le général ne leur avait pas fait donner la chasse.

Le 31, le nombre des assaillants avait décuplé; la fusillade ne dura pas moins de sept heures. Dans la nuit suivante, le marabout de la plage fut entouré de fossés et crénelé. La journée du 1ᵉʳ août fut assez calme; dans la soirée, toutes les troupes, moins les détachements qui occupaient les forts et le marabout, reçurent l'ordre de s'installer dans Matmore; l'entrée de Mostaganem, réservée aux Turcs et à ce qu'il y avait encore d'indigènes, fut interdite aux Français; la place du Marché, extérieure aux remparts, demeura commune aux deux quartiers. Le 2, le général Desmichels, laissant le commandement provisoire au lieutenant-colonel du Barail, s'embarqua sur la frégate avec son état-major et le kaïd Ibrahim. Cent cinquante Turcs, anciens habitants d'Oran, demandèrent à y rentrer; ils trouvèrent place sur la flottille. Les autres, au nombre de soixante-dix, eurent la garde de Mostaganem.

Le 3, du bord de la frégate contrariée par le vent, on entendit la fusillade et des coups de canon; quelques heures après, le brick *Hussard*, venant de Mers-el-Kébir, accosta et fit passer au général des dépêches d'Oran; elles annonçaient un grand mouvement des Arabes entraînés par Abd-el-Kader vers Mostaganem. Cette fusillade

entendue le matin, c'était, en effet, le bruit de son
attaque. Elle fut ce jour-là dirigée surtout contre
le marabout de la plage, qui eut à soutenir, le 5,
un assaut encore plus violent. Mouillé tout près de
terre, le brick *Hussard* lui prêta le secours de son
artillerie : les assaillants, balayés par la mitraille,
se rejetèrent vers Matmore, tandis que d'autres
bandes attaquaient Mostaganem. A défaut de
canon, ils essayèrent de la sape. Il y avait beaucoup d'endroits où la courtine était mal flanquée;
avec beaucoup d'intelligence, ils en choisirent un
où elle ne l'était pas du tout. La nuit venue, sous la
protection de leurs meilleurs tireurs embusqués
dans les plis du terrain parmi les broussailles, des
volontaires élus entre les plus braves attaquèrent
à coups de pic le pied de la muraille; tout près
d'eux, la musique arabe de l'émir jouait en leur
honneur ses airs les plus sauvages. Pour achever
le tableau, à cheval sur la crête du mur, exposés
à découvert au feu des tireurs abrités, les grenadiers du 66ᵉ fusillaient de haut en bas les hardis
travailleurs. A minuit, ces audacieux se retirèrent,
emportant leurs morts. Le 6, arriva le colonel de
Fitz-James, nommé par le général Desmichels commandant supérieur de la place, avec quatre compagnies du 1ᵉʳ bataillon d'Afrique, un renfort

d'artillerie, cent cinquante mille cartouches, cinq cents obus et des vivres. L'ardeur de l'ennemi s'affaiblissait; ses attaques devenaient plus molles; après une dernière et vaine tentative contre le marabout, il s'éloigna, le 9; son véritable effort avait duré six jours.

Le général Desmichels n'avait quitté Mostaganem que pour essayer d'une diversion sur le territoire des Sméla, qui, malgré le voisinage d'Oran, obéissaient aux ordres d'Abd-el-Kader. Le 5 août, à huit heures du soir, le colonel de Létang, du 2ᵉ chasseurs d'Afrique, prit le commandement d'une colonne d'un millier d'hommes : ses instructions lui prescrivaient de marcher au sud-est par le Figuier et de traverser l'extrémité orientale de la plaine de Mléta jusqu'au pied du Djebel-Tafaraoui : c'était là qu'il devait surprendre les douars des Sméla. Les soldats, équipés à la légère, n'emportaient que leurs bidons pleins d'eau. La marche de nuit se fit allégrement : le matin, au point du jour, le campement arabe était investi, envahi, mis au pillage; la foule éperdue s'enfuyait, et la colonne ralliée se remettait en marche, emmenant avec elle quatre-vingt-deux prisonniers, des femmes et des enfants surtout, des chameaux, des bœufs, une grande quantité de moutons. Le commandant Leblond, du 66ᵉ, menait l'avant-garde avec un peloton de chasseurs d'Afrique et son bataillon; à droite et à gauche du butin, marchaient deux escadrons de chasseurs, une compagnie de la légion étrangère, cent Turcs à pied, deux obusiers de montagne; à l'arrière-garde venaient deux compagnies de la légion et deux escadrons. Sur les flancs de ce rectangle allongé, des tirailleurs d'infanterie et des pelotons de cavalerie étaient chargés de tenir à distance l'ennemi qu'on s'attendait à voir bientôt paraître. Il parut, en effet, beaucoup plus nombreux qu'on n'aurait cru, armé, furieux, se ruant à la vengeance.

La double colonne, alourdie par tout ce qu'elle traînait avec elle, marchait lentement. Au mois d'août, le soleil d'Afrique est à redouter, même aux premières heures du jour; quand le terrible vent du sud y vient ajouter son haleine brûlante, la place n'est plus tenable. Le vent du sud souffla tout à coup ce jour-là, et la plaine devint littéralement une fournaise, car les Arabes avaient mis le feu aux broussailles. L'infanterie, à l'arrière-garde surtout, était haletante; il n'y avait plus une goutte d'eau dans les bidons; des hommes tombaient inanimés; d'autres se couchaient volontairement, insensibles à l'idée de la mort qui accourait sur eux avec les Arabes; ceux qui conservaient la force de marcher n'avaient plus l'énergie nécessaire pour combattre. Ce fut la cavalerie qui les sauva; elle fut admirable de dévouement et de constance. Ses charges répétées, soutenues par le feu des deux obusiers de montagne, continrent assez l'ennemi, sinon pour lui arracher toutes ses victimes, du moins pour empêcher de plus grands malheurs. Enfin, on atteignit le santon du Figuier. La veille au soir, le puits avait donné tout ce qu'il contenait d'eau saumâtre; il n'y restait plus que de la vase. Arrivés là, les fantassins à bout de forces refusèrent absolument d'aller plus loin; il n'y eut ordre, ni menace, ni prière qui pût agir sur des hommes démoralisés. Les chasseurs d'Afrique, en cercle autour d'eux, face à l'ennemi, les protégeaient. Cependant il y avait péril en la demeure. Un officier d'ordonnance du général Desmichels, M. de Forges, se dévoua; grâce à son sang-froid, il sut échapper aux Arabes et gagner vite Oran. Aussitôt averti, le général emmena tout ce que la garnison avait de disponible; des prolonges suivaient, chargées d'eau, de vin, d'eau-de-vie, de rations de pain. A mi-chemin, on rencontra l'avant-garde qui, seule, ne s'étant ni découragée ni défaite, amenait les prisonniers avec le butin.

Au marabout de Mouley Abd-el-Kader, une troupe de Douair essaya d'arrêter le secours; le canon qui la dispersa fut pour les malheureux du Figuier le signal de la délivrance; à six heures du soir, toutes les troupes étaient rentrées dans leurs casernes.

Il n'était bruit que des chasseurs d'Afrique et de leur attitude héroïque : trois semaines après ils mettaient toute la ville en rumeur. Un brigadier avait insulté dans la rue une femme turque et battu un nègre qui l'accompagnait; dans la lutte, elle avait été renversée; il se trouva que c'était la femme du kaïd Ibrahim. Le général Desmichels fit arrêter le coupable et donna l'ordre de le mener par mer à Mers-el-Kébir. Pendant que les gendarmes le conduisaient, des camarades essayèrent de le délivrer; quand il fut embarqué, on en vit se jeter à la nage ou monter dans des canots pour le suivre; bientôt tout le régiment fut en révolte. Dans ce fâcheux désordre, le général Desmichels ne rencontra pas chez tous les officiers des chasseurs le concours qu'il était en droit d'attendre. La valeur morale du corps se ressentait de la hâte avec laquelle avaient été formés les cadres; il y était entré des éléments qu'un examen attentif n'eût pas trouvés dignes et dont l'élimination était devenue nécessaire.

Au mois d'octobre, la commission d'enquête, qui avait visité d'abord Alger, puis Bone, voulut voir Oran. Après lui avoir montré la place, les forts et Mers-el-Kébir, le général Desmichels la conduisit, le 9 octobre, par le chemin des crêtes, à Misserghine et l'en ramena par Aïn-Beïda, le bord de la Sebkha et la plaine. Au retour, il fallut combattre; trois mille cavaliers attaquèrent les dix-huit cents hommes que la commission avait pour escorte. Plus réservé qu'il n'avait été naguère à l'excursion de Blida, le vieux général Bonet ne se mêla pas du commandement, laissa faire le général Desmichels, et se contenta de se tenir au feu sur la ligne des tirailleurs; on crut, ou du moins on lui dit, pour lui faire honneur, qu'il avait eu dans cette journée en face de lui Abd-el-Kader en personne.

Depuis deux mois, par une suite de cette mobilité d'imagination qui agit sur la conduite des Arabes comme un coup de vent sur la mer, quelques tribus avaient dérivé du côté d'Oran. Quatre douars des Sméla, de ceux qu'avait atteints la surprise du 5 août, s'étaient même fait rendre par le général Desmichels leurs femmes, leurs enfants et leurs troupeaux, à la condition de faire soumission à la France et de venir planter leurs tentes à

Misserghine. Le traité, car il y avait un engagement écrit, était en chemin de s'exécuter, quand Abd-el-Kader, voulant couper court à ces essais de rapprochement qui étaient d'un mauvais exemple, porta son camp dans la plaine de Tlélate, fit arrêter par l'influence des marabouts les convois qui se dirigeaient sur les marchés d'Oran, de Mostaganem et d'Arzeu, parvint à ramener les Sméla dissidents sous son obéissance et ne reprit le chemin de Mascara qu'en laissant derrière lui la menace de sa vengeance contre les traîtres qui auraient commerce avec les Français. Déjà même, il avait fait enlever plusieurs grands des Bordjia coupables d'avoir envoyé du grain à Mostaganem.

Effrayé du sort qui les attendait et jaloux de gagner les bonnes grâces de l'émir, un cheikh de la même tribu, Kaddour, qui venait d'avoir avec Arzeu des relations suivies, s'y présenta un jour avec trois ou quatre bœufs; quand il les eut vendus, il affecta la crainte de tomber entre les mains des partisans d'Abd-el-Kader et demanda d'être escorté jusqu'à un endroit qu'il désigna. C'était une faveur qui avait été plusieurs fois accordée à d'autres. On le fit accompagner par un maréchal des logis et quatre cavaliers des chasseurs d'Afrique. Ils n'avaient guère fait plus d'un kilomètre quand une soixantaine d'Arabes, embusqués par Kaddour, se jetèrent sur eux; deux des chasseurs furent tués; un troisième fut pris avec le sous-officier; un seul parvint à regagner le fort. Les deux prisonniers, conduits à Mascara et livrés à l'émir, furent en vain réclamés par le général Desmichels. Abd-el-Kader soutint que la capture était de bonne guerre, et que s'il consentait à les rendre, ce ne serait qu'au prix de mille fusils par homme. En même temps, l'émir défiait le général au combat, dans la plaine, à deux journées de marche de Mascara et d'Oran.

Le 2 décembre, une division de deux mille baïonnettes, de quatre cents sabres et de deux batteries d'artillerie se mit en marche à six heures du soir; les hommes n'emportaient que deux rations de pain et de viande salée. C'était encore une surprise à tenter, mais, cette fois, contre Abd-el-Kader campé à Temzoura, dans la plaine de Mléta. A cinq heures du matin, le colonel Oudinot, qui avait remplacé à la tête des chasseurs le colonel de Létang, se lance avec trois escadrons sur les premières tentes qui sont en vue; tout est emporté : par malheur, ce n'est pas le camp d'Abd-el-Kader qui est plus loin et d'où l'on voit de nombreux cavaliers sortir. La surprise est manquée. La colonne se reforme, comme au 5 août, pour la retraite, les prisonniers et le bétail au milieu du rectangle; mais il n'y a pas à craindre, comme au 5 août, de succomber sous le poids d'une chaleur accablante. Malgré la présence et les excitations d'Abd-el-Kader, les efforts des Arabes échouèrent contre la solidité des troupes. Rentrées à Oran après une course de trente heures et treize heures de combat, elles n'avaient laissé en arrière ni un homme ni un cheval.

Malheureusement, l'année 1834 s'ouvrit par une affaire d'autant plus désagréable pour le général Desmichels qu'elle marqua le terme de ce qu'on peut appeler la période militaire de son commandement. Le 6 janvier, presque sous les murs d'Oran, deux escadrons de chasseurs, entraînés à la poursuite d'une troupe ennemie, tombèrent au milieu d'une masse de douze cents cavaliers. Accouru de toute la vitesse de son cheval, tandis que le gros du régiment prenait les armes, le colonel Oudinot fit sonner la retraite; les hommes ralliés avaient commencé à se replier en bon ordre quand tout à coup, par un de ces incidents inexplicables, mais dont l'exemple n'est pas rare, même dans les meilleures armées, la panique s'empara d'eux; si rapidement qu'eût pu arriver le régiment à leur aide, un officier et seize chasseurs avaient déjà payé de leur vie cette malheureuse défaillance.

VII

Une révolution s'était faite dans l'esprit du général Desmichels. Après avoir voulu tout emporter par la force, il avait vu ses opérations, même les mieux conduites, demeurer stériles. Continuer d'agir offensivement, avec l'obligation d'occuper fortement Mostaganem et suffisamment Arzeu, quand, au lieu de renforcer sa division, le ministère paraissait plutôt enclin à la réduire, c'était aller peut-être au-devant d'un échec; se renfermer dans la défensive, comme avait fait le général Boyer, c'était prendre en face d'un adversaire superbe une attitude trop humiliante. Pourquoi n'essayerait-on pas des moyens pacifiques? On avait commencé de traiter avec les Sméla; sans l'opposition d'Abd-el-Kader, ce traité eût donné des résultats utiles; pourquoi ne chercherait-on pas à négocier directement avec Abd-el-Kader?

Ces idées communiquées, non pas au général Voirol, mais au ministre de la guerre, n'avaient pas été repoussées par lui; le seul danger qu'il y eût à craindre, en prenant l'initiative d'une démarche aussi délicate, c'était d'exalter l'orgueil et d'accroître les prétentions de l'émir.

Quatre jours après l'affaire de Temzoura, le 6 décembre 1833, le général Desmichels lui avait adressé, sous prétexte de réclamer de nouveau les prisonniers d'Arzeu, une lettre dont l'intérêt essentiel se trouvait résumé dans cette dernière phrase : « Vous ne me trouverez jamais sourd à aucun sentiment de générosité, et s'il vous convenait que nous eussions ensemble une entrevue, je suis prêt à y consentir, dans l'espérance que nous pourrions, par des traités solennels et sacrés, arrêter l'effusion du sang entre deux peuples qui sont destinés par la Providence à vivre sous la même domination. » Abd-el-Kader ne répondit pas; la paix à lui demandée, accordée par lui, ne pouvait que le grandir; mais ni sa dignité, ni sa finesse ne lui conseillaient la hâte, bien au contraire. Inquiet de son silence, le général commençait à désespérer, lorsque deux Juifs d'Oran, Busnach et Mardochée Amar, qui avaient des relations avec Mascara, vinrent le trouver comme pour lui apporter des nouvelles. Il leur était revenu, assuraient-ils, qu'Abd-el-Kader avait convoqué les grands et les marabouts afin d'examiner avec eux si la loi musulmane, qui interdisait aux fidèles de demander la paix aux chrétiens, ne permettait pas de l'accepter quand c'était les chrétiens qui l'offraient; il était donc probable, à leur avis, que des propositions conciliantes seraient facilement acceptées. Le général écrivit une nouvelle lettre sous le même prétexte et dans le même esprit que la précédente. Abd-el-Kader, sur cette instance, répondit enfin qu'il rendrait les prisonniers lorsqu'un traité aurait fait cesser les ravages du sabre, et que, pour le conclure, il attendait les propositions du général; de l'entrevue souhaitée pas un mot.

Quelque temps après, sur une invitation venue d'Oran, deux envoyés de l'émir, personnages considérables, Miloud-ben-Arach et Khalifa-ben-Mahmoud, se présentèrent à la porte de la ville, mais jamais ils n'y voulurent entrer. Les conférences se tinrent sous leur tente entre eux et Mardochée Amar. De son côté, le général, après avoir pris conseil des principaux officiers et des fonctionnaires civils, mit par écrit les conditions suivantes : 1° soumission des Arabes à la France sans restriction ; 2° liberté de commerce pleine et entière ; 3° remise immédiate des prisonniers. Ces préliminaires furent portés, le 4 février 1834, par le sous-intendant civil, M. Sol, et par le chef d'état-major de la division, aux envoyés de l'émir qui retournèrent à Mascara. Dix jours après, Abd-el-Kader fit répondre qu'il attendait des propositions plus explicites, et que Mardochée pouvait les lui apporter sur l'Habra, où il allait planter ses tentes. Le 20, le général Desmichels fit partir avec Busnach et Mardochée le commandant Abdalla d'Asbonne, des chasseurs d'Afrique, un Syrien qui était au service de la France depuis la grande expédition d'Égypte. Le 25, ils étaient de retour, accompagnés de Miloud-ben-Arach, de Khalifa-ben-Mahmoud, de deux cheikhs, d'une centaine de cavaliers arabes et des prisonniers d'Arzeu que l'émir renvoyait généreusement, sans conditions ; mais la lettre qu'il adressait en même temps au général élevait, sous une forme habile, modérée, presque caressante, d'étranges prétentions. Non content de réclamer la restitution de Mostaganem aux Arabes, il prenait sous sa protection les tribus de la province d'Alger qui le reconnaissaient déjà pour bey, disait-il, et chez lesquelles il s'assurait de maintenir l'ordre et la tranquillité.

Pendant ce temps, de Paris, le ministre de la guerre expédiait, le 19 février, à Oran, les instructions suivantes : Abd-el-Kader pourrait être investi du titre et de l'autorité de bey sur un certain nombre de tribus, à la condition de reconnaître la souveraineté de la France et de renoncer à toute liaison contraire à ses intérêts, de prêter hommage au Roi et de payer un tribut annuel, de n'acheter qu'en France les armes et les munitions dont il aurait besoin, d'envoyer à Oran des otages qui seraient employés comme guides au service de la division. La dépêche ministérielle n'était pas arrivée encore que déjà l'affaire était faite.

En vingt-quatre heures, le traité avait été conclu, tant le général Desmichels avait hâte d'en finir. En voici le texte : « Article 1ᵉʳ. A dater de ce jour, 26 février, les hostilités entre les Français et les Arabes cesseront. Le général commandant les troupes françaises et l'émir ne négligeront rien pour faire régner l'union et l'amitié qui doivent exister entre deux peuples que Dieu a destinés à vivre sous la même domination. A cet effet, des représentants de l'émir résideront à Oran, Mostaganem et Arzeu. De même, pour prévenir toute collision entre Français et Arabes, des officiers français résideront à Mascara. — Article 2. La religion et

les usages musulmans seront respectés et protégés.
— Article 3. Les prisonniers seront rendus immédiatement de part et d'autre. — Article 4. La liberté du commerce sera pleine et entière. — Article 5. Les militaires de l'armée française qui abandonneraient leurs drapeaux seront ramenés par les Arabes. De même, les malfaiteurs arabes, qui, pour se soustraire à un châtiment mérité, fuiraient leurs tribus et viendraient chercher un refuge auprès des Français, seront immédiatement remis aux représentants de l'émir résidant dans les trois villes maritimes occupées par les Français.
— Article 6. Tout Européen qui serait dans le cas de voyager dans l'intérieur sera muni d'un passe-port visé par le représentant de l'émir à Oran et approuvé par le général commandant. »

Aussitôt le traité conclu et expédié à Paris pour être soumis à l'approbation du Roi, le général Desmichels remit aux envoyés d'Abd-el-Kader, pour lui être offerts en cadeau de sa part, cent fusils et cinq cents kilogrammes de poudre; mais, en même temps, il leur confia une autre mission dont la convenance était pour le moins douteuse, à savoir le soin de faire parvenir au général d'Alger, comme disaient les Arabes, la dépêche qu'avait enfin daigné lui écrire le général d'Oran.

Ce fut ainsi que, dans le courant du mois de mars, le général Voirol vit arriver huit cavaliers de l'ouest qui lui remirent, avec la communication bien tardive de son oublieux subordonné, une lettre personnelle d'Abd-el-Kader. Il y répondit froidement, sans donner à l'émir aucun titre ; il se félicitait du rétablissement de la tranquillité dans la province d'Oran, et promettait son aide à l'homme habile qui saurait, de ce côté-là, réprimer l'anarchie parmi les Arabes ; mais il le dispensait d'étendre sa sollicitude aux affaires de la province d'Alger, dont l'état s'améliorait tous les jours ; puis, ayant fait aux messagers d'Abd-el-Kader de petits présents, il les chargea de lui porter, comme il aurait fait pour un chef de tribu quelconque, un simple burnous d'honneur.

A Paris, au ministère de la guerre du moins, le traité Desmichels, — c'est le nom sous lequel il est entré dans l'histoire, — fut accueilli d'abord avec une surprise désagréable. Assurément, il ne répondait pas aux instructions du 19 février : la soumission d'Abd-el-Kader ne ressortait pas avec assez de relief des termes ambigus du premier article ; au lieu d'otages à fournir, c'étaient des agents qu'il allait avoir à Oran, Arzeu et Mostaganem ; enfin, la triple obligation de payer un tribut, de demander exclusivement aux Français les armes et les munitions dont il aurait besoin, et de renoncer à toute liaison contraire aux intérêts de la France, était absolument passée sous silence. Néanmoins, pris comme point de départ d'un état de choses que d'autres arrangements pourraient rendre meilleur, l'acte du 26 février 1834 reçut l'approbation royale. Tout bien considéré, c'était la paix, et cette considération, opposée à d'honorables scrupules, ne tarda pas à entraîner l'opinion de Paris et d'Alger comme celle d'Oran. C'était la paix et la liberté du commerce. Les Arabes affluaient sur les marchés ; des arrêtés prescrivaient l'emploi de poids et de mesures sévèrement vérifiés, et réglaient, par rapport au boudjou, à l'exclusion de toute autre monnaie, le cours des pièces d'argent françaises. Le commandant Abdalla d'Asbonne, accompagné de deux officiers d'état-major, allait prendre à Mascara les fonctions de consul de France, et l'émir annonçait l'envoi prochain de ses *oukils* ou représentants dans les villes maritimes ; pour Oran, il avait choisi un de ses parents, Habid-el-Hadji ; pour Arzeu, l'un des négociateurs du traité, Khalifa-ben-Mahmoud.

Dans ce dernier port, qui semblait appelé à

devenir, pour le commerce des céréales, le marché le plus important de la province, des négociants d'Alger s'étaient hâtés d'ouvrir un comptoir; à leur grande surprise, quand leur agent voulut commencer ses achats, il apprit des indigènes qu'il leur était interdit de vendre directement aux Européens, et que toute affaire de négoce devait passer par l'*oukil*, représentant de l'émir, lequel absorbait ainsi, au bénéfice de son maître, le monopole des transactions. Aux réclamations des négociants intéressés le général Desmichels répondit qu'en droit le commerce était libre, et qu'il ne devait y avoir qu'un malentendu. Cependant de nouveaux faits ne tardèrent pas à contredire l'assertion du général. Un Français ayant traité avec un Arabe de quelques charges d'orge, Khalifa-ben-Mahmoud maltraita le vendeur et vint, sous les yeux mêmes de l'acheteur, saisir les sacs dont il s'empara au prix du tarif arrêté par Abd-el-Kader. Sur la plainte du Français, le commandant d'Arzeu lui déclara que, d'après ses instructions, il ne lui était pas permis de se mêler des affaires de commerce. Vers le même temps, le sous-intendant civil d'Oran, M. Sol, dans un rapport adressé à M. Genty de Bussy, se plaignait d'une autorisation donnée à l'*oukil* d'Arzeu de charger des grains pour l'Espagne, au mépris d'un arrêté du 10 juillet 1832 qui en prohibait absolument l'exportation. Cette autorisation, aussi bien que le fait du monopole, M. Sol l'attribuait à des concessions imprudentes accordées secrètement par le général Desmichels à l'émir. Le commandant d'Oran, en réponse aux observations que lui adressa le général Voirol, prétexta de son ignorance au sujet de l'arrêté relatif à l'exportation et protesta contre le fait du monopole, qui serait, il était le premier à le reconnaître, en contradiction manifeste avec le traité qu'il avait conclu.

Cependant il y avait d'autres incidents fâcheux et bien plus inexplicables encore. Au milieu d'Oran même, l'*oukil* d'Abd-el-Kader exerçait sa juridiction sur les indigènes, les faisait arrêter et maltraiter. Un coulougli du nom de Kaddour avait été conduit de force à Mascara, un Juif dénoncé parce qu'il s'y rendait avec un passe-port français, le kaïd Ibrahim menacé publiquement par le représentant de l'émir. Un cheval qu'un Arabe avait voulu vendre était saisi, envoyé à Mascara, l'Arabe mis en prison, et, comme le commandant de place en témoignait de l'étonnement, l'*oukil* alléguait l'ordre qu'il avait reçu d'empêcher les particuliers de vendre des chevaux, parce qu'à l'émir seul appartenait le droit de fournir aux Français tous ceux qui leur seraient nécessaires.

M. Sol avait pénétré le secret. Le général Desmichels s'était laissé duper; Abd-el-Kader le tenait par des engagements qu'il n'osait ni avouer ni rompre. Après avoir reçu, vers le milieu de février, la note qui contenait les conditions françaises, telles, à peu de chose près, qu'elles figurèrent ensuite dans le traité, l'émir avait, de son côté, mis par écrit les conditions arabes, et il avait confié les deux pièces à Miloud-ben-Arach. La première, sur laquelle il avait apposé son cachet, Miloud avait ordre de la rendre, ainsi approuvée, au général Desmichels; quant à l'autre, toute son adresse devait tendre à obtenir du général, non sa signature qu'il eût sans doute refusée, mais l'empreinte de son sceau, le seul témoignage d'authenticité qui eût de valeur aux yeux des Arabes, et à faire rentrer cette pièce entre ses mains. La note de l'émir était ainsi conçue :
« 1° Les Arabes auront la liberté de vendre et d'acheter de la poudre, des armes, du soufre, enfin tout ce qui concerne la guerre; 2° le commerce de la Mersa-Arzeu sera sous le gouvernement du prince des croyants, comme par le passé, et pour toutes les affaires. Les cargaisons ne se

feront pas autre part que dans ce port. Quant à Mostaganem et Oran, ils ne recevront que les marchandises nécessaires au besoin de leurs habitants, et personne ne pourra s'y opposer. Ceux qui désireront charger des marchandises devront se rendre à la Mersa. 3° Le général nous rendra tous les déserteurs et les fera enchaîner; il ne recevra pas non plus les criminels. Le général commandant à Alger n'aura pas de pouvoir sur les musulmans qui viendront auprès de lui avec le consentement de leurs chefs. 4° On ne pourra empêcher un musulman de retourner chez lui quand il voudra. »

Entre la note arabe et les conditions françaises la contradiction saute aux yeux; cependant le général Desmichels ne s'en aperçut, ou du moins ne s'en inquiéta pas. Il s'imagina, dans ses idées françaises, que ces pièces intéressantes pour l'histoire de la négociation n'avaient aucune valeur effective, et, pour complaire au désir d'Abd-el-Kader, il consentit à l'échange des deux notes, en laissant à Ben-Arach la pièce arabe avec l'empreinte de son sceau. Il ne se doutait pas alors que ce qu'il venait de faire équivalait à la signature authentique d'un traité. Quand la conduite d'Abd-el-Kader et de ses représentants lui eut révélé son erreur, il était trop tard. L'acte du 26 février que les Arabes ne voulaient pas reconnaître, il aurait dû leur en imposer la reconnaissance par la force, sinon le déchirer publiquement de la même main qui venait de le souscrire. Il n'eut pas le courage héroïque d'avouer la duperie, de confesser sa faute, qui ne fut connue tout entière que l'année suivante. Cette paix à laquelle il avait attaché son nom et dont, à peu d'exceptions près, l'opinion publique avait accueilli l'annonce avec plaisir, cette paix qui n'était pourtant qu'un leurre, il se persuada qu'après tout, elle valait encore mieux que la guerre. Après s'être laissé conduire par légèreté dans une fausse voie, il s'y enfonça de parti pris, avec entêtement. Étrange contradiction! Bien loin de s'irriter contre Abd-el-Kader qui l'avait joué, il s'attacha opiniâtrément à favoriser ses desseins. Il se complaisait en lui comme en sa créature, et de son agrandissement il fit sa propre affaire. Au moment où la fortune sembla se détourner de l'émir, ce fut le général Desmichels qui releva son courage.

La paix qu'Abd-el-Kader venait d'accorder aux chrétiens en la tournant tout à son avantage, les envieux, les jaloux de sa domination, ses ennemis de race la lui reprochaient comme une insulte à la loi du Prophète; il était partout dénoncé aux croyants comme l'ami des infidèles. Il réclamait l'*achour*, la dîme prescrite par le Coran; les Beni-Amer le lui refusent; l'*achour* est pour la guerre; l'*achour* est pour le service d'Allah; il a fait la paix avec les chrétiens, à quel titre réclame-t-il donc l'*achour?* Mais tout à coup, domptés, séduits, charmés par l'éloquence de l'émir, les cheikhs des Beni-Amer, qu'il a fait venir à Mascara, se soumettent. Pour les réduire à contribution, appel avait été fait aux vieilles tribus du *maghzen*, Douair et Sméla; ce sont celles-ci maintenant qui ne veulent plus s'arrêter, qui refusent d'obéir. Depuis longtemps une sourde jalousie anime contre Abd-el-Kader leur chef célèbre dans tout le beylik, l'ancien agha du bey d'Oran, Moustafa-ben-Ismaïl. Voyant les siens mécontents, frustrés du butin dont ils ont eu la convoitise, il se révolte, marche contre Abd-el-Kader, le surprend dans la nuit du 12 avril et le bat. L'émir, qui a eu deux chevaux tués sous lui, qui a couru les plus grands dangers, est rentré presque seul à Mascara. Aussitôt l'insurrection éclate, et les plus grands se déclarent, Sidi-el-Aribi dans la vallée du Chélif, Kaddour-ben-Morfi chez les Bordjia, El-Gomari chez les Angad. Dans la société arabe, comme autrefois dans la nôtre entre la robe et l'épée, la rivalité est constante entre la noblesse religieuse et la noblesse guerrière. Issu d'une lignée de saints et d'ascètes, Abd-el-Kader n'est pas un homme de grande tente; l'aristocratie militaire, froissée dans son orgueil, se dresse contre la suprématie du marabout.

C'est ici qu'intervient le général Desmichels. Après sa victoire, Moustafa-ben-Ismaïl s'est offert à lui : il a repoussé son offre; une grande fraction des Douair, menacée par un retour offensif des Beni-Amer, s'est retirée sous le canon de Mers-el-Kébir : l'*oukil* d'Oran proteste, leur intime l'ordre de s'éloigner, et le général est tout près d'appuyer l'*oukil,* quand l'arrivée du général Trézel l'empêche de commettre ce mauvais acte; mais il a déjà écrit à l'émir que, sous la protection de la France, dont il peut s'assurer, il ne doit désespérer de rien; il lui a conseillé de rassembler sur le Sig les tribus qui lui sont restées fidèles et promis d'aller s'établir lui-même à Misserghine, afin de surveiller et de contenir les Sméla et les Douair. Quatre cents fusils et des barils de poudre sont livrés, sur ses ordres, par les magasins de l'artillerie à Ben-Arach.

Ainsi fortifié, plus qu'en sécurité du côté d'Oran, Abd-el-Kader écrase ses ennemis tour à tour, Sidi-el-Aribi, Kaddour-ben-Morfi, enfin Moustafa-ben-Ismaïl, le 12 juillet, trois mois jour pour jour après sa défaite. Victorieux, il pardonne aux Sméla et aux Douair, et pour agha nomme El-Mzari, le propre neveu du vieux Moustafa, qui, défait, mais non abattu ni soumis, va demander au Méchouar de Tlemcen un asile contre l'humiliante générosité du vainqueur. C'est aussi à Tlemcen que le vainqueur apporte les drapeaux conquis. La cité maure le reçoit avec enthousiasme; habile à s'attacher les populations des villes, il rend aux *Hadar* leur ancien kaïd Ben-Nouna, que le sultan de Fez a réconcilié avec lui. Seuls, les couloughs du Méchouar continuent de lui refuser l'obéissance, et cette fois encore, trop mal armé pour les réduire, il est contraint de dissimuler sa colère impuissante. Cependant l'artillerie d'Oran stupéfaite tirait le canon pour célébrer, comme une victoire française, les succès d'Abd-el-Kader, et le général Desmichels faisait porter ses félicitations à l'émir. L'expression d'un seul regret y était jointe : pourquoi l'émir ne consentait-il pas à se rencontrer avec lui ? Le rêve caressé d'une entrevue reculait toujours comme le mirage.

Oran, Mostaganem, Arzeu, le Méchouar de Tlemcen à part, l'autorité d'Abd-el-Kader s'étendait sur tout le beylik. Impatiente de rencontrer dans le Chélif une limite, son ambition n'attendait qu'une défaillance du commandement d'Alger pour la franchir, et certes l'incroyable faiblesse du commandant d'Oran était bien faite pour lui donner confiance. Il écrivit donc au général Voirol qu'après avoir pacifié la partie occidentale de la régence, il allait porter également dans l'est l'ordre et la sécurité. Le messager qu'il avait chargé de remettre sa lettre, Sidi-Ali-el-Kalati, marabout de Miliana, était loin d'être un aussi habile homme que Miloud-ben-Arach. Au lieu de circonvenir doucereusement le commandant d'Alger, il le heurta de front; il lui reprocha d'avoir châtié les Hadjoutes, qui étaient les sujets d'Abd-el-Kader. Le commentaire était encore plus maladroit que la lettre n'était hardie. Le général Voirol répondit à l'émir qu'il le croyait trop sage pour mettre en péril, en franchissant le Chélif, ses relations nouvelles avec la France, et que la paix régnait autour d'Alger depuis le châtiment infligé aux Hadjoutes.

Le ton simple et ferme de cette réponse fit impression sur Abd-el-Kader; elle arrêta pour un temps son essor, mais elle piqua singulièrement Sidi-Kalati, qui mit dès lors tout en œuvre pour exciter contre le général d'Alger l'irritation du

commandant d'Oran. Il prêta donc au premier les
propos les plus blessants pour le second, et il réussit
à les faire passer jusqu'à celui-ci par les officiers
français détachés à Mascara, puis il confirma son
mensonge dans une lettre adressée directement au
général Desmichels. « Je puis vous dire, lui écrivait-il, que le général d'Alger est jaloux de vous,
parce que c'est vous qui avez conclu la paix, et ce
qui le prouve, c'est qu'il veut écrire au roi des
Français pour lui demander de traiter avec l'émir.
Il veut faire comme vous ou plutôt défaire ce que
vous avez fait; mais il est impossible qu'il réus-
sisse, car votre conduite est connue de l'orient à
l'occident. » Décidé à trouver tout bien et à tout
croire de ce qui lui venait d'Abd-el-Kader, le
général Desmichels poussa l'infatuation jusqu'à
l'aberration d'esprit, ce n'est pas trop dire, car il
fit déclarer à l'émir qu'il le rendrait grand bien
au delà de ses plus grands désirs, et que pour le
faire régner du Maroc à Tunis, il n'attendait que
le prochain départ du général Voirol et l'arrivée
de son successeur.

VIII

La commission d'enquête instituée au mois de juillet 1833 avait eu pour mission de recueillir les éléments d'une réponse aux questions suivantes : 1° Notre conquête doit-elle être conservée? 2° Si l'occupation est avantageuse, quel est le système à suivre? 3° Doit-on se borner à la soumission des indigènes ? 4° Doit-on consolider notre établissement par la colonisation? 5° Quelle est l'organisation administrative la plus convenable? 6° Quel est enfin l'état général du pays sous les différents rapports? Après le retour des commissaires enquêteurs, une ordonnance royale du 12 décembre 1833 institua pour entendre et discuter leurs dires, une commission supérieure composée de dix-neuf membres dont voici les noms : duc Decazes, président; général Guilleminot, général Bonet, comte d'Haubersart, pairs de France; La Pinsonnière, Laurence, Piscatory, Reynard, Duchâtel, Dumon, Passy, de Sade, Baude, députés; général Bernard, vice-amiral de Rosamel, général Montfort; Volland, intendant militaire; Duval d'Ailly, capitaine de vaisseau.

Les travaux de la commission supérieure, résumés dans un rapport de son président, aboutirent à ces conclusions : « 1° L'honneur et l'intérêt de la France commandent de conserver les possessions sur la côte septentrionale de l'Afrique (ce paragraphe fut adopté à la majorité de 17 voix contre 2); 2° en réservant les droits de la France à la souveraineté de toute la régence d'Alger, il convient de borner, pour le moment, l'occupation militaire aux villes d'Alger et de Bone protégées par des lignes d'avant-postes dont les travaux de fortification pourront être ajournés, ainsi qu'aux villes d'Oran et de Bougie ; 3° les forces effectives entretenues dans la régence doivent être fixées à 21,000 hommes, qui auront comme auxiliaires des forces indigènes; 4° la puissance législative, dans les possessions d'Afrique, devra être déléguée au Roi ; 5° un gouverneur général, nommé par le Roi et dépositaire de son autorité, devra réunir dans ses mains les pouvoirs civils et militaires; les commandants de Bone, Oran et autres places ne devront correspondre qu'avec lui ; 6° l'administration civile sera exercée, sous les ordres du gouverneur général, par des administrateurs placés à Alger, Bone et Oran; 7° il convient que le gouverneur général soit assisté d'un conseil; 8° il y a lieu d'établir un budget spécial du gouvernement d'Alger. »

Battus dans la commission supérieure, les deux membres qui avaient voté contre l'occupation, MM. Hippolyte Passy et de Sade, ne désespérèrent pas de leur cause; à l'occasion des crédits supplémentaires et du budget, la question ne pouvait manquer d'être soumise à la Chambre des députés. Indépendamment des économistes, qui étaient scientifiquement hostiles à l'Algérie, un grand nombre de membres, sans prétention aucune à la science, sans esprit de système, avaient leurs préjugés personnels contre une entreprise coûteuse et, suivant eux, sans avenir. Dans la séance du 7 mars 1834, le rapporteur des crédits supplémentaires, M. de Rémusat, commença l'attaque. La question d'Alger, disait-il, est une question réservée; tout ce qui a été fait jusqu'à présent doit être tenu pour provisoire. « La Chambre a droit d'attendre que, dans le cours de l'année, et avant la solution définitive du problème, aucune expédition nouvelle, aucun développement des établissements coloniaux ou militaires ne viendra grever le budget de surcharges imprévues. » Ce n'était qu'une escarmouche; la bataille ne s'engagea qu'un mois plus tard, sur le budget de la guerre pour l'exercice 1835.

M. Hippolyte Passy en était le rapporteur. Chef des économistes, on savait par avance ce qu'il ne pouvait pas manquer de dire : « N'allons pas nous croire engagés à réaliser l'impossible, à poursuivre à grands frais un système de conquête et de colonisation auquel manque toute garantie, toute certitude de succès. » M. de Sade fut beaucoup plus explicite. Les économistes, selon lui, avaient démontré que les colonies étaient désavantageuses à la mère patrie, et il ajoutait nettement : « Mon avis est que nous devons le plus tôt possible évacuer les possessions éloignées sur le littoral que nous avons en Afrique, et nous borner à l'occupation d'Alger en renonçant à toute idée d'occupation permanente. Nous laissons au gouvernement le soin de décider le moment de l'abandon définitif; ce n'est que lui qui peut choisir le temps et les personnes avec lesquelles il doit traiter. » Même dans l'opinion favorable à l'occupation il y avait des réserves : « Ma conviction sincère, disait M. Piscatory, est qu'il serait heureux pour la France de n'avoir jamais conquis Alger. Si Alger devait rester sous l'autorité militaire ou être administré par elle comme il l'a été jusqu'ici, il vaudrait mieux l'abandonner; mais je suis convaincu qu'on peut arriver à un bon système qui nous assurera des avantages dans l'avenir et nous permettra de réduire nos dépenses en hommes et en argent. »

La séance du 29 avril fut agitée par un violent réquisitoire de M. Dupin. On n'a pas respecté les mosquées, on a insulté les tombeaux, a-t-on respecté les propriétés? « Non; et ce ne sont pas seulement des spéculateurs, mais, il faut le dire, des fonctionnaires publics de l'ordre civil comme de l'ordre militaire, et quelquefois du rang le plus élevé, qui ont déshonoré leur double caractère en se livrant à des spéculations qu'ils auraient dû s'interdire. On envoie des gens qu'on n'oserait pas mettre en évidence dans la métropole, et quand ils sont loin de la surveillance, il est évident que des abus très-graves doivent en résulter. Quand les spéculateurs ont fait leurs affaires, ils voudraient que le pays entier s'armât pour faire valoir leurs spéculations. On a vendu des terres à Alger comme des quantités algébriques; la plaine de la Métidja a été vendue cinq ou six fois sa contenance. La colonisation est une chose absurde; point de colons, point de terres à leur concéder, point de garanties surtout à leur promettre. Il faut réduire les dépenses à leur plus simple expression et hâter le moment de libérer la France d'un fardeau qu'elle ne pourra et qu'elle ne voudra pas porter longtemps. » A la suite de ce discours, marques nombreuses et prolongées d'adhésion, dit le *Moniteur*. Visé par la diatribe du virulent procureur général, le maréchal Clauzel repoussa les insinuations blessantes comme les accusations formelles.

L'occupation restreinte, réclamée par M. Pelet de la Lozère, était combattue par M. de La Pinsonnière, partisan du système progressif : « Ce n'est qu'une retraite déguisée, disait-il; en attendant, c'est le vol du chapon. » Dans un sens contraire à l'opinion de M. Dupin, M. Viennet n'était pas moins ardent : « On n'ose pas dire : Abandonnez Alger, s'écriait-il; mais on tend à nationaliser la pensée d'un abandon qui deviendrait le déshonneur éternel de la révolution de Juillet. N'abandonnez pas votre conquête; il y va de votre honneur. Le ministère qui aurait cette lâcheté ne pourrait plus se présenter devant la France, et à tant de mécontentements qui entravent notre marche vous en ajouteriez un qui entraînerait peut-être votre ruine. »

Le gouvernement ne s'était pas encore prononcé. Le 30 avril, le maréchal Soult, président du conseil, parut à la tribune. Son langage, comme l'année précédente, comme l'année d'avant, ne satisfit personne. « La question principale, dit-il, est trop controversée, dans un système comme dans un autre, pour que, au nom du gouvernement, je puisse émettre une opinion. Une grande discussion s'est ouverte, et je ne sais encore de quel côté de la Chambre je pourrais en prendre une. Il ne m'a pas paru qu'elle se fût manifestée de telle sorte que je pusse dire au conseil : Voilà l'opinion de la Chambre, il est à présumer que c'est celle du pays. Dans cet état, je ne crois pas qu'il soit en mon pouvoir d'entrer plus avant dans la discussion. » Sensation prolongée, ajoute le *Moniteur*. Ainsi délaissée par le ministre de la guerre, la cause d'Alger était bien compromise, quand un remarquable discours de M. Laurence vint la relever à propos. Membre de la commission d'enquête, il avouait que son impression, au débarquer en Afrique, avait été mauvaise ; on ne voyait que des ruines ; on n'entendait que des plaintes ; indigènes et colons se lamentaient également. Il y avait à blâmer l'exagération des moindres faits militaires, l'abus des correspondances privées, bien d'autres choses encore. Néanmoins, un examen attentif a porté la lumière au sein de ces nuages et, pour lui du moins, les a dissipés. Il est partisan de l'occupation et il a foi dans l'avenir. « L'honorable M. Dupin, ajoute l'orateur, a paru croire que la commission d'Afrique avait proposé, pour le gouvernement de ce pays, une espèce de despotisme militaire : c'est un pouvoir civil et intelligent que la commission a demandé. » Après ce discours très-écouté, le maréchal Soult, mal satisfait de la sensation fâcheuse que ses équivoques avaient produite, reprit la parole et dit, avec l'adhésion, cette fois, d'une grande partie de la Chambre : « Il n'est jamais entré dans la pensée du gouvernement d'évacuer la régence d'Alger. Je répète que c'est la pensée du gouvernement tout entier de conserver Alger et de ne point l'abandonner. »

Cette déclaration ne faisait pas le compte des économistes; aussi M. Hippolyte Passy revint-il le lendemain à la charge; il déclara onéreuse et dangereuse la possession d'Alger. « Je le donnerais volontiers, s'écria-t-il, pour une bicoque du Rhin. » Le ministre de la guerre, la veille, avait parlé du traité Desmichels avec une certaine confiance : sur ce point-là M. Passy, mieux inspiré, fit ses réserves : « J'en demande pardon à M. le ministre qui crie victoire; il y a à mes yeux un grand danger. Abd-el-Kader traite avec vous d'égal à égal; c'est un souverain qui règne à côté de vous. Il pense à étendre sa domination à l'intérieur du pays. Dans un tel arrangement je ne vois rien qui affermisse votre conquête; loin de là, je vois s'élever une puissance formidable qui, lorsqu'elle sera développée, vous deviendra hostile et vous livrera de nouveaux et plus rudes combats. » La discussion allait finir comme elle avait commencé, un peu vulgaire, quand un discours de M. de Lamartine vint lui donner l'éclat et l'essor : « Si l'or a son poids, la politique, l'honneur national, la protection désintéressée du faible, l'humanité, n'ont-ils pas le leur? La pensée de l'abandon d'Alger, qu'heureusement le ministère vient de répudier, resterait éternellement comme un remords sur la date de cette année, sur la Chambre et sur le gouvernement qui l'aurait consentie. » Des hauteurs où l'avait emporté le poëte orateur, M. Odilon Barrot ramena le problème au terre-à-terre et à l'équivoque. Le gouvernement avait demandé 400,000 francs pour un essai de colonisation; la commission était d'avis de n'en accorder que 150,000. « Le vœu de la Chambre, dit M. Odilon Barrot, est de ne rien préjuger par le vote qu'elle va porter sur l'amendement de la commission. Je n'énonce pas une opinion sur la question. Je prends pour règle de décision la déclaration de M. le ministre de la guerre ; elle a été très-affirmative sur ce point que le gouvernement n'abandonnerait pas l'occupation d'Alger, mais il a déclaré que le gouvernement n'avait pas encore d'opinion sur ce qu'il avait à faire de cette occupation. La dépense de 400,000 francs préjugerait la colonisation, c'est pour cela que je vote contre. » La majorité de la Chambre se prononça contre également.

Au point de vue parlementaire, le problème restait donc à résoudre ; la question d'Alger devait être encore plus d'une fois débattue dans les assemblées politiques. Cependant le gouvernement lui fit faire un grand pas lorsqu'il adopta les conclusions de la commission d'Afrique. Une ordonnance royale, du 22 juillet 1834, décida qu'un gouverneur général serait chargé de l'administration des possessions françaises dans le nord de l'Afrique. Qui allait-ce être ? Le maréchal Clauzel, le général Guilleminot, le duc Decazes ? Car l'idée d'un gouverneur général civil ne déplaisait ni à beaucoup de députés, ni même à quelques-uns des ministres. Le maréchal Soult, il est vrai, avait déclaré qu'il ne signerait jamais l'ordre de faire commander une armée de 30,000 hommes par un fonctionnaire civil; mais, depuis le 18 juillet, il n'était plus ministre de la guerre. Enfin, à la surprise générale, le choix du gouvernement tomba sur le lieutenant général Drouet, comte d'Erlon. Ce glorieux débris de Waterloo n'avait pas moins de soixante-neuf ans. C'était le maréchal Gérard, successeur du maréchal Soult, qui, parmi les candidats, avait fait choisir le plus âgé, un vieux camarade de 1815.

IX

Le commandant intérimaire dut attendre pendant deux mois encore l'arrivée du gouverneur général. Une autorité qui n'est que provisoire est toujours incertaine de son droit, inquiète de sa responsabilité, hésitante et circonspecte. Dès le début de son commandement, le général Voirol en avait senti la gêne, et quelques-uns de ses subordonnés avaient profité audacieusement de son embarras pour la lui rendre plus insupportable encore. Ainsi faisaient, à Oran, le général Desmichels, et, dans Alger, M. Genty de Bussy, l'intendant civil. Ce personnage, dont l'activité tracassière et brouillonne n'a laissé guère d'autre souvenir durable de son administration que l'établissement du Hamma, le jardin des plantes d'Alger, avait pris, en face de son chef, une attitude indépendante, inconvenante souvent, et, dans les derniers jours, tout à fait provocante.

Deux affaires surtout achevèrent d'offenser le général Voirol et de pousser à bout sa patience. Un Juif, nommé Sofar, lui avait adressé une requête où l'équité, la probité même du tribunal des rabbins était mise en suspicion. Aux termes de l'arrêté rendu, le 22 octobre 1830, par le général Clauzel, toute plainte pour cause de forfaiture, de prévarication ou de déni de justice, contre les juges des tribunaux musulmans et israélites, devait être portée devant le général en chef qui en ordonnerait. En conséquence, le général Voirol suspendit l'exécution du jugement rendu contre Sofar et fit procéder à une enquête qui justifia les allégations du plaignant; mais alors l'intendant civil, prenant fait et cause pour les rabbins, éleva le conflit, soutint que l'arrêté du 22 octobre 1830 avait été implicitement réformé par celui qu'il avait fait souscrire lui-même au duc de Rovigo, le 16 août 1832, et qu'en matière civile, rien ne pouvait contrarier l'action des tribunaux indigènes.

La question de principe, renvoyée à Paris, dans les bureaux de la guerre, fut décidée en sa faveur; le général fut blâmé de son intervention, et, malgré l'évidence des faits qui indignaient son caractère équitable, il eut le chagrin de voir le triomphe de M. Genty de Bussy et des juges prévaricateurs.

L'autre affaire avait plus d'importance encore et devait avoir des suites plus graves. Une Mauresque divorcée, qui voulait épouser un Français, avait annoncé sa résolution de se faire chrétienne : grand émoi dans la population musulmane. Le cadi prétendait non-seulement que cette femme n'avait pas le droit de changer de religion, mais que, pour en avoir manifesté l'intention seulement, elle méritait d'être punie. Le général, devant lequel il avait soutenu ce thème exorbitant, lui répondit que, d'après la loi française, chacun étant libre de suivre le culte qui lui convenait, la Mauresque était absolument dans son droit, et qu'il ne souffrirait pas qu'elle fût violentée ni inquiétée même. En dépit de cet avertissement qui était sérieux, le cadi, voyant la néophyte persister dans son dessein, malgré tout ce qu'il avait pu lui dire, la fit enlever par ses agents. Aussitôt averti, le général lui dépêcha un de ses aides de camp; mais, dès que le juge vit entrer l'officier français dans la salle d'audience, il se leva et sortit en criant que la justice du Prophète n'était plus libre. Quant à la Mauresque, il était temps qu'elle fût délivrée, car le chaouch du cadi s'apprêtait à lui donner la bastonnade; elle s'en alla tout de suite à l'église catholique, où elle reçut le baptême. Du tribunal, le cadi avait couru chez le meufti, et tous deux étaient tombés d'accord que le cours de la justice devait être suspendu. C'était grave. Le lendemain, les Maures s'attroupèrent devant la salle d'audience dont les portes restèrent fermées. Il ne fallait pas laisser l'agitation s'étendre. Sommés de reprendre sur-le-champ leurs fonctions, le meufti et le cadi refusèrent : ils furent aussitôt révoqués et remplacés. Ce coup de vigueur étonna le meufti, qui fit amende honorable et rentra dans sa place. L'installation du nouveau cadi eut lieu le 10 septembre; les amis de l'ancien voulurent faire du désordre : on en arrêta deux ou trois, et la justice musulmane reprit paisiblement son cours.

Le jour où elle avait été brusquement interrompue, l'intendant civil, mandé chez le général Voirol, avait affecté, avec un étonnement qui sentait l'impertinence, de ne rien savoir de ce qui se passait, au moins d'en ignorer la cause. Pour le coup, c'était trop; ce jour-là pourtant, le général prit sur lui de se contenir encore; mais, le lendemain, dans une conversation relative à la nomination du nouveau cadi, la discussion devint tellement vive qu'il éclata, le prit de très-haut et, dans la vérité du terme, remit l'intendant civil à sa place. S'il ne s'ensuivit pas une rencontre, ce fut apparemment le subordonné qui calcula les conséquences fâcheuses qu'elle aurait pu entraîner après elle. Il avait à continuer en France sa carrière interrompue en Afrique.

Un nouvel intendant civil arrivait avec le gouverneur général. M. Genty de Bussy partit d'Alger sans y laisser de regrets; le général Voirol en laissa beaucoup au contraire. On lui avait offert de conserver le commandement des troupes sous le comte d'Erlon; il refusa; il consentit seulement à demeurer quelque temps encore afin de mettre le général Rapatel, son successeur, et le gouverneur général au courant des affaires. Il était aimé; il avait fait tout le bien que, dans une situation douteuse, il lui avait été permis de faire; l'armée, la population civile, les indigènes eux-mêmes le regrettaient; en témoignage de reconnaissance, une médaille d'or lui fut offerte. Son départ, au mois de décembre 1834, fut un triomphe.

CHAPITRE V

LE COMTE D'ERLON

I. Indécisions. — Responsabilités. — II. Organisation du gouvernement général. — Le comte d'Erlon. — Reprise des hostilités dans la Métidja. — Camp d'Erlon. — Discussion parlementaire. — III. Duvivier à Bougie. — Mésintelligence entre le commandant supérieur et le commissaire du Roi. — Départ de Duvivier. — IV. Prétentions excessives d'Abd-el-Kader. — Rappel du général Desmichels. — V. Le général Trézel à Oran. — Mollesse du comte d'Erlon. — Succès d'Abd-el-Kader. — Négociations inutiles. — VI. Énergie du général Trézel. — Les Douair et les Sméla. — Le général Trézel se met en campagne. — Combat de Mouley-Ismaël. — Désastre de la Macta. — Grandeur d'âme du général Trézel. — VII. Faiblesse du comte d'Erlon. — Disgrâce du général Trézel. — Rappel du comte d'Erlon.

I

En instituant un gouvernement général des possessions françaises dans le nord de l'Afrique, l'ordonnance royale du 22 juillet 1834 ouvre théoriquement une ère nouvelle dans l'histoire de l'Algérie ; en fait et dans la pratique, elle n'est qu'une étape entre les indécisions d'un passé de quatre ans et les indécisions d'un avenir qui doit durer six années encore, jusqu'au jour où le général Bugeaud, représentant d'une politique décidée, investi de grands pouvoirs et pourvu de moyens formidables, viendra substituer aux tentatives, aux à-coup, aux épisodes héroïques, mais décousus, la méthode, la suite, la continuité de la vraie guerre. De ces indécisions, qui doit porter la responsabilité devant l'histoire? Un peu tout le monde, du plus au moins. Le gouvernement de la mère patrie en a sa part dans les choix médiocres qu'il a souvent faits pour le commandement, dans le vague et l'incohérence de ses instructions, surtout dans la parcimonie des ressources que sa main avarement serrée lâchait à grand'peine, quand il aurait dû la tenir largement ouverte; les agents du gouvernement en ont leur part : les chefs, dans les fausses directions, dans les impulsions contradictoires qu'ils ont données à la conduite des affaires, dans leur timidité presque toujours, dans leur témérité parfois; les subordonnés, dans leurs rivalités, dans leurs jalousies, dans leur indiscipline, dans la négligence de leur devoir, quelquefois dans leur défaillance; mais, avant tout, c'est la Chambre des députés qui est responsable, la Chambre, dont les discussions passionnées, retentissant d'écho en écho jusque dans les montagnes de l'Atlas, allaient réveiller périodiquement chez les indigènes l'espoir de la délivrance et les encourager à la révolte; la Chambre, injuste pour l'armée d'Afrique, comme si elle avait gardé contre elle les rancunes de 1830, ne lui mesurant qu'en rechignant l'argent et les hommes, prêtant d'une main, retirant de l'autre, traitant l'Algérie, cette fille posthume de la Restauration, en marâtre, toute prête à l'abandonner honteusement, si le gouvernement l'avait souhaité, si l'opinion publique l'avait permis; c'est la Chambre des députés, hargneuse, tracassière, mesquine, cent fois plus avare que le gouvernement, qui doit surtout porter le poids de tous les griefs accumulés sur les uns ou sur les autres pendant la moitié au moins des dix premières années de la conquête.

II

Complété par une ordonnance datée du 10 août et par un arrêté ministériel du 1ᵉʳ septembre, l'acte royal du 22 juillet 1834 concentrait entre les mains du gouverneur général, sous les ordres et la direction du ministre de la guerre, tous les pouvoirs politiques, civils et militaires dans toute l'étendue des possessions françaises au nord de l'Afrique; immédiatement au-dessous de lui siégeait un conseil d'administration composé d'un officier général commandant les troupes, d'un intendant civil, d'un officier général commandant la marine, d'un procureur général, d'un intendant militaire et d'un directeur des finances. Le caractère de ce conseil était purement consultatif. L'intendant civil avait les attributions d'un préfet; le procureur général dirigeait l'administration de la justice dont l'organisation était modifiée.

Oran et Bone étaient pourvus, comme Alger, d'un tribunal de première instance; Alger avait de plus un tribunal supérieur et un tribunal de commerce. Le tribunal supérieur connaissait en appel des causes portées devant lui en matière civile, correctionnelle et commerciale; il jugeait directement les affaires criminelles. Des assesseurs musulmans étaient appelés à siéger, avec voix consultative, auprès des juges français, toutes les fois qu'un de leurs coreligionnaires se trouverait intéressé ou impliqué dans la cause. La juridiction des cadis et des rabbins était maintenue, mais dans des limites plus restreintes. Le soin d'organiser, de diriger et de surveiller les nouveaux établissements judiciaires en Algérie était confié temporairement, avec le titre de procureur général, à un député, ancien membre de la commission d'enquête et de la commission d'Afrique, tout à fait acquis à la cause de l'occupation qu'il venait de défendre éloquemment devant la Chambre, M. Laurence. Alger le revit avec plaisir; il y arriva, le 27 septembre, en même temps que le comte d'Erlon, gouverneur général, et l'intendant civil M. Lepasquier, qui venait de quitter, pour succéder à M. Genty de Bussy, la préfecture du Finistère.

L'arrêté ministériel du 1er septembre prescrivait l'exécution de trois mesures destinées à donner confiance aux Européens et à bien montrer aux indigènes que le gouvernement était résolu à s'établir définitivement sur le terrain conquis. La municipalité d'Alger jusqu'alors n'avait eu qu'une existence provisoire et mal réglée; un conseil municipal de dix-neuf membres, dix Français, six musulmans, trois Juifs, nommés annuellement par le gouverneur, fut institué, avec des attributions à peu de chose près semblables à celles qui étaient de règle en France. Le Fhas fut divisé en neuf, puis en quatorze communes rurales, administrées par un maire français et deux adjoints, dont un indigène. Enfin, un collége, analogue aux colléges communaux de la mère patrie, allait donner aux enfants de toute origine l'éducation française.

« Le roi des Français, votre seigneur et le mien, avait dit le comte d'Erlon dans une proclamation aux indigènes, m'a confié le gouvernement de vos contrées. Il vous considère comme ses enfants; sa force est immense. Jamais les Français n'abandonneront le sol africain. Préférez l'ordre et la soumission à l'anarchie et à la guerre; accueillez les Européens dans vos tribus. Je serai doux avec les bons, terrible avec les méchants. Ma porte sera toujours ouverte au pauvre et à l'opprimé; mon cœur ne repoussera aucune plainte juste. » Ce langage fit d'abord quelque effet; Abd-el-Kader lui-même s'en inquiéta. Comme le général Desmichels allait partir d'Oran pour Alger afin de connaître les véritables intentions du gouverneur, l'émir prescrivit à Miloud-ben-Arach de l'accompagner et de remettre au comte d'Erlon une lettre obligeante, obséquieuse, au fond très-hardie. « Je charge, disait-il, Miloud-ben-Arach de vous informer de tout ce qui vous regarde, de vous demander vos vues sur la manière d'établir la tranquillité dans tous les districts, soit mari-

times, soit de l'intérieur, sur les plages d'Alger et
d'Oran, dans les plaines et dans les montagnes
depuis Tlemcen et Mascara jusqu'à Médéa et les
environs d'Alger. » Ni Miloud, qui fut bien
accueilli d'ailleurs, ni le général Desmichels ne
purent obtenir ce qu'ils étaient venus chercher
l'un et l'autre, une indication un peu nette de la
direction que le gouverneur général entendait
donner, dans la province d'Oran, aux affaires. Le
général d'Uzer, venu de Bone, ne fut pas beaucoup plus heureux ; il est vrai que tout allait si
bien dans son commandement qu'il n'y avait
presque rien à lui dire.

Toute l'attention du gouverneur paraissait concentrée sur la Métidja. C'était là qu'il voulait
rétablir l'autorité française. Il lui déplaisait, par
exemple, que le marché de Bou-Farik fût interdit
aux Européens. Le lundi 13 octobre 1834, il y
envoya le colonel de Schauenbourg, du 1ᵉʳ régiment de chasseurs d'Afrique, avec une bonne
escorte de cavalerie et d'infanterie. Surpris et
inquiets d'abord, les Arabes ne firent aucune démonstation hostile ; les kaïds de Khachna, de Beni-Mouça, des Arib, de Beni-Khelil parurent satisfaits ; seuls les Hadjoutes se retirèrent. Depuis ce
jour-là, quelques marchands d'Alger commencè-

rent à fréquenter Bou-Farik; mais il était bien évident qu'ils n'y étaient que tolérés. Afin d'agir plus directement sur les indigènes, le gouverneur général rétablit la charge d'agha des Arabes, et il en revêtit le lieutenant-colonel Marey, l'ancien commandant des chasseurs algériens, qui s'occupait alors d'organiser un corps de spahis réguliers. Le bureau arabe fut en même temps supprimé; avec un agha il n'avait plus de raison d'être.

Les débuts du lieutenant-colonel ne furent pas heureux; il annonça aux tribus sa nomination par une lettre hautaine qui fit un mauvais effet. Les maraudeurs, les pillards, les coupeurs de route reparurent; les vols de bestiaux recommencèrent. Poussé par l'agha, qui était furieux du mépris que lui témoignaient particulièrement les Hadjoutes, le gouverneur envoya contre eux une expédition dont il confia la direction au général Rapatel. L'affaire commença, le 5 janvier 1835, par l'arrestation de deux de leurs grands sur le marché de Bou-Farik; avertis par ce premier coup de main, les autres se mirent en sûreté. Du 6 au 10, le général Rapatel, assisté du général Bro et suivi de trois mille hommes avec du canon, parcourut la plaine jusqu'à vingt-cinq lieues d'Alger, — jamais à l'ouest on n'avait été aussi loin, — reconnut le lac Houlloula, pénétra dans la montagne, brûla quelques gourbis, se mit sur les bras, outre les Mouzaïa, complices des Hadjoutes, les Soumata et les Beni-Menad, fut reconduit par eux, suivant l'habitude, jusqu'à Bou-Farik, et finit par rentrer au camp de Douéra. Le bilan de cette campagne de cinq jours était médiocre : au compte des pertes, cinq hommes tués et vingt-cinq blessés, dont un officier qui était le lieutenant-colonel Marey; au compte des profits, deux prisonniers et quarante bœufs. Huit jours après, les Hadjoutes en avaient repris soixante-quinze aux gens de Beni-Khelil.

Cependant il ne manquait pas dans Alger d'optimistes qui étaient d'avis que les affaires n'allaient pas mal et qu'elles ne tarderaient pas à prendre un train meilleur encore. On spéculait plus que jamais sur les constructions et sur les terrains. « Le fait est que, depuis un an, des capitaux considérables s'engagent ici, écrivait à Duvivier, commandant supérieur de Bougie, le général Trézel; vous ne reconnaîtriez plus les rues de la Marine et Bab-el-Oued, non plus que la place; des maisons à arcades et à trois étages règnent sur tout un côté de la première. On va établir un fort poste à Bou-Farik, ce qui nous achemine sur Blida, dont l'occupation prochaine est pour les spéculateurs chose si sûre qu'ils ont déjà acheté la plupart des maisons, des jardins et des terres de la ville. Lorsqu'on voudra y établir les troupes, ces gaillards-là viendront nous dire : « Cette mai-« son est à moi, ce terrain m'appartient »; et il faudra payer tout cela dix fois sa valeur. Croiriez-vous qu'un de ces coquins légaux, nommé Roux, demande aujourd'hui 130,000 francs du champ de manœuvre et de la petite maison dite la Manutention? On n'aura conquis ce pays que pour ces gens-là qui crient sans cesse qu'on ne les protége pas assez et que l'armée leur est à charge, qu'ils ne doivent pas vivre sous le régime du sabre, qu'il leur faut un gouverneur civil, et autres sottises sans fin. Tout cela est cru à Paris, et ceux qui arrivent pensent ne trouver ici qu'oppression de la part des autorités militaires. »

Le poste qu'on allait établir à Bou-Farik n'était rien de moins qu'un camp retranché dont la construction commença au mois de février; il reçut le nom de camp d'Erlon. Un autre, moins important, fut improvisé à Maelma, entre Dely-Ibrahim et Douéra, par les zouaves du commandant La Moricière. Quelque temps auparavant, cette partie du Sahel avait été tout à coup envahie et ravagée par une bande de trois ou quatre cents Hadjoutes qu'un déserteur français animait au pillage ; d'autres avaient attaqué les travailleurs du camp de Bou-Farik. A la fin du mois de mars, le gouverneur voulut que l'opération manquée au commencement de janvier fût reprise; celle-ci dura moins longtemps et pénétra moins avant dans la plaine ; ce fut toute la différence, car elle n'eut pas plus de résultats que la première.

Le comte d'Erlon se décourageait ; le peu d'ardeur que lui avaient laissée ses soixante-dix ans s'était amortie ; des Maures intrigants avaient essayé de capter sa confiance ; il s'était débarrassé d'eux, mais il ne savait plus à qui se fier ; autour de lui tout était matière à discussion, à compétition, à désaccord. Un officier d'un grand mérite, le commandant de Maussion, un *africain* de la première heure, depuis le temps de M. de Bourmont jusqu'à celui du général Voirol, s'en allait être, après avoir passé deux années en France, chef d'état-major de la division d'Oran. « Vous ne sauriez vous imaginer, écrivait-il d'Alger à cette époque, combien on se chamaille ici, combien on s'y déteste, combien on s'y décrie. Moi qui connais tout le monde et toutes les affaires, et à qui chacun s'ouvre parce que je ne fais que passer, j'ai ramassé depuis deux jours plus de propos, plus de plaintes, plus d'accusations de toute nature que je n'en entendrais en six mois en toute autre circonstance. »

Les nouvelles de Paris n'étaient pas faites pour donner de l'élan au gouverneur tenu en bride, mis au pas par les ordres du ministre de la guerre qui l'était lui-même par les contradictions de la Chambre. A son arrivée en Algérie, le comte d'Erlon avait sous ses ordres, dans tous les postes occupés de la régence, 31,000 hommes que le budget prétendait réduire à 23,000. Huit mois après, nouvelle réduction réclamée par la commission, dont M. Passy était encore une fois le rapporteur. Ramener l'effectif à 21,000 hommes, supprimer les dépenses de colonisation, resserrer l'occupation en ne gardant qu'Alger, Oran et Bone, telles étaient les mesures recommandées, sinon prescrites encore au gouvernement comme un minimum.

La discussion dura huit jours, du 19 au 27 mai 1835. « Je le dis hautement et sans détour, s'écriait M. de Sade, mon vote sera pour l'abandon définitif. — La possession d'Alger, répétait M. Passy, est onéreuse et dommageable à la France. » Un député de ce temps-là, M. Desjobert, s'était fait une célébrité par sa passion anti-algérienne. Sur le principe général de l'occupation, il y avait une majorité résignée plutôt que convaincue ; les partisans décidés de la conquête, surtout étendue et progressive, étaient rares. M. Charles Dupin était assez applaudi quand il disait : « Conserver à jamais la conquête d'Alger n'est pas seulement une question d'honneur, c'est une question vitale pour le gouvernement de Juillet. La promesse en a été faite ; elle survit au ministère qui l'a prononcée. C'est le dieu Terme de l'honneur : il ne peut plus reculer. » On l'applaudissait parce qu'il ne parlait que d'Alger ; mais on murmurait quand M. Mauguin, partisan de l'occupation étendue, s'écriait : « Vous êtes condamnés ou à tout abandonner, ou à tout posséder. » L'occupation restreinte, ce système bâtard que dément l'histoire coloniale de tous les temps et de tous les peuples, avait la faveur de cette Chambre qui n'avait le courage ni de répudier absolument la conquête, comme le lui prêchaient les économistes, ni de faire tout d'un coup tous les sacrifices d'hommes et d'argent que son hésitation rendait de jour en jour plus considérables et plus nécessaires. Il y avait quelques hommes de sens et d'expérience qui voyaient et dénonçaient les inconvénients extérieurs de ces débats stériles. D'après le général Valazé, les agents d'une puissance étrangère avaient tiré parti du rapport de la commission pour faire annoncer jusqu'à Médéa la prochaine évacuation de la régence. L'année précédente, selon M. Laurence, la discussion de la Chambre, avant qu'on en connût le résultat, avait failli causer des malheurs ; déjà des fanatiques provoquaient les indigènes à la guerre sainte. « Il ne faut pas avoir tous les ans une discussion sur Alger », reconnaissait M. Piscatory lui-même.

On attendait l'opinion du ministère. Avec l'autorité de son caractère et de son talent, le ministre de l'instruction publique, M. Guizot, la fit connaître : « La France a conquis la régence d'Alger, la France gardera sa conquête. Aucun engagement contraire ne gêne à cet égard la liberté du gouvernement français ; nous agissons dans une complète indépendance ; nous ne connaissons que l'intérêt national. L'abandon d'Alger serait un affaiblissement notable de la considération et de la puissance morale de la France. L'importance croissante de la Méditerranée commande à la France de faire de nouveaux efforts pour conserver son rang, de ne rien faire surtout qui puisse affaiblir sa puissance et sa considération sur mer. » Telle était en quelques mots la conclusion de l'illustre orateur : « Nécessité morale, nécessité politique de garder nos possessions d'Afrique; utilité d'une occupation militaire sûre et tranquille et des sacrifices nécessaires pour atteindre ce but; utilité de bonnes relations constamment entretenues avec les naturels du pays. Quant à l'extension de l'agriculture et de la colonisation, sachons nous en remettre à l'avenir, ne rien presser, attendre les faits et n'y prêter que la portion d'aide et de secours qui conviendra aux intérêts nationaux de la mère patrie. » Un long mouvement d'approbation suivit ce discours mémorable. Jamais encore le gouvernement issu de la révolution de 1830 n'avait tenu un langage aussi favorable au développement de la conquête; toute la politique décidée que l'orateur, devenu ministre prépondérant, devait faire prévaloir dans les conseils du gouvernement cinq ans plus tard, était déjà contenue dans ce discours de 1835.

La majorité qui y adhérait alors n'en comprenait assurément pas la portée extrême; si elle eût été capable de la comprendre, elle n'aurait pas mérité cette apostrophe, cruellement vraie, qu'un député obscur, M. Sémerie, lui jetait en pleine séance : « On vient encore attaquer Alger; on vient dire qu'il est impossible d'en rien faire!

L'impossibilité! savez-vous où elle est? Elle est ici, dans cette Chambre; elle n'est pas en Afrique, mais à Paris. »

III

Vers la fin de la discussion, un jeune député qui connaissait bien l'Algérie, car il y avait servi en 1830 comme officier d'état-major et depuis comme aide de camp du duc de Rovigo, M. Napoléon Duchâtel, frère du ministre du commerce, avait combattu vivement la réduction de l'effectif et surtout l'évacuation précipitée des postes dont la commission du budget réclamait l'abandon. Celui de tous qui était le plus menacé, Bougie, l'était d'autant plus sérieusement, qu'à dire vrai, M. Napoléon Duchâtel et quelques autres fidèles à part, il avait contre lui presque tout le monde, le maréchal Clauzel, la plupart des généraux, à commencer par le lieutenant général gouverneur, et jusqu'à l'officier de grande distinction qui commandait dans la place, Duvivier lui-même.

Depuis dix-huit mois qu'il en avait reçu la garde, il y avait dépensé, sans faire aucun progrès, rien que pour se défendre, une somme d'activité, d'intelligence et d'énergie prodigieuse. Simple chef de bataillon d'abord, promu lieutenant-colonel au mois d'avril 1834, le commandement qu'il exerçait était de fait celui d'un officier général. Dans ce champ clos, resserré entre les montagnes et la mer, il n'y avait d'égal à l'héroïque attitude du commandant de Bougie que l'héroïque persistance des Kabyles à revenir contre lui à la charge. C'était tantôt l'un, tantôt l'autre des nombreux ouvrages qu'il avait multipliés au dehors et en avant de la place, le camp retranché supérieur, le camp retranché inférieur, la redoute du Gouraïa, les blockhaus du contre-fort Vert, le poste du Marché, le blockhaus de la plaine, souvent plusieurs à la fois, qui étaient assaillis par un ennemi nombreux et vaillant. Le récit de ces combats sans cesse renouvelés sur le même terrain, presque dans les mêmes circonstances, risquerait de paraître aujourd'hui monotone. Les contemporains s'y intéressaient naturellement davantage, d'autant plus que les journaux ne tarissaient pas sur les menus détails.

Il y aurait ici une remarque à faire à propos des choses d'Afrique telles que les reproduisait avec un grossissement de microscope la presse du temps. Déjà perçait le germe de ce qu'on a nommé plus tard la *fantasia;* déjà commençaient à se grouper les coteries, les camaraderies, les sociétés d'admiration mutuelle. Duvivier a eu de nombreux amis, vrais, dévoués, d'un enthousiasme désintéressé autant que sincère; mais il a eu aussi, accrochés à sa fortune, des courtisans et des flagorneurs. Ambitieux pour lui-même, et, il faut le reconnaître, pour ses compagnons de combat et de misère, de cette bicoque où les Kabyles le tenaient bloqué, il tenait à rappeler le commandant et la garnison de Bougie à l'attention du monde. Il faisait de longs bulletins, ses listes de propositions semblaient excessives; c'est qu'en chef qui veut être bien servi, il estimait que les bons services méritent récompense. Malheureusement, il y avait les amis terribles, les flatteurs compromettants à qui la vérité ne suffisait pas, qui ajoutaient, brodaient, amplifiaient, enchérissaient, inondaient de leur prose admirative et fastidieuse les journaux de Toulon et de Marseille. Ils ne s'en tenaient pas aux louanges hyperboliques; pour grandir d'autant leur héros, ils déprimaient systématiquement les autres. Si Duvivier ne s'est pas brouillé dix fois avec La Moricière, ce n'a pas été la faute de tel ou tel de ces correspondants. Quand La Moricière, avec toute sorte de ménagements, priait Duvivier de lui renvoyer les quatre compagnies de zouaves qu'il retenait à Bougie, on l'accusait bientôt de jalousie et d'ingratitude. Ce n'est pas que Duvivier, qui avait l'âme haute, fût la dupe de ces flagorneurs; mais comme, dans la passe difficile où il se trouvait, son humeur était souvent chagrine, leur mauvaise influence avait quelquefois prise sur lui.

A la fin du mois d'octobre 1834, le comte d'Erlon vint visiter Bougie et conclut à l'abandon de la place. Duvivier proposait de ne conserver que les forts et de confier la défense de la ville aux habitants, aidés par une centaine de Turcs. Après le départ du gouverneur général, il y eut encore deux ou trois combats bien soutenus, mais qui n'eurent pas son approbation parce qu'ils n'avaient, selon lui, d'autre résultat que de fatiguer les troupes. Au mois de janvier 1835, il fit revenir de Bougie et rentrer dans le bataillon de La Moricière trois de ses compagnies de zouaves. Découragé, attristé de l'inutilité de ses efforts, Duvivier, au mois de mars, en était arrivé à conclure, comme le comte d'Erlon, à l'évacuation totale de Bougie. Il ne se doutait pas, il ne pouvait pas se douter qu'un revirement absolu s'était fait dans les idées versatiles du gouverneur.

Le vieux général s'était laissé dire que, si les Kabyles paraissaient intraitables, c'était la faute du commandant supérieur, qui, n'aimant que la guerre, négligeait ou repoussait les occasions de négocier avec eux. Nous retrouvons d'abord ici les mêmes intrigues, et, sauf un, les mêmes intrigants qu'au début de l'expédition. Ils étaient trois, si l'on s'en souvient : Oulid-ou-Rebah, cheikh des Ouled-Abd-el-Djebar, le négociant Joly et le Maure Boucetta. Au lieu de celui-ci, tué à la prise de Bougie, mettez le Maure Medeni, le trio ne vaudra pas mieux. Les deux derniers se faisaient fort de traiter avec le premier, qu'ils voulaient faire passer comme un autre Abd-el-Kader, pour le grand chef de toute la Kabylie. Le comte d'Erlon s'était d'abord refusé à leurs avances; le 4 février, il écrivait encore à Duvivier qu'en fait d'intermédiaire avec les Kabyles, il ne connaissait et ne voulait que le commandant supérieur. C'est ici qu'entre en scène un quatrième personnage.

Au temps du général Voirol et de M. Genty de Bussy, tout à la fin de 1833, un commissaire du Roi avait été envoyé à Bougie pour administrer la population civile, indigène et européenne; mais comme il n'y avait presque plus de Bougiotes et presque pas d'Européens encore, au mois de janvier 1834, le commissaire du Roi fut rappelé ; un mois après cependant, il obtint d'être renvoyé, par ordre ministériel, à son poste. « Les mesures qui se rattachent à la haute police, était-il dit dans ses instructions, sont exclusivement dans les attributions du général en chef; elles le sont relativement dans celles du commandant militaire à Bougie; ainsi vous n'avez ni à participer au choix de fonctionnaires indigènes capables d'exercer une influence quelconque, ni à vous mêler de correspondance avec les tribus. »

M. Lowasy de Loinville, le commissaire du Roi, était un protégé de Madame Adélaïde, sœur de Louis-Philippe. Jeune, avantageux, plein de confiance, il avait une activité bruyante comme celle des machines qui tournent à vide. Sa pétulance affairée, mais inoccupée, faisait avec la gravité laborieuse du lieutenant-colonel Duvivier le plus singulier contraste. Son attitude vis-à-vis du commandant supérieur, sa correspondance privée avec lui, affectaient une familiarité qui, sans mauvaise intention apparemment, était tout au moins peu convenable. En deux mots, il manquait absolument de tact et de mesure. Au mois de décembre 1834, il eut un grand mécompte.

Par suite de la nouvelle organisation donnée au gouvernement de l'Algérie, il avait cru trouver l'occasion d'émanciper ses attributions et de dégager son importance; mais, sur les observations du commandant supérieur, et comme la population civile de Bougie, sans être aussi réduite qu'au mois de janvier précédent, n'était pas considérable encore, il retomba dans son inutilité.

A tout prix il en voulait sortir. Sa maison devint le centre d'une petite opposition contre l'autorité militaire; le Maure Medeni s'insinua dans sa confiance et lui persuada facilement qu'il ne tenait qu'à lui de pacifier les Kabyles. Aussitôt il écrivit à l'intendant civil, M. Lepasquier, ce que Medeni venait de lui dire. L'intendant civil en ayant référé au gouverneur général, envoya de sa part à M. Lowasy l'ordre de faire partir Medeni pour Alger; et cependant, ce même jour-là, le comte d'Erlon mandait au lieutenant-colonel Duvivier qu'il ne voulait pas avoir d'autre intermédiaire que lui avec les Kabyles; sa lettre et la réponse de M. Lepasquier au commissaire du Roi furent apportées à Bougie par le même bateau. Medeni s'embarqua pour Alger, le 17 février, vit le gouverneur général et l'endoctrina si bien qu'il fut convenu qu'une négociation serait ouverte avec

Oulid-ou-Rebah par M. Lowasy et par lui-même, à l'insu du commandant supérieur. Entre son départ et son retour, la rupture avait éclaté tout à fait entre Duvivier et le commissaire du Roi. Le Maure revenu se mit tout de suite en relation avec Oulid-ou-Rebah, qui ne demanda pas mieux que de conférer avec M. Lowasy.

Le 27 mars, dans la matinée, Medeni, qui était particulièrement recommandé par le gouverneur général au commandant supérieur, lui demanda l'autorisation de sortir en barque; avec une apparente confiance, il lui dit qu'il allait voir à l'embouchure de l'Oued Beni-Meçaoud le cheikh Oulid-ou-Rebah pour une affaire de commerce. Le commandant lui donna l'autorisation qu'il souhaitait et le chargea de témoigner de sa part au cheikh le regret que les rapports entre Kabyles et Français ne fussent pas meilleurs. De la terrasse de la haute kasba, Duvivier pouvait suivre avec une longue-vue ce qui se passait à l'embouchure de la rivière. Il vit d'abord sur la plage un groupe nombreux de cavaliers armés, puis il aperçut à sa grande surprise, non pas une barque, mais deux barques, l'une desquelles avait arboré le pavillon français à l'arrière, et de celle-ci il vit sortir des gens vêtus à l'européenne; la distance ne lui permettait pas de les reconnaître. Aussitôt il fit requérir le commandant de la marine de faire saisir les deux barques et conduire ceux qui les montaient à bord du stationnaire. En attendant l'exécution de sa requête, il allait de surprise en surprise; les scènes les plus imprévues se succédaient sous ses yeux. Une troupe de cavaliers, débouchant tout à coup d'un ravin, venait assaillir le premier groupe; un combat s'engageait sur la grève; les agresseurs étaient repoussés; cependant, réfugiés dans leur barque, les Européens s'éloignaient à force de rames, tandis qu'à grands gestes les vainqueurs les rappelaient en agitant, pour les rassurer sans doute, les têtes sanglantes des vaincus; à la fin le dénoûment arrivait avec les canots du stationnaire qui saisissaient les deux barques et ramenaient à bord équipage et passagers.

Là on reçut l'explication du drame dont jusqu'alors on n'avait eu que la mimique. C'était bien Oulid-ou-Rebah qui, avec les cavaliers de sa tribu, était au bord de la mer; des deux barques, la première était celle de Medeni; l'autre avait amené M. Lowasy, qui était entré aussitôt en pourparlers avec le cheikh; enfin les interrupteurs qui avaient si brusquement dissous la conférence étaient des Beni-Mimoune, ennemis d'Oulid-ou-Rebah et des siens. M. Lowasy, s'étant fait reconnaître du commandant de la marine, fut relâché aussitôt; sans daigner condescendre à justifier sa conduite, il déclara sommairement qu'il allait demander au gouverneur général satisfaction de l'outrage fait en sa personne au pouvoir civil. Deux jours après sa fâcheuse aventure, il s'embarqua pour Alger.

Rien ne peut donner une idée de l'embarras du malheureux comte d'Erlon entre le rapport sévère de Duvivier et les réclamations bruyantes de M. Lowasy, d'autant plus que la duplicité du vieux général était connue de tout Alger; c'était le secret de la comédie. Le blâme était universel; le général Rapatel ne se cachait pas avec La Moricière d'en avoir dit nettement sa pensée au gouverneur. Celui-ci, cependant, serré de près par M. Lowasy, ne put pas faire autrement que de le soutenir et de laisser entendre, sinon d'avouer explicitement qu'il avait autorisé sa conduite; il écrivit à Duvivier une lettre de blâme qui se terminait par ces mots : « Au point où en sont les choses, je me vois obligé d'envoyer le colonel Lemercier à Bougie, pour continuer ou pour renouer les négociations qui sont d'une très-grande importance en ce moment. Je lui donnerai toutes les instructions nécessaires pour tâcher d'arriver le plus promptement possible à ce résultat. » M. Lowasy, naturellement, revenait avec le colonel Lemercier.

Ils eurent dès leur arrivée une entrevue avec Oulid-ou-Rebah, sur le lieu même de la conférence interrompue. Le cheikh, infatué de son rôle, voulut bien recevoir les cadeaux de prix que lui envoyait le gouverneur; mais avant toute négociation, il exigeait le départ du lieutenant-colonel Duvivier. Cette lâche concession lui fut faite. Blessé profondément des étranges procédés du gouverneur, Duvivier remit aussitôt le commandement entre les mains du colonel et rentra en France. Le 9 avril, le traité fut conclu. La paix était rétablie entre les Français et les Kabyles. Oulid-ou-Rebah reconnaissait aux premiers le droit d'occuper Bougie et la plaine jusqu'à la rivière; il accréditait auprès d'eux son consul Medeni. Les Français et lui devaient se prêter un appui mutuel contre les tribus qui voudraient troubler l'ordre. Il est à remarquer que le cheikh des Abd-el-Djebar cédait à la France Bougie, qui ne lui avait jamais appartenu, et stipulait pour des gens dont il n'était pas le chef. Il est vrai que, par une formule ingénieusement prévoyante, l'acte comprend, avec les tribus qui lui obéissent, celles qui lui obéiront par la suite. La suite, au lieu des soumissions attendues, amena des prises d'armes. La paix si étrangement faite dura tout juste quinze jours.

Le 24 avril, les coups de fusil recommencèrent; le 26, trois hommes du bataillon d'Afrique eurent la tête coupée. Quand on sommait Oulid-ou-Rebah de châtier les perturbateurs, il se dérobait. Au colonel Lemercier, qui avait assez de cette mauvaise besogne, le comte d'Erlon donna pour successeur son chef d'état-major, le lieutenant-colonel Girot. Celui-ci ne fut pas plus heureux; M. Lowasy lui-même, l'instigateur du traité, ne le fut pas davantage. Dans une entrevue qu'il eut, vers la fin de juillet, avec Oulid-ou-Rebah dans la plaine, ce fut celui-ci qui eut l'audace de se plaindre. Pendant la conférence, sous prétexte de faire honneur au commissaire du Roi, les cavaliers du cheikh mirent le feu aux herbes; ce fut en effet un beau feu de joie qui dura quarante-huit heures; mais aussi tout le fourrage destiné au troupeau de la place se trouva brûlé. C'était ainsi qu'Oulid-ou-Rebah marquait sa reconnaissance à M. Lowasy : Duvivier était trop bien vengé.

IV

A Bougie, la versatilité du comte d'Erlon n'était la cause que d'un mécompte; dans la province d'Oran, elle avait fait éclater la plus formidable des crises.

On a vu que, peu de temps après l'installation du gouverneur, le général Desmichels était venu lui rendre compte des affaires politiques et militaires de son commandement. Dans la division d'Oran, le bataillon espagnol de la légion étrangère, cédé par le gouvernement français au gouvernement d'Espagne, avait été remplacé par un demi-bataillon polonais retiré de Bougie. La mutation venait d'être faite, lorsqu'un grave incident mit tout à coup en péril la sécurité de la place. Le 2ᵉ régiment de chasseurs d'Afrique, qui s'était déjà révolté au mois d'août de l'année précédente, se mit de nouveau en révolte au mois de juillet 1834. Les autres corps heureusement ne se laissèrent entraîner ni par ses excitations ni par son exemple. Un capitaine, trois brigadiers et trois chasseurs furent traduits devant le conseil de guerre, sept officiers mis en retrait d'emploi, deux escadrons envoyés à Mostaganem. L'ordre à peine rétabli, un mal terrible, le choléra, s'abattit soudain, d'abord sur Mers-el-Kébir, puis sur Oran. A la fin d'octobre, il avait fait plus de quatre cents victimes, les deux tiers dans la garnison. Le général Desmichels avait perdu trois personnes de sa famille et son ancien chef d'état-major, le général de Fitz-James.

D'Oran, le fléau envahit Mascara et Tlemcen. Les grands projets d'Abd-el-Kader en furent quelque temps retardés, mais il n'en continua pas moins ses apprêts. Non loin de Mascara, il avait un camp permanent où huit cents Kabyles étaient exercés à l'européenne ; c'était un Allemand, déserteur de la légion étrangère, qui organisait et instruisait ce premier bataillon de réguliers. Attentif à prévenir ou prompt à réprimer tout essai d'insurrection contre son pouvoir, l'émir avait fait saisir le grand cheikh de la plus puissante tribu du Chélif, Sidi-el-Aribi, que le choléra vint achever dans la prison de Mascara. Son autre ennemi, Moustafa-ben-Ismaïl, s'était mis hors de son atteinte dans le Méchouar de Tlemcen.

Sauf cette citadelle et les villes du littoral occupées par les Français, tout le beylik d'Oran était à lui; dans le beylik de Titteri, on l'attendait; ses messagers annonçaient son arrivée prochaine. Une première fois il s'était arrêté devant l'opposition du général Voirol; quoique Miloud-ben-Arach n'eût pas trouvé le comte d'Erlon plus favorable, il était décidé à tenter l'aventure. « Laissez-moi, disait-il au général Desmichels, me rendre maître de toutes les tribus de l'intérieur, à l'est et à l'ouest; vous garderez la côte, et alors la paix qui existe entre nous assurera la tranquillité. » Le général était d'avis de le laisser faire; mais le comte d'Erlon, que cette idée ne hantait pas encore, écrivit en sens contraire aux gens de Blida, de Coléa, de Médéa, de Miliana et de Cherchel : « Abd-el-Kader vous a trompés et a menti; son invasion serait un acte d'hostilité, car il n'a aucun droit sur la province d'Alger, lui qui ne tient sa force que des Français. S'il se présente pour vous soumettre, recevez-le en ennemi, car il se sera rendu parjure. Conduisez-vous selon mes intentions, sinon Dieu jugera entre nous. Faites savoir mes volontés à toutes les tribus. »

Sur ces entrefaites, le général Desmichels fit porter à l'émir, par un des officiers de son état-major, le capitaine Walewski, des conseils de modération. L'émir se récria d'abord; il fit voir à l'officier français les députés de Miliana et de Médéa qui le pressaient de leurs instances ; il lui montra des lettres venues des montagnes de l'est, du pays des grands Kabyles ; puis il consentit à différer son départ, tout au moins à n'aller pas plus loin que Miliana. Éclairé, avec le temps, sur l'imprudence de ses premières négociations, le général Desmichels aurait bien voulu remplacer son traité en partie double par un acte plus correct, et il avait chargé le capitaine Walewski d'en faire la demande à l'émir. Celui-ci n'y contredit pas ; des préliminaires furent arrêtés même : la France aurait eu tout le littoral de la régence, sauf Mostaganem et Cherchel, réservés avec tout l'intérieur à la domination d'Abd-el-Kader, qui aurait renoncé pour sa part au monopole. De Mascara, le négociateur se rendit à Paris : là, il eut moins de succès ; le maréchal Mortier, ministre de la guerre, désapprouva la négociation, blâma le général Desmichels d'en avoir pris l'initiative et renvoya toute l'affaire au gouverneur général.

Très-irrité de ce qu'il regardait justement comme l'acte d'insubordination le plus grave, le comte d'Erlon était décidé à demander à la première occasion le rappel du commandant d'Oran. L'occasion ne tarda pas à s'offrir. Abd-el-Kader avait accrédité, à titre d'*oukil* sur la place d'Alger, un Juif nommé Juda-ben-Dran, et, dans l'usage, Ben-Durand. Élevé en Europe, parlant très-bien français, au courant de notre caractère et de nos idées, de notre fort et de notre faible, ce Juif était le plus délié des intrigants. Chargé d'abord par l'émir, qui prétendait battre monnaie, de réclamer les anciens coins de la régence, il avait essuyé un refus; mais le premier pas était fait; il était entré en relation avec le gouverneur général. Celui-ci s'étant plaint à lui du monopole exercé par l'émir au détriment du commerce français, Ben-Durand ne manqua pas d'alléguer le droit qu'y avait son maître, et pour preuve, il produisit la fameuse note arabe acceptée par le général Desmichels, et qui, pour Abd-el-Kader, était le seul et vrai traité. Aussitôt le gouverneur écrivit au ministre de la guerre une lettre virulente où tous ses griefs contre le commandant d'Oran étaient récapitulés et qui concluait nettement à sa révocation. Invité à s'expliquer, le général Desmichels eut la faiblesse de n'oser pas, même en ce dernier moment, avouer son erreur; il nia le traité secret, prétendit que la pièce produite était apocryphe; bref, il essaya d'une défense maladroite et peu digne. Une ordonnance royale du 16 janvier 1835 prononça son rappel et lui donna pour successeur le chef d'état-major de l'armée d'Afrique, général Trézel.

Immédiatement après les révélations de Ben-Durand, le comte d'Erlon avait fait partir pour Mascara un de ses aides de camp, le capitaine Saint-Hypolite, en compagnie du Juif. Abd-el-Kader maintint toutes ses prétentions et refusa péremptoirement de renoncer aux clauses de l'acte nié par le général Desmichels comme à ses projets de domination sur tout l'intérieur de la régence. Il écrivit au gouverneur qu'il aimerait à se rencontrer et à traiter personnellement avec lui, afin de confirmer les stipulations précédentes. A lire la réponse molle et faiblissante du comte d'Erlon, il semblerait qu'il eût épuisé, dans son ressentiment contre le général Desmichels, le dernier reste de sa vigueur. Quel contraste avec la lettre menaçante qu'il adressait naguère aux gens de Médéa! Il repoussait bien encore les prétentions de l'émir sur le Titteri, mais il promettait d'en référer au Roi et il faisait lever le séquestre mis d'abord sur un chargement de fusils et de poudre à destination de Mascara. Évidemment il hésitait; quel encouragement pour Abd-el-Kader!

V

Le 5 février 1835, au moment où le général Trézel allait s'embarquer pour Mers-el-Kebir, le gouverneur lui remit une longue instruction d'après laquelle il devait régler sa conduite vis-à-vis d'Abd-el-Kader. Il y était parlé d'abord de la fausse politique du général Desmichels, qui avait favorisé de tout son pouvoir l'autorité de l'émir en lui fournissant notamment plus de douze cents fusils, de la poudre, du soufre et du plomb; puis des visées d'Abd-el-Kader sur le Titteri. A la suite de cette préface, le gouverneur examinait les partis à prendre; il n'en voyait que deux : « Le premier serait d'autoriser la prétention de l'émir et de profiter des avantages précaires que ce nouvel ordre de choses nous offrirait; il est sans contredit le plus mauvais et il augmenterait probablement par la suite nos embarras. Le second consisterait à regarder cette agression comme une rupture ouverte et à s'y opposer par la force. C'est le plus sage; mais pour le faire réussir à coup sûr, il faudrait de l'énergie, de l'argent et des troupes suffisantes. Celles qui sont à Alger le sont-elles? Leur organisation et les moyens de transport dont elles disposent permettent-ils de diriger une expédition jusque sur Médéa? On le pense d'autant moins que l'émir a fait travailler les tribus des environs par l'ancien agha — Mahiddine — qui nous a trahis, qui est son agent et qui se trouve en ce moment chez les Beni-Menad. On doit s'attendre, si l'émir vient avec ses troupes, que son arrivée sera le signal d'une coalition générale contre nous. Nous devrions donc, dans cette hypothèse, chercher des auxiliaires dans le pays et attaquer surtout l'émir dans les lieux où est le centre de sa puissance. Malheureusement on a en grande partie annulé cette ressource, en lui facilitant la destruction de ses compétiteurs. Il est cependant possible de lui en susciter, et il convient de signaler en première ligne Moustafa, ancien agha des Arabes, qui se trouve à Tlemcen, et le cheikh El-Aribi, sur le Chélif, dont le père est mort dernièrement dans les prisons de Mascara. Dès que le général Trézel sera sur les lieux, il cherchera à connaître les ressources de ce genre dont on pourrait disposer au besoin; il tâchera d'en créer de nouvelles, en ayant soin toutefois de ne pas donner d'ombrage à Abd-el-Kader, notre intérêt étant de nous maintenir en paix avec lui le plus longtemps possible. Quoi qu'il en soit, le général Trézel doit chercher à maintenir la bonne harmonie qui existe et s'abstenir de commettre aucun acte d'hostilité jusqu'à ce qu'il ait reçu de nouveaux ordres du gouverneur, à moins qu'il y eût urgence et qu'il fallût repousser la force par la force. »

Après son arrivée à Oran, un des premiers soins du général Trézel fut de faire, en compagnie du chef d'état-major de la division, le commandant de Maussion, nouveau venu comme lui, ce qu'il appelait son éducation locale. « Oran, écrivait M. de Maussion, est une grande, immense ville, mais dont la surface est à moitié occupée par un ravin qui la coupe en deux, par des forts, des jardins, des ruines. Dans un terrain qui semble devoir contenir soixante mille âmes, il y a place à peine pour deux mille habitants et trois ou quatre mille militaires ; mais aussi rien de plus pittoresque que l'enceinte de cette ville et de ses forts à hautes murailles s'étendant sur des falaises escarpées, sur des sommets de montagnes et dans une vallée couverte de verdure. » Hors des murs, tout ce pittoresque s'évanouit ; l'étendue sèche, dénudée, pas un arbre. Ils s'en vont visiter Arzeu et Mostaganem. Qu'est-ce qu'Arzeu, l'ancienne Mersa, en ces premiers mois de l'année 1835 ? « Un petit fort, des magasins, trois maisons bâties de cet hiver, dont deux cabarets ; de l'eau saumâtre et pas un pouce de terre cultivée. Autour de la rade, on trouve les vestiges de trois villes dans une longueur de quatre lieues ; à présent, tout est désert ; mais si la paix dure, le commerce repeuplera le pays, qui est fertile et assez joli. » Voici Mostaganem : « Une lieue en deçà commencent les jardins plantés d'arbres fruitiers de toute espèce, — la vallée de Montmorency, dit le général Trézel, — de vignes, de coton, de légumes. Le pays est couvert de verdure, semé de maisons de campagne, mais toutes ces maisons sont en ruine, toute cette belle contrée est déserte. Les habitants se sont enfuis quand nous avons pris Mostaganem, et, depuis la paix, Abd-el-Kader les empêche de rentrer. C'est une chose incroyable que la quantité de ruines qui couvre ce pays. Outre les maisons isolées et la petite ville de Mazagran, qui n'a plus un seul habitant, Mostaganem même est aux deux tiers détruit. On voudrait avoir quinze ou vingt mille émigrants à jeter dans ces deux villes de Mazagran et de Mostaganem et dans les jardins abandonnés qui les entourent; ils y trouveraient de quoi vivre à l'aise. »

Pendant ce temps le comte d'Erlon s'amollissait de plus en plus dans ses égards pour Abd-el-Kader. « Tâchez, écrivait-il le 18 mars au général Trézel, tâchez d'amener l'émir à la reconnaissance, au moins en droit, de l'autorité de la France et à la délimitation des pays sur lesquels son autorité pourra s'étendre. Efforcez-vous, en attendant, de maintenir le *statu quo* du traité du 26 février et surtout de ne blesser l'émir en rien. Comme Abd-el-Kader tient absolument à se procurer des armes et des munitions, notre artillerie pourrait lui en fournir contre remboursement. En cédant sur ce point, nous obtiendrons d'autres concessions. » D'autres concessions! ne semblerait-il pas que l'émir en eût déjà fait? Il ne concédait rien et prétendait tout. Heureusement, le général Trézel ne se prêta pas aux complaisantes attentions du gouverneur ; il estimait qu'Abd-el-Kader avait déjà reçu trop de fusils français; il ne voulut pas lui en fournir davantage ; mais gêné par cette dernière dépêche qui contredisait sur un point important ses premières instructions, il fut obligé de décliner les propositions que, du Méchouar de Tlemcen, Moustafa-ben-Ismaïl lui faisait faire.

Un nouvel essai de coalition entre Moustafa et les fils de Sidi-El-Aribi venait d'échouer, et cependant l'émir avait trouvé parmi ses adversaires des membres de sa propre famille, un cousin, un oncle, un de ses frères même. Avant que les coalisés eussent pu se réunir, il avait fondu sur eux, d'abord sur les Flita, puis sur les tribus du Chélif. Deux cheikhs avaient été décapités, vingt-quatre saisis comme otages; pour la rançon des autres, il s'était fait donner cent chevaux, mille fusils, cinq cents sultanis d'argent. Son oncle, son frère, les fils de Sidi-El-Aribi avaient été conduits à Mascara; son pardon s'étendit sur eux; après avoir triomphé par les armes, il triompha par la clémence. Aussitôt, il fit annoncer officiellement au général Trézel sa victoire et son dessein d'en recueillir immédiatement les fruits. Les fruits, c'était Miliana, c'était Médéa, tout ce que le comte d'Erlon n'osait plus lui interdire.

Dans sa marche sur Miliana, les grands des Hadjoutes, des Mouzaïa, des Soumata, des Beni-Menad, des Beni-Menacer vinrent au-devant de lui comme au-devant d'un maître. A leur tête marchait un personnage considérable, l'ancien agha des Arabes sous le général Berthezène, Sidi-Mahiddine el Sghir-ben-Mbarek, des marabouts de

Koléa; c'était toute la plaine et toute la montagne à l'ouest de la Chiffa qu'il amenait faire hommage à l'émir. Suivi de cette brillante escorte, Abd-el-Kader franchit le Chélif; le 15 avril, il campait sous Miliana. De toutes parts, les envoyés des tribus venaient lui présenter les chevaux de soumission; fatiguées de l'anarchie, elles attendaient de lui un gouvernement. Il fit bey de Miliana Mahiddine, avec autorité sur la vallée du Chélif et sur la Métidja; il fit bey de Médéa Mohammed-ben-Aïssa-el-Barkani, ancien kaïd de Cherchel, d'une famille dont l'illustration égalait celle des Mbarek.

Pour installer Barkani dans la capitale de son beylik, il fallait la disputer à Mouça-el-Derkaoui, un marabout du désert, un fanatique, un thaumaturge, chef d'une secte qui prétendait ramener l'islamisme à la pureté des premiers âges. Il était venu du Sahara, proclamant la guerre sainte, annonçant la destruction des infidèles et de leurs alliés, maudissant à la fois Abd-el-Kader et les *roumi;* douze cents cavaliers s'étaient attachés à sa fortune. Arrivé sous Médéa, il avait commencé par sommer les *hadar* de lui livrer, pour être mis à mort, tous les Juifs et tous les Mzabites. Les *hadar* lui avaient refusé ces victimes, et fermant leurs portes à la masse des Derkaoua, ils n'avaient permis qu'à leur chef d'entrer seul dans la ville. Quelques Kabyles des tribus voisines étant venus grossir sa troupe, il alla camper au delà du Nador, parmi les oliviers sauvages de Zeboudj-Azara. De là, au nom de Dieu et du Prophète, il envoya sommer Abd-el-Kader de se joindre à lui contre les infidèles. Le 20 avril, Abd-el-Kader partit de Miliana; le 22, à trois lieues de l'Arba-de-Djendel, sur le territoire des Ouamri, près de Haouch-Amoura, il joignit le Derkaoui, mais pour le combattre. Sa victoire fut complète; il ne perdit pas cinquante hommes et il fit partir pour Mascara, puis pour Tlemcen, afin de donner à réfléchir aux coulouglis du Méchouar, neuf chameaux chargés de têtes; le butin fut immense. Poursuivi jusqu'à Berouaghia par Mahiddine, Mouça réussit à gagner le désert; sa femme et sa fille, restées prisonnières, furent traitées avec égard et plus tard lui furent renvoyées; mais le cousin de l'émir, qui s'était laissé prendre parmi les Derkaoua après avoir conspiré naguère avec les fils de Sidi-el-Aribi, paya de sa vie cette nouvelle trahison. Le 24 avril, Abd-el-Kader fit à Médéa une entrée triomphale; les tribus qui avaient assisté Mouça demandèrent grâce et reconnurent comme les autres l'autorité de Mohammed-el-Barkani.

Grande était l'anxiété du gouverneur général. En même temps que lui parvenait la nouvelle des succès d'Abd-el-Kader, arrivait une dépêche ministérielle qui l'invitait à négocier avec l'émir sur les bases suivantes : reconnaissance de la souveraineté de la France; délimitation des territoires suivant le cours du Chélif; liberté absolue du commerce intérieur; exportation exclusivement réservée aux ports français. Entre ces conditions et les visées d'Abd-el-Kader, c'était un abîme. « Envoie-moi le plus tôt possible Ahmed-bou-Derba et Juda-ben-Durand, écrivait-il cavalièrement au comte d'Erlon; je traiterai avec eux de ce qui convient à mon gouvernement et au tien. » Sa lettre à Ben-Durand au sujet du gouverneur était encore plus insolente : « Il faut qu'il ne se mêle pas des affaires des musulmans et qu'il reste où il est; alors nous traiterons avec lui comme nous avons traité à Oran. S'il désire mon amitié et qu'il veuille le bien, il fera ce que je viens de dire à titre de conseil et dans son intérêt; sinon, mes sujets sont d'accord et je recommanderai aux chefs de suivre la vérité et les règles de la loi. »

Dompté par cette volonté inflexible, le comte d'Erlon se soumit. Il fit partir pour Médéa le capitaine Saint-Hypolite, en compagnie de Ben-Durand. L'officier, qui ne savait pas l'arabe, allait avoir pour truchement le Juif, l'oukil, l'âme damnée d'Abd-el-Kader; belle garantie pour le négociateur! Car il s'en allait négocier. « Je pars demain, écrivait-il, le 3 mai, à Duvivier, je pars pour Médéa où se trouve Sidi-Hadji Abd-el-Kader au moment où nous le croyions sur le Chélif, à nous attendre. Je vais voir dans quelles dispositions se trouve maintenant notre ami. » Abd-el-Kader n'était plus à Médéa : il venait de rentrer à Miliana. Ce fut là que le capitaine Saint-Hypolite eut son audience; Miloud-ben-Arach y assistait. L'émir avait commencé par recevoir avec satisfaction les compliments et les présents qui lui étaient offerts de la part du gouverneur; il semblait même prêter l'oreille à des propositions d'accommodement, quand Mahiddine entra tout à coup et le conjura de ne pas accéder aux demandes des chrétiens. Alors changeant de ton et de visage : « Je promets la paix générale et absolue, dit Abd-el-Kader, à condition que vous quitterez Bou-Farik. — C'est impossible! s'écria le Français. — — Eh bien! reprit l'émir, je ne m'en occuperai plus, mais alors qu'on ne me parle plus de Médéa! Du reste, les traités existent, et je veux les maintenir. » Il consentit seulement à notifier officiellement au gouverneur la nomination des beys qu'il venait d'investir; sa condescendance n'alla pas plus loin. Celle du comte d'Erlon n'avait plus de limites.

A peine revenu auprès de lui, le 9 mai, le capitaine Saint-Hypolite dut repartir, le lendemain, avec une nouvelle lettre et les mêmes propositions auxquelles Abd-el-Kader avait dédaigné de répondre. L'officier français à qui, par un raffinement d'insolence, l'émir avait fait donner une escorte d'Hadjoutes, le rejoignit sur la route de Mascara, et parut dès lors confondu dans son cortége. Abd-el-Kader s'avançait lentement, salué d'acclamations, rendant la justice, frappant d'amendes les tribus indociles, obéi partout, partout redouté. Quand il entra dans sa capitale, il fit porter devant lui, comme un tribut offert, les présents du gouverneur général. Deux jours après, satisfait d'avoir traîné publiquement à sa suite, comme un des siens, l'envoyé du comte d'Erlon, il le congédia en lui remettant son ultimatum qui était ainsi conçu : « 1° Le pays dont le prince des fidèles se trouve aujourd'hui en possession restera sous son commandement; le pays que le général possède aujourd'hui restera aussi sous son commandement, de manière que chacun conservera le sien. 2° Quand l'émir jugera bon de nommer un hakem à Miliana ou à Médéa, ou quand il jugera bon de le destituer, il en informera le général. Lorsque le général aura besoin de quelque chose de ces pays, il en écrira au hakem, qui préviendra l'émir. 3° Le commerce sera libre pour tous; les Arabes seront respectés dans les marchés appartenant aux Français, de même que les Français seront respectés dans les provinces de l'émir. 4° L'émir pourra, par l'entremise de son oukil, acheter poudre, soufre, armes, mortiers, et tout ce qui se rapporte aux munitions de guerre. 5° L'émir rendra aux Français tous les déserteurs français, comme aussi les Français rendront à l'émir ses déserteurs. 6° Si l'émir avait l'intention de faire une expédition à Constantine ou à Tunis, il en ferait part au général pour qu'il donne son avis sur cet objet. » La formule de ratification n'était même pas oubliée : « Tous les articles ci-dessus écrits ont été consentis par Sa Majesté le roi de France, le Grand Philippe. »

VI

Il y avait un homme qui refusait de subir l'ascendant auquel se soumettait le comte d'Erlon : c'était le général Trézel. Abd-el-Kader lui avait fait demander à diverses reprises, mais toujours en vain, des armes et des munitions qui lui avaient été promises par le gouverneur, disait-il, et particulièrement deux mortiers, dont il avait besoin pour réduire des coulouglis de Tlemcen. Irrité de rencontrer chez le successeur du général Desmichels une résistance à laquelle il n'était pas accoutumé, l'émir revint à cet ancien système d'intimidation qui valait, pour lui, ce que vaut, pour les peuples civilisés, la rupture des relations diplomatiques. Il résolut de rompre le commerce des tribus avec les Français, de faire le vide autour d'Oran, d'Arzeu, de Mostaganem. Les Douair, les Sméla, les Gharaba notamment reçurent de lui l'ordre de se retirer dans l'intérieur des terres. Les derniers se disposèrent à obéir après la récolte ; les autres, prêts à résister, réclamèrent formellement la protection de la France. En même temps qu'il avisait le gouverneur de cet incident grave, le général Trézel fit à l'émir des représentations sur une mesure que le traité ne justifiait pas. Il reçut, pour la première fois, une réponse insolente. Abd-el-Kader l'invitait nettement à ne se mêler que de ses propres affaires et à le laisser gouverner les Arabes comme il l'entendait.

Effrayé de ces menaces de conflit, le comte d'Erlon s'empressa de partir pour Oran, où il arriva le 6 juin. Comme pour se donner du courage et s'armer d'avance contre les assauts d'Abd-el-Kader, il avait, avant son départ, affirmé dans une proclamation qu'aucun point de la Métidja ne serait abandonné par la France. Averti de l'arrivée du gouverneur, l'émir lui fit porter par Miloud-ben-Arach ses compliments avec une lettre qui débutait ainsi : « Comme j'ai appris que tu venais dans mon royaume, je veux t'y recevoir avec déférence et honneur. » Outre la demande habituelle d'armes et de munitions, Ben-Arach avait à soutenir une réclamation singulière. Les transfuges de Beni-Khelil, les réfractaires à l'autorité française qui avaient passé aux Hadjoutes et pris part à tous leurs méfaits, meurtres et pilleries, s'étaient adressés à l'émir pour obtenir du gouverneur un sauf-conduit à la faveur duquel ils seraient tranquillement venus moissonner leurs anciens champs et s'en seraient allés ensuite avec la récolte chez l'ennemi. Il fallut les énergiques représentations du général Trézel pour empêcher la délivrance du sauf-conduit, comme celle des armes, de la poudre, des mortiers et des bombes à destination de Tlemcen. Quelques grands des Douair et des Sméla, venus en secret à Oran, demandèrent à parler au gouverneur; il ne voulut pas les recevoir, même la nuit, prétextant qu'avant de leur pouvoir donner une réponse, il devait attendre les instructions du ministre de la guerre, et quand le général Trézel lui demanda ce qu'il y aurait à faire, dans le cas très-probable où l'émir emploierait contre eux la force, il finit par dire, après avoir longtemps éludé : « Ne faites rien jusqu'à ce que je vous aie envoyé des ordres. » Le 10 juin, le comte d'Erlon se rembarqua pour Alger. Le 13, la crise éclata.

Des cavaliers de l'émir, sous la conduite d'El-Mzari, étaient arrivés chez les Douair et les Sméla, avec ordre de saisir les chefs rebelles, de les envoyer sous bonne garde à Mascara et de ramener les deux tribus au sud de la Sebkha, dans la plaine de Mléta, au pied des montagnes. Aussitôt averti, le général Trézel eut sa résolution prise. « Il n'y avait point à Mers-el-Kébir, a-t-il dit, de bateau à vapeur pour porter rapidement cette nouvelle au gouverneur et me rapporter ses ordres. Devais-je, avant de les avoir reçus, m'opposer à l'enlèvement de ces tribus, ou voir anéantir, en les abandonnant, toute notre influence morale et blesser aussi gravement l'honneur de la France? L'avouerai-je? Lorsque, peu de jours auparavant, le comte d'Erlon avait terminé notre entretien en me disant de ne rien faire avant qu'il eût envoyé des ordres, ces paroles, qui me paraissaient dictées par un fatal système d'inertie, me donnèrent pourtant un moment de satisfaction; je me sentais dégagé de la responsabilité des événements que je prévoyais; mais aussitôt, honteux du sentiment d'égoïsme dont je venais d'être atteint, je n'hésitais pas à commettre mon avenir et ma réputation, si les circonstances m'en faisaient un devoir. »

Le 14 juin, il alla s'établir à Misserghine avec un bataillon de la légion étrangère et les chasseurs d'Afrique. Averti le lendemain qu'El-Mzari avait fait saisir son propre neveu Ismaël, l'un des plus dévoués partisans de la France, il chargea le capitaine de Lagondie, un de ses aides de camp, d'aller, suivi de deux escadrons, faire des représentations à l'agha d'Abd-el-Kader; mais celui-ci, le voyant approcher, se mit en retraite. Tandis que l'officier français, n'ayant mission que de négocier, se tenait sur la réserve, de nombreux cavaliers Douair, amis du captif, réussirent à joindre la troupe qui l'entraînait et à le lui reprendre. Quand il fut amené au général Trézel, il portait encore l'anneau de fer qu'El-Mzari avait fait river autour de sa jambe. Le 16, à la sollicitation des deux tribus qui craignaient la destruction de leurs récoltes, le général porta son campement au Figuier; il y appela un bataillon du 66 et le 1ᵉʳ bataillon d'Afrique avec une demi-batterie de campagne. Dans cette position, il couvrait tout le pays occupé par les Sméla et les Douair. Le même jour, il conclut avec eux une convention aux termes de laquelle ils se reconnurent sujets, tributaires, et soldats de la France.

Les Gharaba, inquiets pour leurs moissons, étaient sur le qui-vive. Le 18, Khalifa, leur chef, envoya au camp un message pacifique. Le général lui répondit qu'il était sorti d'Oran pour protéger deux tribus contre les violences de l'émir, que le roi des Français voulait que les Arabes vécussent libres et qu'il ne reconnaissait à personne le droit de leur faire abandonner leurs terres. Le lendemain, le campement fut porté trois lieues plus loin, sur la route de Mascara, au bord du Tlélate. Khalifa vint rôder avec une trentaine de cavaliers en vue des avant-postes ; le général lui fit offrir le prix de l'orge que les chasseurs d'Afrique ramassaient autour du camp ; mais le cheikh ne voulut rien accepter : c'était, selon lui, le droit des gens de guerre de prendre partout ce qui était à leur convenance.

Dès sa sortie d'Oran, le commandant de la division n'avait pas manqué d'informer le comte d'Erlon du mouvement qu'il avait jugé indispensable de faire, et, du camp du Figuier, il avait fait connaître directement à l'émir sa résolution de protéger efficacement les Douair et les Sméla. Le 21, il reçut cette réponse d'Abd-el-Kader : « Tu sais à quelles conditions le général Desmichels s'est engagé avant toi, et tu m'as fait les mêmes promesses à ton arrivée, de nous rendre chaque homme qui aurait commis une faute et se serait sauvé chez vous, et cela quand bien même il ne s'agirait que d'un seul individu. A combien plus forte raison doit-il en être ainsi quand il s'agit de deux tribus ! Les Douair et les Sméla sont au nombre de mes sujets, et, d'après notre loi, j'ai le droit de faire d'eux ce que bon me semble. Aujourd'hui, si tu retires ta protection à ces tribus et si tu me laisses leur commander comme autrefois, rien de mieux; mais si tu veux contrevenir à ce qui a été convenu, mande ton consul Abdalla auprès de toi, car quand bien même les Douair et les Sméla entreraient dans Oran, je ne retirerai pas la main que j'ai levée sur eux, à moins qu'ils ne fassent pénitence de leur faute. Notre religion me défend, en effet, de permettre qu'un musulman soit sous la puissance d'un chrétien ou d'un homme d'une autre religion. Vois donc ce qu'il te conviendra de faire ; autrement c'est Dieu qui décidera. » Après avoir communiqué au comte d'Erlon la prétention despotique d'Abd-el-Kader, le général Trézel ajouta, le 23, à sa dépêche la conclusion suivante : « Il est impossible de rentrer à Oran sans avoir obtenu satisfaction de l'émir. Lui laisser exercer le droit qu'il s'arroge sur les tribus, c'est le reconnaître souverain absolu et indépendant, et, comme il me l'écrit, maître de ne pas laisser entrer un oiseau à Oran et de traiter les Arabes comme bon lui semble, sans que nous ayons à nous mêler de ses affaires; c'est consentir à ce qu'il consomme la ruine de deux tribus pour effrayer les autres, et placer Oran dans un désert de huit lieues de rayon; c'est enfin prendre un parti aussi honteux pour la France que cruel pour les malheureux qui ont imploré son appui. Je n'aurais pas le courage d'accepter même la responsabilité d'exécution d'un ordre de retraite, et si les instructions formelles du cabinet pouvaient forcer un de nos plus anciens et plus glorieux chefs à le donner, je vous prierais de me le faire transmettre par mon successeur. »

Le 22 juin, les reconnaissances du matin avaient signalé l'attitude hostile que les Gharaba commençaient à prendre; des hommes de la légion étrangère, qui coupaient du bois, recevaient des coups de fusil; ici un convoi, là des fourrageurs étaient attaqués. Le surlendemain, on apprit que les Abid-Chéraga et les Cheurfa étaient venus tirailler autour de Mostaganem; le 26, que quatre ou cinq cents Gharaba avaient essayé d'enlever le troupeau d'Oran. Décidé à ne se tenir plus sur la défensive, et sachant qu'Abd-el-Kader avait réuni les goums des tribus sur le Sig, le général Trézel résolut de s'avancer d'une marche sur la route de Mascara.

La division d'Oran avait un effectif de sept mille hommes; mais les garnisons des places et les non-valeurs déduites, les forces que le général Trézel avait pu mobiliser ne dépassaient pas dix-sept cents baïonnettes et six cents chevaux. Elles se composaient d'un bataillon du 66ᵉ, d'un bataillon d'infanterie légère d'Afrique, d'un bataillon italien et de trois compagnies polonaises de la légion étrangère; de quatre escadrons du 2ᵉ régiment de chasseurs d'Afrique, qui n'avaient pas encore reçu, comme leurs camarades de la division d'Alger, le fusil de dragon à la place du mousqueton pour les uns, de la lance pour les autres; d'une demi-batterie de campagne et de quatre obusiers de montagne. Il y avait en outre une compagnie de sapeurs et vingt fourgons ou prolonges du train des équipages.

Le 26, à cinq heures du matin, la marche commença dans l'ordre réglé par le commandant de Maussion, chef d'état-major, et approuvé par le général : à l'avant-garde, sous les ordres du colonel Oudinot, des chasseurs d'Afrique, deux escadrons, dont un armé de lances, les trois compagnies polonaises et deux obusiers de montagne; au centre, l'état-major, la demi-batterie de campagne, l'ambulance et le convoi flanqué, à droite, par un escadron et par le bataillon du 66ᵉ, à gauche, par le quatrième escadron et par le bataillon italien de la légion étrangère; à l'arrière-garde, le bataillon d'Afrique et deux obusiers. Il faut ajouter qu'à la suite du convoi, déjà difficile à manier à cause de la lourdeur des fourgons et des prolonges, se traînaient des voitures de cantiniers en trop grand nombre. La direction donnée coupait de l'ouest à l'est les collines ravinées qui s'élèvent à une hauteur médiocre entre le Tlélate et le Sig. La forêt de Mouley-Ismaël, qui est censée les revêtir, n'est, sous un nom pompeux, qu'un taillis clair-semé de jujubiers et de lentisques, entremêlés d'oliviers sauvages. C'était là qu'Abd-el-Kader attendait la colonne cheminant à la peine, sur un terrain difficile. Il avait avec lui une dizaine de mille hommes, cavaliers pour les deux tiers. Son bataillon de réguliers, fort de treize cent quarante baïonnettes et armé de fusils français, était déployé un peu en arrière d'une crête perpendiculaire à la route.

La colonne française suivait un chemin creux lorsqu'elle fut assaillie tout à coup en tête et sur les flancs par des tirailleurs arabes. A l'avant-garde, les compagnies polonaises marchèrent résolûment à l'ennemi, mais les réguliers, démasqués tout à coup, les refoulèrent, parvinrent à les déborder et arrivèrent de droite et de gauche jusqu'à la hauteur du convoi que les flanqueurs, embarrassés dans les broussailles, couvraient mal. Tandis que le général Trézel et son chef d'état-major ramenaient ceux-ci en position, le colonel Oudinot, à la tête de son escadron de lanciers, chargeait à travers bois ; une balle le frappa au front; ses hommes l'arrachèrent mourant aux Arabes. En ce moment, on ne sait sur quel ordre, un trompette sonna la retraite. Les voitures du train firent demi-tour ; seuls, les conducteurs de l'artillerie et du génie gardèrent leur sang-froid. Dans ce moment de crise, le général paya de sa personne, comme il avait fait à la prise de Bougie. Ce petit homme mince, grêle, borgne d'un œil perdu en 1815, à la bataille de Ligny, était d'une bravoure héroïque. Comme les flanqueurs entraînés par le recul de la cavalerie avaient peine à se reformer, il prit à l'arrière-garde une partie du bataillon d'Afrique, fit donner à l'artillerie l'ordre d'activer son feu, et lança les *zéphyrs* au pas de charge. Le 66ᵉ et le bataillon italien ralliés suivirent le mouvement et culbutèrent tout ce qu'ils avaient devant eux. En arrière, les Arabes, âpres au butin, s'acharnaient sur les voitures du convoi qu'ils saisissaient par les roues; ce qui restait de ce côté-là du bataillon d'Afrique les contraignit à lâcher prise. Mais deux fourgons avaient été brisés, il fallut y mettre le feu. D'autres furent déchargés pour aider aux transports de l'ambulance. Il y avait eu cinquante-deux morts et cent quatre-vingts blessés. Abd-el-Kader, pour sa part, avait perdu beaucoup de monde, surtout dans le dernier retour offensif; deux chefs de ses réguliers s'étaient fait tuer sur le terrain qu'ils avaient gagné d'abord; les restes du bataillon mutilé se repliaient dans la montagne. A midi, la colonne française descendit dans la plaine; à quatre heures, elle prit son bivouac sur la rive gauche du Sig, près du marabout de Sidi-Daoud, à la place même où les Arabes avaient campé la veille. Abd-el-Kader s'était retiré plus haut, à l'entrée de la gorge d'où sort la rivière.

La nuit fut calme. Dans la journée du 27, Ben-Ikkou, l'*oukil* d'Abd-el-Kader, qui avait quitté Oran et qui suivait l'état-major depuis l'avant-veille, fut échangé contre le commandant Abdalla d'Asbonne, venu de Mascara. Le général Trézel chargea Ben-Ikkou de remettre à l'émir une note qui stipulait ses conditions pour le rétablissement de la paix : Abd-el-Kader aurait à reconnaître la souveraineté de la France et à recevoir les ordres du Roi par l'entremise du gouverneur général; il aurait à payer annuellement en tribut la moitié des contributions levées par lui dans toute l'étendue de son territoire compris entre la frontière du Maroc, le Chélif et l'Oued-Fodda, à l'exception des villes de Mostaganem, de Mazagran, d'Arzeu, des Douair, des Sméla, des Gharaba, des couloughs de Tlemcen, qui, sous l'autorité du commandant d'Oran, seraient régis par un chef de leur religion. L'émir ne pourrait pas faire la guerre sans la permission du Roi. Le commerce serait libre, mais les denrées d'exportation devraient être dirigées exclusivement sur les ports désignés par le gouverneur général. L'émir seul pourrait, en s'adressant aux autorités françaises, faire des achats d'armes et de munitions de guerre. Ces conditions étaient celles d'un vainqueur. Le combat de Mouley-Ismaël avait été d'abord trop douteux et son résultat n'avait pas été assez décisif pour qu'Abd-el-Kader s'avouât vaincu.

Après avoir attendu jusqu'au soir sa réponse qui ne vint pas, le général Trézel résolut de conduire au port d'Arzeu ses blessés, d'y renouveler ses vivres et ses munitions, et de se remettre ensuite en campagne. La nuit tout entière se passa dans les apprêts du départ. Le 28 juin, au point du jour, la colonne quitta son bivouac. En tête marchaient un escadron de chasseurs, deux pièces de montagne et le bataillon d'Afrique; puis venait sur trois files le convoi flanqué à droite par un escadron, par une pièce de montagne et par les compagnies polonaises, à gauche par un escadron, par une pièce de montagne et par le bataillon italien. Le bataillon du 66°, la demi-batterie de campagne et un escadron faisaient l'arrière-garde. Tout alla bien d'abord ; ces premières heures du jour étaient fraîches ; les troupes s'avançaient sans hâte dans la plaine sans obstacle. Surpris par ce départ matinal, l'ennemi n'avait encore que quelques rôdeurs en campagne. Vers huit heures seulement, il parut plus nombreux, mais jusqu'à dix heures, il ne fit que tirailler à grande distance. A ce moment, la colonne s'arrêta ; elle avait atteint la limite septentrionale de la plaine. Depuis quelque temps déjà, elle côtoyait par la droite un vaste marécage à demi desséché pendant la saison chaude. Ce sont les eaux du Sig et de l'Habra, qui, largement épandues, s'y confondent et s'y attardent jusqu'à ce qu'elles se décident à descendre lentement à la mer par un très-court émissaire qu'on appelle la Macta. Courant du sud-ouest au nord-est, le contre-fort qui porte la forêt de Mouley-Ismaël a fini par se rapprocher tellement du marais qu'entre l'un et l'autre il n'y a plus qu'un étroit passage qui va, tout près de la mer, entre les dunes, rejoindre la route d'Oran à Mostaganem. C'est un des chemins par où, de la plaine, on peut gagner Arzeu; il y en a un autre moins long qui, tournant au nord-ouest avant le défilé, traverse les collines basses des Hamiane. C'était celui que le commandant de Maussion était d'avis de suivre; mais le général Trézel, craignant d'y rencontrer trop de difficultés pour ses voitures, se décida pour le premier.

Dès que le mouvement de la colonne se fut dessiné dans ce sens, Abd-el-Kader, qui, dès la journée du 26, s'était conduit en homme de guerre, fit prendre les devants à quinze cents cavaliers, doublés chacun d'un fantassin en croupe, et leur donna l'ordre d'occuper, en se dissimulant dans les broussailles, le faîte des collines. En même temps, pour augmenter la sécurité des Français, il fit cesser le combat contre l'arrière-garde. La colonne cheminait donc en toute confiance, quand, en approchant du défilé, elle vit des flammes s'élever et s'étendre rapidement à travers les herbes et les joncs desséchés du marécage; elle rabattit naturellement à gauche; le convoi, allongé sur une file, se mit à côtoyer, sous les rayons brûlants du soleil de midi, le pied des hauteurs. Quelques coups de feu éclatèrent; les flanqueurs de gauche, levant la tête, aperçurent des hommes, en petit nombre, dans le fourré. Le chef du bataillon italien s'imagina qu'une seule compagnie serait plus que suffisante pour les débusquer, mais cette compagnie trouva beaucoup de monde contre son attente; il fallut en envoyer une seconde, et ce ne fut pas assez encore. Le général Trézel était à l'arrière-garde, où l'attaque venait de recommencer à l'improviste. Le commandant de Maussion, qui guidait la colonne, fut tenté d'envoyer immédiatement sur la colline tout le bataillon d'Afrique, mais il n'osa pas prendre sur lui d'ordonner un si grand mouvement; pendant qu'il courait de la tête à la queue chercher les ordres du général, il vit le reste du bataillon italien monter successivement par compagnies en désordre. Les petits paquets ne sont jamais bons; c'est la défaite en détail.

Il y avait parmi les Arabes de hardis partisans qui, s'élançant entre les groupes, vinrent tomber sur le convoi. Ce n'était rien, car une charge de l'escadron de gauche suffit à le dégager; mais le bataillon ou plutôt les compagnies éparpillées ont tout vu d'en haut; déjà pressées par un ennemi supérieur en nombre, elles prennent peur et redescendent précipitamment. Un cri s'élève : « Dans la plaine! » Cent, deux cents, cinq cents voix le répètent; on se croise, on se heurte, on se bouscule. Les uns se replient sur l'arrière-garde; les autres s'efforcent au contraire de gagner la tête. Entre ces deux masses confuses s'ouvre un grand vide où les Arabes arrivent en foule. Le général Trézel, avant le désordre, était revenu à l'avant-garde ; il y est rejoint par l'escadron de droite dont le chef, jugeant sa présence inutile sur un flanc couvert par le marécage, a pris sur lui de gagner avec sa troupe la tête de la colonne. L'escadron a galopé sur la lisière du marais ; des voitures essayent d'y passer à la suite; elles s'embourbent; les conducteurs coupent les traits et s'enfuient. Des prolonges chargées de blessés sont abandonnées lâchement. Une seule est sauvée par l'énergie du maréchal des logis Fournié, qui, le pistolet au poing, force les conducteurs à le suivre. Ceux de l'artillerie ont heureusement gardé leur sang-froid, malgré l'incendie qui s'est propagé dans les buissons. Le général fait mettre les pièces en batterie et tirer à mitraille; à la tête de l'escadron du capitaine Bernard, il charge, afin de donner aux fuyards le temps de se rallier sous la protection des chasseurs. A l'arrière-garde où son cheval vient d'être tué sous lui, le commandant de Maussion s'est trouvé tout à coup seul; trois compagnies du 66°, qu'il avait tout à l'heure sous la main, se sont envolées, c'est son expression même, comme une volée de perdreaux. Il a pu néanmoins gagner à la course un mamelon où quelques hommes se sont ralliés et font un feu de hasard qui néanmoins arrête et contient l'ennemi. D'un côté, on entend les cris déchirants des blessés que les Arabes achèvent et mutilent; de l'autre, les appels désespérés des fuyards qui, donnant tête baissée au travers du marais, s'enlisent ou se noient.

Il n'y a plus rien qui ressemble à une troupe organisée. Officiers et soldats semblent atteints de folie ; les paroles incohérentes qu'ils échangent tiennent du délire ; quelques-uns, complétement nus, chantent et dansent; la plupart n'ont plus ni sac ni habit. Arrivés presque à l'issue du défilé, comme ils n'aperçoivent ni la Macta ni la mer que les dunes dérobent à leur vue, ils s'imaginent qu'ils sont dans une impasse, et les voilà qui se rejettent, au risque d'y périr jusqu'au dernier, vers le marécage. Le général et son chef d'état-major se multiplient, s'épuisent pour les retenir dans le chemin. Trois quarts d'heure sont ainsi perdus; enfin la tête se laisse ramener sur la route d'Arzeu; mais alors ce sont les volontaires d'arrière-garde qui refusent de partir. « A la queue où j'étais avec un groupe d'hommes de toutes armes, a écrit le commandant de Maussion, je ne sais qui s'avise de crier qu'il faut former le carré, — dans un chemin étroit, bordé de broussailles et tout mamelonné! — Cette belle idée prévalut si bien qu'elle faillit arrêter tout mouvement, et une heure après, les vingt ou trente hommes qui tiraillaient à l'arrière-garde me criaient encore : Formons le carré! » Heureusement l'attaque était moins pressante; le nombre des assaillants, occupés pour la plupart à couper des têtes et surtout à piller le convoi, s'était notablement éclairci. Quelques charges d'une quarantaine de chasseurs et quelques coups de mitraille achevèrent d'éloigner les plus obstinés des Arabes.

A la nuit tombante, après dix-sept heures de marche et quatorze de combat, la colonne défaite atteignit Arzeu. On se compta; des présents sous les armes au camp du Figuier, le 26 juin, deux cent quatre-vingts manquaient à l'appel; on sut plus tard que dix-sept au moins de ceux-là n'étaient pas morts; par une fortune bien rare, ils n'étaient que prisonniers; les blessés qui avaient pu revenir avec la colonne étaient au nombre de trois cent huit. Du convoi l'on n'avait pu ramener que deux voitures; un obusier de montagne était resté dans le marais. Dans la nuit, le général Trézel fit partir en canot pour Mers-el-Kébir un officier d'état-major, avec ordre de faire diriger au plus vite sur Arzeu tous les navires disponibles. Son intention était d'abord de n'embarquer que les blessés et les malades, mais la prostration des autres était telle encore qu'il ne jugea pas possible de les ramener par terre à Oran. Le 30 juin au soir, un grand nombre de navires étant arrivés, presque tout ce qui restait de l'expédition, sauf la cavalerie, avait déjà été mis à bord.

Au même moment, d'un bâtiment à vapeur détaché d'Alger par le comte d'Erlon, descendaient le commandant de La Moricière, le Juif Ben-Durand, le kaïd Ibrahim et le lieutenant Allegro. « Je suis peiné d'apprendre votre mouvement offensif, avait écrit, à la date du 27, le gouverneur en réponse au rapport que lui avait adressé, le 23, du camp du Tlélate, le général Trézel; après vous avoir tant recommandé d'éviter tout ce qui pourrait troubler la paix, je ne comprends pas que vous ayez saisi avec tant d'empressement la première occasion pour intervenir à main armée. Les offres de Moustafa et des coulouglis de Tlemcen seront avantageuses, si nous sommes absolument forcés de rompre avec Abd-el-Kader; mais j'attendrai l'issue des négociations que je charge le chef de bataillon de La Morícière d'entamer en mon nom avec l'émir. Cet officier tâchera d'obtenir de lui le désistement de ses projets sur les tribus des environs d'Oran. Si, contre mon attente, tout moyen de conciliation devenait impossible, je préfère que vous attaquiez promptement l'ennemi et le forciez à entrer en arrangement, plutôt que de rester dans un camp éloigné d'Oran, d'où vos communications seraient bientôt interceptées. »

La fortune, en dérangeant tout, avait rendu la mission de La Morícière inutile : sur-le-champ il s'en donna lui-même une autre. « J'ai vu, écrivait-il à Duvivier quelques jours après, j'ai vu l'état de l'armée ; c'était bien pénible. Le moral était aussi bas que possible. La panique avait été plus forte qu'à la retraite de Médéa [1], et la perte plus considérable sur un corps d'armée bien moins nombreux. Il n'y avait pas à penser à ramener la troupe autrement que par mer. » Après avoir vu le général Trézel et s'être entretenu quelques in-

---

[1] Le 3 juillet 1831, sous le général Berthezène. Voir ci-dessus, pages 117, 118.

stants avec lui, il se rembarqua le soir même pour Mers-el-Kébir. Le 3 juillet, on le vit reparaître, venu d'Oran par terre, accompagné des capitaines Cavaignac et de Montauban, et suivi de deux cents cavaliers Sméla et Douair, qu'il avait décidés à prendre les armes.

« Habile autant que brave, et parlant la langue des Arabes, a dit de lui le général Trézel, il avait ainsi obtenu d'eux plus qu'aucun des généraux en chef n'avait pu faire depuis notre arrivée en Afrique. J'ai honte de dire, ajoutait le général, que depuis trois jours je pressais le lieutenant-colonel Beaufort, — des chasseurs d'Afrique, — de partir avec moi par terre, et que, bien loin de me seconder dans cette résolution d'honneur, il fomentait dans son régiment une inertie et même un esprit de résistance qui m'avaient retenu jusqu'alors de donner cet ordre de départ. Je ne voulais pas exposer ce corps à commettre un acte public d'indiscipline que la faiblesse de quelques officiers préparait évidemment. Le 2ᵉ régiment de chasseurs d'Afrique est très-bien composé en soldats, sous-officiers et sous-lieutenants; au-dessus de ce grade les braves n'y dominent plus en nombre ni en autorité. En général, notre armée est bien affaiblie moralement ; il faut la débarrasser d'une foule de vieux officiers qui ne veulent plus qu'attendre le plus doucement possible, soit leurs trente années de service, soit les douze ans du grade de capitaine. Il nous faut ici des hommes d'une trempe ferme pour maintenir le soldat devant les têtes coupées et les corps tronçonnés par le yatagan. C'est le brave La Moricière qui a mis un terme à une situation fâcheuse et sauvé peut-être la réputation d'un régiment bien composé, sauf la tête. Cet officier mérite beaucoup pour avoir ainsi déterminé les deux tribus à cet acte de vigueur, et lui seul pouvait y réussir. C'est un homme qu'il faut avancer aussi rapidement qu'on le pourra, afin qu'il soit plus tôt en situation de rendre des services plus importants. » Grâce à La Moricière, le brave et malheureux général Trézel put rentrer dans Oran autrement qu'en fugitif, à la tête des chasseurs d'Afrique et des auxiliaires arabes. Aucun parti ennemi ne fut aperçu pendant la marche.

Le 4 juillet, toutes les troupes étaient revenues d'Arzeu. Ce jour-là, le commandant de la division leur fit lire l'ordre suivant : « Notre expédition avait été glorieuse, mais le dernier combat livré aux Arabes a entraîné la perte de notre convoi. La nature des lieux était particulièrement favorable à leur manière de combattre, et l'incendie des

taillis nous a privés un moment de l'usage de
l'artillerie dans l'endroit même où elle eût été d'un
effet décisif. Ces circonstances ne peuvent être
imputées aux troupes, toutes ont fait preuve de
courage. Qu'on ne charge donc aucun corps du
malheur de cette perte, et que l'esprit de concorde
ne soit point troublé parmi nous! Je punirai avec
sévérité quiconque, par ses actes ou ses discours,
jetterait un blâme injuste sur qui que ce soit, moi
excepté. C'est sur le général seul que doit retomber
la responsabilité des opérations de guerre
qu'il ordonne. » C'était avec la même simplicité
généreuse qu'il écrivait au gouverneur : « J'ai
perdu, dans ce fatal combat, des espérances qui
me paraissaient raisonnables, mais il fallait vaincre
pour qu'elles se fussent réalisées. Sans doute
j'avais trop compté sur mes forces et trop peu sur
celles des Arabes; mais l'engagement du 26 et
tous les événements auxquels j'avais pris part depuis
trois ans en Afrique excusent peut-être cette
présomption. Quoi qu'il en soit, je suis oppressé
par le poids de la responsabilité que j'ai prise et
me soumettrai sans murmure au blâme et à toute
la sévérité que le gouvernement du Roi jugera
nécessaire d'exercer à mon égard, espérant qu'il
ne refusera pas de récompenser les braves qui se

sont distingués dans ces deux combats. Les jours de défaite font reconnaître les hommes fermes, et je ne signalerai que ceux-là aux bontés du Roi. »

Le général Trézel avait l'âme haute. Ceux mêmes qui critiquaient la conduite des opérations rendaient hommage au sentiment qui l'avait fait agir. « Pour moi, disait l'un d'eux, j'absoudrais presque la conséquence, toute affreuse qu'elle a été, en faveur du principe. Il était bon que quelqu'un résistât enfin au flot toujours grossissant des concessions du gouverneur, et protestât tout haut contre le soin qu'il prend d'armer de verges de fer la main qui nous menace. Le général Trézel s'est très-bien conduit personnellement dans cette circonstance; il a inspiré une sorte d'admiration aux débris de sa fragile armée par la bravoure dont il a fait preuve. Il a voilé les torts de la troupe qui paraissent avoir été grands, pour attirer toute l'attention et tout le blâme sur ses propres fautes. Il s'est fait anathème pour les péchés de tous. »

VII

Le comte d'Erlon ne connaissait encore que la reprise des hostilités autour d'Oran, lorsque, voulant faire de son côté quelque chose qui ne le compromît pas trop, il avait imaginé d'opposer à la grande autorité des beys de Médéa et de Miliana l'influence bien déchue de Ben-Omar. Ce ne fut pour lui comme pour ce Maure intrigant qu'une déconvenue de plus par-dessus tout ce qu'ils avaient déjà l'un et l'autre amassé de mécomptes. Les gens de Blida refusèrent de recevoir le chef discrédité que leur envoyait le gouverneur, et le lieutenant-colonel Marey, qui était venu pour l'installer, avec seize cents hommes, fut obligé de s'en revenir sans autre résultat que d'avoir inutilement fatigué sa colonne. « Marey se coule de plus en plus, écrivait La Moricière à Duvivier : dans sa marche sur Blida il a si mal mené l'infanterie que plus de la moitié n'a pu suivre; cinq hommes sont morts de chaleur. On est furieux contre lui. » Quel dut être le mécontentement du ministre de la guerre, à qui le comte d'Erlon, sans attendre le retour de la colonne expéditionnaire, avait eu l'imprudence d'annoncer comme une chose faite l'installation de Ben-Omar à Blida !

C'est le 6 juillet qu'il écrivait cette dépêche malencontreuse; ce jour-là, dans Alger tout était en rumeur; de mauvais bruits, apportés par les Arabes, couraient par la ville; le courrier d'Oran les confirma le lendemain. Quand, surpris par l'initiative du général Trézel, le comte d'Erlon, à grand'peine, avait subi la fatalité d'une rupture, il avait compté sur la victoire; la défaite l'exaspéra. Non content d'accabler, dans un acte officiel, son lieutenant trahi par la fortune, il fit sur-le-champ partir pour le relever de son poste le général d'Arlanges et lui intima l'ordre de rentrer directement en France, sans passer par Alger. Plus que jamais soumis à l'influence de Ben-Durand qui s'était hâté de revenir auprès de lui, il aurait voulu renouer à tout prix avec Abd-el-Kader; sans les protestations énergiques du conseil d'administration et surtout du général Rapatel, il aurait abandonné à la vengeance de l'émir les Douair et les Sméla. Tous ces faits, connus du public, soulevaient contre lui l'opinion : une dernière révélation acheva de la lui rendre tout à fait hostile.

Pendant que les vaincus de la Macta se trouvaient encore sur la plage d'Arzeu, le brick *Loiret,* de la marine royale, avait capturé, près de l'île de Rachgoun, à l'embouchure de la Tafna, un navire toscan chargé de deux cents fusils et de quatorze milliers de poudre. C'était le reste d'une fourniture que l'arsenal d'Alger avait reçu du comte d'Erlon l'ordre de faire en secret à Ben-Durand pour le compte d'Abd-el-Kader. Il est vrai que l'ordre n'était pas récent et que le chargement avait été fait le 18 juin, avant la rupture; néanmoins, quand la nouvelle de l'envoi et de la saisie éclata comme une bombe au milieu du public, l'effet en fut désastreux pour le gouverneur. « Ce qu'on ne peut trop publier, écrivait un des meilleurs officiers de la division d'Oran, c'est que nous avons trouvé tous les morts arabes pourvus et bien pourvus de cartouches françaises; c'est que le gouverneur, au moment où la rupture était inévitable, laissait partir un vaisseau avec deux cents fusils et quatorze milliers de poudre destinés à être débarqués clandestinement; nous l'avons saisi. Dieu nous délivre de cet homme qui n'a plus de force ni pour faire le bien ni pour empêcher le mal! » Au lieu de dire simplement la vérité sur cette affaire, si désagréable qu'elle pût être, le comte d'Erlon eut l'idée fâcheuse d'y faire donner, par le *Moniteur algérien*, un démenti qui ne fut qu'une maladresse de plus. Cette série de fautes eut pour effet de rallier toutes les sympathies au général Trézel. D'Alger il reçut une adresse couverte des signatures les plus honorables; au moment où le navire qui le ramenait en France allait appareiller de la rade de Mers-el-Kébir, un officier vint déposer entre ses mains une liste sur laquelle une foule de souscripteurs de la ville d'Oran, de la marine et de l'armée avaient inscrit leurs noms pour lui offrir une épée d'honneur.

Le général d'Arlanges, en possession du commandement depuis le 17 juillet, était arrivé avec des instructions qui lui prescrivaient de se tenir sur la défensive. Il lui aurait été d'autant plus malaisé de prendre l'attitude contraire que, par une malheureuse coïncidence, la division d'Oran se trouvait inopinément réduite à moins de cinq mille hommes. Le gouvernement français, qui avait déjà cédé au gouvernement de Madrid le bataillon espagnol de la légion étrangère, venait, par une convention nouvelle, de lui céder toute la légion; malgré la gravité des circonstances, le comte d'Erlon n'osa pas prendre sur lui de surseoir à l'exécution des ordres ministériels. Cinq mille cinq cents hommes furent ainsi enlevés tout d'un coup à l'armée d'Afrique.

Le dernier bataillon quitta Oran le 8 août; le même jour, le comte d'Erlon quittait Alger pour toujours. Il y avait quelque temps déjà que son remplacement était chose décidée dans le conseil du Roi; l'affaire de la Macta ne fit que hâter l'exécution d'une mesure convenue. Une ordonnance royale, du 8 juillet, lui donna pour successeur au gouvernement général des possessions françaises dans le nord de l'Afrique, le maréchal Clauzel.

Le maréchal Maison, ministre de la guerre, avait fait au général Trézel un accueil sympathique; il y avait ajouté même la promesse réitérée de le renvoyer prendre sa revanche en Afrique; mais le comte d'Erlon, de plus en plus aigri par sa disgrâce, s'opposa si violemment à l'exécution de cette promesse, en disant partout que ce serait un nouvel affront pour lui, qu'il ne fut pas permis au ministre d'y donner suite. Confiné dans le commandement du département de la Dordogne, le général Trézel écrivait au lieutenant-colonel Duvivier : « C'est une triste destinée pour un militaire de finir par un échec qui doit rester dans nos souvenirs. J'en eusse été allégé si l'on n'eût pas révoqué l'ordre donné d'abord d'aller prendre ma revanche, et je l'eusse fait sans hésiter avec cinq ou six mille hommes, sans bruit et, j'espère, sans scandale; mais n'y pensons plus. »

Oui, l'échec, ce n'est pas assez dire, le désastre de la Macta devait rester dans le souvenir de la France; mais en irritant douloureusement la fibre nationale, il a eu sur l'opinion, un peu stagnante, un effet inespéré; il lui a donné un courant décidément favorable aux choses d'Afrique. A cette impulsion, en quelque sorte spontanée, du sentiment public, une autre alors est venue s'ajouter de très-haut. Attentif depuis cinq ans aux péripéties de la lutte algérienne, l'héritier de la couronne, le duc d'Orléans, saisit l'occasion. Il réclama et il obtint du Roi son père, plus difficilement des ministres, le droit d'aller, lui, petit-fils de saint Louis, gagner ses éperons sur la terre africaine et prendre sa part de la réparation exigée par l'honneur des armes françaises. Les intérêts de l'Algérie allaient avoir désormais un intelligent et puissant défenseur. C'est ainsi que le désastre de la Macta a plus fait assurément pour l'avenir de la conquête que n'aurait pu faire une victoire.

FIN DU TOME PREMIER.

TABLE DES MATIÈRES

CHAPITRE PREMIER
LE GÉNÉRAL CLAUZEL.

I. Enquête sur le prétendu pillage de la Kasba. — Création des zouaves. — Premiers essais d'administration. — La Ferme modèle. — II. La Métidja. — Arabes et Kabyles. — Expédition de Médéa. — Jusuf. — Occupation de Blida. — Combat de Mouzaïa. — III. Médéa. — Défense de Blida. — Défense de Médéa. — Expédition du général Boyer. — IV. Négociations du général Clauzel avec le bey de Tunis. — Évacuation de Médéa. — Le général Clauzel désavoué. — Les volontaires parisiens. — Départ du général Clauzel. 1

CHAPITRE II
LE GÉNÉRAL BERTHEZÈNE.

I. Composition de la division d'occupation. — Reconnaissance dans la Métidja. — II. Spéculations sur les maisons et sur les terres. — Travaux publics. — III. Expédition de Médéa. — Retraite désastreuse. — Duvivier. — La Moricière. — IV. Insurrection générale. — Attaque de la Ferme modèle et du blockhaus de l'Oued-Kerma. — L'agha Mahiddine. — V. Affaires de Bone. — Le commandant Huder et le capitaine Bigot. — Évacuation de Bone. — VI. Affaires d'Oran. — Les Tunisiens. — Le général Boyer 89

CHAPITRE III
LE DUC DE ROVIGO.

I. Changements dans l'organisation militaire et dans l'administration civile. — L'intendant civil. — Discussions parlementaires. — Réserve du gouvernement anglais. — Affaire des laines. — II. Attitude des indigènes. — Massacre d'El-Ouffia. — Représailles. — Précautions défensives. — Ravages de la fièvre paludéenne. — Combat de Sidi-Haid. — Marche sur Koléa. — III. Expédition de Blida. — Réduction des zouaves. — M. Genty de Bussy. — Exécution d'El-Arbi et de Meçaoud. — IV. Affaires de Bone. — Jusuf et d'Armandy. — Le commandant Fréart. — Surprise de la Kasba. — Le général d'Uzer. — V. Affaires d'Oran. — Commencements d'Abd-el-Kader. — Premiers combats. — Abd-el-Kader à Mascara. 155

CHAPITRE IV
LE GÉNÉRAL VOIROL.

I. Discussions parlementaires. — Intérim du général Avizard. — Institution du bureau arabe. — II. Le général Voirol. — La Moricière. — Travaux de Boufarik. — Commission d'enquête. — Hostilités. — III. Bougie. — Reconnaissance faite par La Moricière. — Expédition du général Trézel. — Prise de Bougie. — IV. Les Hadjoutes. — Travaux de routes. — Soumission des Hadjoutes. — Pacification apparente. — V. Succès du général d'Uzer à Bone. — Guet-apens du bey de Constantine. — VI. Affaires d'Oran. — Le général Desmichels. — Occupation d'Arzeu et de Mostaganem. — Expéditions peu satisfaisantes. — VII. Négociations avec Abd-el-Kader. — Traité Desmichels. — Rédaction double. — Ambition d'Abd-el-Kader. — VIII. Discussions parlementaires sur l'avenir de l'Algérie. — Institution d'un gouverneur général. — IX. Conflit entre le général Voirol et M. Genty de Bussy. 227

CHAPITRE V
LE COMTE D'ERLON.

I. Indécisions. — Responsabilités. — II. Organisation du gouvernement général. — Le comte d'Erlon. — Reprise des hostilités dans la Métidja. — Camp d'Erlon. — Discussion parlementaire. — III. Duvivier à Bougie. — Mésintelligence entre le commandant supérieur et le commissaire du Roi. — Départ de Duvivier. — IV. Prétentions excessives d'Abd-el-Kader. — Rappel du général Desmichels. — V. Le général Trézel à Oran. — Mollesse du comte d'Erlon. — Succès d'Abd-el-Kader. — Négociations inutiles. — VI. Énergie du général Trézel. — Les Douair et les Sméla. — Le général Trézel se met en campagne. — Combat de Mouley-Ismaël. — Désastre de la Macta. — Grandeur d'âme du général Trézel. — VII. Faiblesse du comte d'Erlon. — Disgrâce du général Trézel. — Rappel du comte d'Erlon. 329

PARIS. TYPOGRAPHIE E. PLON, NOURRIT ET Cie, RUE GARANCIÈRE, 8.

www.ingramcontent.com/pod-product-compliance
Lightning Source LLC
Chambersburg PA
CBHW070924230426
43666CB00011B/2305